LES CHASSEURS

DE

CHEVELURES

PAR

Le Capitaine MAYNE-REID

TRADUCTION REVUE

ROUEN

MÉGARD ET Cie, LIBRAIRES-ÉDITEURS

BIBLIOTHÈQUE MORALE

DE

LA JEUNESSE

—

2º SÉRIE GR. IN-8º JÉSUS

Il découpa la peau et arracha prestement la chevelure.

LES CHASSEURS

DE

CHEVELURES

PAR

Le Capitaine MAYNE-REID

TRADUCTION REVUE

ROUEN
MÉGARD ET Cie, LIBRAIRES-ÉDITEURS
1883

Propriété des Editeurs.

LES
CHASSEURS DE CHEVELURES.

I.

LE DÉSERT DU FAR-WEST.

Ouvrez la carte du monde et jetez les yeux sur le nouveau continent découvert par Christophe Colomb : l'Amérique du Nord est là, sous votre doigt. Examinez le lointain ouest, — le Far-West des Yankees, — et vous apercevrez les pics couverts de neige dans les flancs desquels l'or est incrusté.

Arrêtez-vous en cet endroit. Il n'y a pas encore un grand nombre d'années, ce point du globe, encore pur de tout contact humain, était le même qu'à l'époque où la terre, pétrie par le souverain Créateur, sortait du sein du chaos.

Du milieu de la vaste plaine qu'entoure l'immense chaîne de montagnes connue sous le nom de Sierra, on ne voit que le ciel bleu et une prairie sans fin, couverte de fleurs aux couleurs éclatantes, prisme de la nature. L'hélianthe au nimbe d'or, suivant la marche du soleil, la mauve écarlate, la monarde pourpre, l'euphorbe aux pétales argentés, l'asclépia aux teintes orangées, dressent leurs têtes altières au-dessus de l'herbe verdoyante que la brise incline à droite, à gauche, dans tous les sens. On dirait une mer diaprée.

L'atmosphère est parfumée, comme dans les Indes ou l'Arabie Heureuse, et des volées d'insectes déploient leurs élytres au-dessus de ce parterre odorant. On dirait d'autres fleurs qui ont pris des ailes. Tels sont aussi les oiseaux-mouches qui, à l'aide de leurs becs allongés, vont sucer le pollen des plantes fleuries.

L'abeille sauvage hume le nectar des corolles ouvertes et vole vers le tronc d'un arbre, pour y déposer son miel.

Cette contrée du Far-West, que les Yankees ont nommée la *Prairie inutile*, c'est le jardin céleste, le paradis sur la terre.

Avançons plus loin. Cette fois, la scène a changé, comme au théâtre quand le coup de sifflet du machiniste fait virer le décor. Les fleurs ont disparu. Il n'y a plus qu'une herbe drue et verte, unie comme la surface d'un lac, par un temps calme.

Çà et là, la forme sombre d'un buffalo élève son profil noir, au milieu de cet océan de verdure; une antilope passe, rapide comme la flèche, ou bien un cheval blanc, le fantôme du Far-West, traverse cette mer bizarre. Nous sommes transportés dans la bonne Prairie, le pâturage des animaux ruminants de ce pays lointain.

Encore un changement de décor. Le terrain n'est plus plane, mais les herbes le couvrent encore, quoiqu'il n'y ait aucun arbre aux alentours. Seulement le sol est ondulé. On croirait voir devant soi les vagues immobiles, pétrifiées, d'une mer en courroux. C'est la Prairie mouvementée.

La scène change encore plus loin, dans un paysage plus accidenté, couvert de bois taillis, de haies broussailleuses. On se croirait dans un parc de château anglais, avec cette différence que les animaux qui s'y trouvent réunis sont des buffalos, des antilopes, des dindons sauvages, des chevaux sans maîtres et des poules de prairie, voltigeant de tous côtés ; mais il n'y a là aucune demeure seigneuriale, aucun manoir, aucune villa même.

Les seuls êtres intelligents qui parcourent les *mounds*, autrement dit les îlots de la Prairie, ce sont les Peaux-Rouges et les Squatters, ou trappeurs égarés dans ce désert.

La nuit est venue, et les feux aux reflets rougeâtres éclairent le bivouac. Des troncs d'arbres, penchés les uns contre les autres, entourent les voyageurs lancés dans ce pays à la recherche de l'inconnu. Au lieu de feuilles, ces arbres, déracinés par la foudre ou la hache des pionniers, sont recouverts de mouches d'Espagne ; on dirait les festons ou les draperies d'un catafalque.

Dans le creux de ces arbres vivent, à l'abri de la chaleur et du froid, les porcs-épis et les opossums.

Une caravane d'explorateurs est rassemblée autour du foyer incandescent. Enveloppés de couvertures chaudes et couchés sur un lit de mousse sèche, on les voit dormir profondément, les pieds vers le feu et la tête sur le creux de leurs selles.

Les montures de ces « errants du désert, » attachées à un arbre par des longes solides, semblent également dormir.

Un seul, parmi ces touristes du pays exotique, veille pour le salut de tous. Il prête l'oreille au verbiage du vent qui s'est élevé et qui agite doucement les effilés de mousse blanche. On dirait le bruit d'une harpe éolienne, bruit qui n'est troublé par aucun autre ; car c'est la saison d'hiver, et, à cette époque de l'année, la cigale et les grenouilles reinettes se taisent et se cachent.

Seul, le hibou à tête cornue pousse ses vagissements, que l'on peut traduire par un *coounouoou ah* énergique ; les raccoons et le loup glapissent ; les coyotes hurlent. Les bruits sauvages de la forêt en hiver ont un caractère étrange, et la sentinelle de la caravane laisse égarer son esprit dans des visions romanesques, qu'il lui semble voir flotter au-dessus de sa tête.

La nuit s'écoule de la sorte; mais à mesure que l'aube se prépare à illuminer l'horizon, des murmures divers vibrent dans l'espace : les colombes roucoulent, les écureuils quinent, les piverts unissent leurs cris saccadés au frottement sinistre des cigales; enfin l'oiseau-moqueur pousse ses notes imitatives, que l'on dirait faites pour imposer le silence à tous les autres êtres animés de ce côté du Far-West.

Le terrain, absolument stérile, sur lequel la caravane s'est arrêtée est de teinte sombre et de forme accidentée. Les roches ont revêtu des formes fantastiques, tantôt celles de colonnes hautes comme des obélisques, tantôt semblables à des serpents enroulés ou dressés sur eux-mêmes. Des végétaux bizarres s'élèvent de toutes parts : voici des cactus géants, des nopales du Mexique, la plante mercole, dont le jus sert à fabriquer un des poisons de ces contrées. Plus loin ce sont des acacias et des mesquites, arbres indigènes de l'Amérique.

Spectacle étrange! paysage qui charme et qui étonne à la fois. Peu à peu, le silence se fait; le hibou solitaire s'enfonce dans les fourrés, le serpent à sonnettes disparaît sous les roches, et les coyotes traversent les endroits découverts, en se faufilant comme des malfaiteurs.

Du haut d'un monticule plus élevé que les autres, on voit, toujours à l'horizon, des pics couverts d'une couche de neige éternelle.

Le veilleur de la caravane sonde l'immensité, et peut examiner à loisir la profondeur des crevasses béantes qui dorment dans le silence de la désolation. De toutes parts d'énormes pierres ont glissé dans ces trous ouverts par la nature et s'y sont amoncelées sans ordre; d'autres, suspendues aux lèvres d'une roche plate, n'attendent qu'une poussée pour dégringoler en bas.

De sombres précipices semblent attirer le voyageur au

fond de leurs abîmes insondables. Les montagnes, accumulées les unes sur les autres, rappellent ce dicton antique : Ossa sur Pélion. C'est un chaos, une confusion, qui n'a rien de pareil au monde.

Les unes sont complétement dénudées, les autres sont à peine recouvertes d'un manteau de verdure, composé de pins et de cèdres aux aiguilles jaunies, pendant sur le bord des précipices ou dressant leurs têtes altières jusqu'au ciel.

Au milieu de cet ensemble accidenté, un pic s'élève jusqu'à des hauteurs immenses, et cache dans les nues sa tête couverte de neige.

Plus loin, un autre bloc granitique est agrémenté par des masses de rochers amoncelées sans ordre, sans équilibre, que l'on dirait être le champ de bataille des Titans de la Fable.

Dans les méandres de ces pierres gigantesques, errent ces monstres terribles que l'on nomme des ours grizzlys aux États-Unis. Pendant que les carcajous, embusqués çà et là, guettent au passage les daims qui, cherchant une source, s'aventurent dans ces déserts inexplorés, les bighornes bondissent de cime en cime, à la suite de leurs sauvages compagnes.

Plus haut, sur les pics aigus, les vautours surveillent la plaine, en compagnie des aigles, prêts à fondre sur toute proie, pour la déchirer de leurs becs crochus et de leurs serres menaçantes.

Ce pays, c'est celui des montagnes Rocheuses ; ces vertèbres colossales de l'échine terrestre sur le continent américain, ce sont les Andes de la terre des Yankees.

Tels sont les tableaux variés du Far-West, et dans ces parages va s'accomplir le drame que nous allons raconter.

Au rideau ! comme on dit au théâtre. Les personnages vont paraître.

II.

PRÉPARATIFS DE DÉPART.

Un matin, je quittai la Nouvelle-Orléans, emportant avec moi une lettre ainsi conçue :

« Mon cher Séverin,

« Un de mes amis les plus chers, M. Henry Haller, se rend à Saint-Louis, dans le but d'y trouver du pittoresque. J'ai compté sur vous pour lui fournir les moyens de rencontrer le plus d'aventures possibles sur le chemin qu'il compte suivre.

« Luis Walton. »

A *M. Charles Séverin, Esq.*, *hôtel des* Planteurs, *à Saint-Louis.*

Je débarquai à Saint-Louis, muni de cette lettre, le 10 août 18.., et je me dirigeai aussitôt du côté de l'hôtel indiqué. L'ayant trouvé, je confiai mon cheval — une bête de prix — aux garçons d'écurie; puis mes bagages au steward, et je montai à la chambre qui me fut désignée par le landlord, afin d'y faire un *brin* de toilette.

Une fois ces précautions indispensables prises, je descendis au salon de l'hôtel, après avoir demandé M. Séverin. Ce brave monsieur n'était plus à Saint-Louis ; et l'on m'apprit qu'il était parti, pour remonter le Missouri, quelques jours avant mon arrivée.

J'étais vraiment fort désappointé, car la lettre de recommandation que j'avais pour M. Séverin était la seule dont je me fusse muni.

Il fallut donc me résigner à attendre le retour de ce gentleman. Dans le but de m'instruire et de tuer le temps, je me mis à parcourir la ville et ses environs, montant à cheval pour ces excursions, fumant de nombreux cigares, ingurgitant quelques verres de wiskey-toddy, et lisant les journaux, depuis le titre jusqu'à la queue des annonces.

J'avais aperçu dans l'hôtel un certain nombre de gentlemen qui me semblaient liés ensemble comme les membres d'une même famille. Joyeux compagnons, l'air ouvert, l'argent à la main, ils erraient ensemble dans les rues, formaient un groupe inséparable à la table d'hôte, et stationnaient à leur place, après le repas, pour boire les vins les plus chers et fumer des puros de premier choix.

Ces hommes avaient excité mon attention : leurs allures particulières me frappaient, et je me disais que ce mélange de roideur et d'abandon, particulier aux Yankees, appartenait à de braves gens.

Leur costume était celui d'hommes bien élevés : habillement noir, linge d'une extrême finesse, diamants pour boutons de chemise. Ils portaient de grands favoris, et certains avaient la lèvre supérieure ornée de fines moustaches. Particularité assez commune aux Etats-Unis, ces messieurs avaient des cheveux longs, qui retombaient sur leurs épaules en boucles luxuriantes, et cachaient presque le col de leur chemise.

Sans se ressembler comme des frères jumeaux, ils avaient dans le regard des affinités d'expression qui prouvaient, aux yeux d'un homme habitué à étudier son semblable, que tous avaient la même occupation, voire même des goûts identiques.

Je me demandai d'abord s'ils étaient chasseurs. La réponse fut négative, après l'examen de leurs mains assez blanches, dont les doigts étaient chargés de bijoux. D'autre part, les chasseurs, accoutumés au silence des affûts, conservent dans la vie privée des habitudes de retenue que n'avaient pas ceux qui se trouvaient près de moi.

— Pouvez-vous me dire quels sont ces gentlemen? demandai-je à mon voisin du salon de l'hôtel, où nous attendions l'heure du dîner.

— Des « cavaliers de la Prairie ».

— Qu'entendez-vous par ces mots?

— Des négociants de Santa-Fé.

— Des marchands. Ah! dis-je après un moment de réflexion, car il m'était impossible d'allier aux habitudes du commerce et aux mœurs des Prairies cette élégance seulement en vigueur dans les grandes villes.

— C'est comme je vous le dis, ajouta mon voisin. Cet homme un peu obèse, au maintien agréable, c'est Bill — que l'on appelle Bill Bent. Le voisin de ce gentleman se nomme le jeune Subleter. L'autre, assis à sa gauche, est l'un des Choteau. Le quatrième, enfin, est le plus sobre de tous : il a nom Jerry Folger.

— D'après ce que vous me dites, ces quatre personnages sont donc des marchands de la Prairie, dont j'ai souvent entendu parler?

— Oui, monsieur.

J'examinai ces hôtes de la « maison des Planteurs » avec la plus grande curiosité, et je ne tardai pas à m'apercevoir que, de leur côté, ils me passaient également en revue et s'occupaient fort de moi.

Au même moment un de ces individus se leva et vint à moi.

— On vient de me prévenir, me dit-il, que vous avez demandé M. Charles Séverin.

— En effet, monsieur.

— C'est moi.

Je tirai de mon portefeuille la lettre de recommandation que je portais pour le nouveau venu, et je la lui présentai. Il la parcourut rapidement et dit, en pressant les mains que je lui tendais :

— Mon cher ami, je regrette fort de ne pas m'être trouvé ici à votre arrivée à Saint-Louis. J'étais en haut de la rivière, et je ne suis rentré à l'hôtel que depuis une demi-heure. Walton aurait bien dû mettre sur l'adresse de sa lettre le sobriquet qui m'est donné généralement, celui de Bill Bent. Vous n'eussiez pas eu le temps de vous ennuyer : mes amis vous eussent bien accueilli en mon absence. Depuis quand êtes-vous ici ?

— Depuis trois jours.

— Vraiment ! Je vous plains : vous avez dû vous croire perdu. Venez, très cher, je vais vous présenter à mes camarades. Hohé ! là-bas, Jack, Bill, Jerry, Subleter.

Tous s'étaient levés, et nous ne tardâmes pas à fraterniser ensemble, comme de vrais et anciens camarades.

Les sons répercutés du gong chinois se firent entendre à ce moment-là.

— C'est le premier coup du dîner, observa Choteau.

— Oui, ajouta Bill Bent, en consultant sa montre. Nous avons assez de temps pour aller « sucer » quelque chose de doux : un apéritif, quoi ! Allons-y.

Bent se dirigea du côté du *bar room*, et nous le suivîmes tous sans résister.

La saison du printemps commençait à peine, et la menthe poussait déjà ses feuilles nouvelles. Mes nouveaux amis paraissaient connaître déjà cette particularité, car ils demandèrent tous un *mint julep*, sorte de breuvage très en vogue en Amérique. Je fis comme eux, et nous dégustions encore le contenu de nos verres, lorsque les seconds appels du gong nous annoncèrent le dîner.

— Vous allez vous asseoir dans notre groupe, mon cher Haller, me dit alors Bill Bent.

— J'y compte bien.

En disant ces mots, je suivis mes amis dans la salle à manger.

Mon intention n'est pas de vous décrire un dîner de table d'hôte américaine, lequel consiste invariablement en steaks de venaison, langues de bisons, poules de Prairies rôties, grenouilles du pays de l'Illinois, sauce poulettes, etc., etc.

Le dîner achevé, nous laissâmes les convives s'éloigner et nous restâmes à nos places.

Les garçons de table enlevèrent la nappe, et nous nous mîmes à boire du vin de Madère à 12 dollars la bouteille et à fumer des régalias uniques au monde. Le vin était commandé par Bill Bent et Choteau, non point par simples bouteilles, mais par demi-douzaines. Je me rappelle ce détail, qui a bien son prix, et je me souviens également que quand je voulus, à mon tour, m'emparer de la carte des vins et du crayon, mes nouveaux amis s'opposèrent à cette politesse.

J'entendis raconter par eux des aventures étranges avec les Pawnies, les Comanches, les Pieds noirs, et ces récits enflammaient la curiosité que j'éprouvais de vivre à mon tour de cette existence fiévreuse des Prairies.

Un des marchands me demanda enfin si je consentirais à me joindre à lui et à ses amis, pour faire une excursion « là-bas ».

Je répondis en faisant un discours de circonstance, qui se termina par une acceptation, en pure forme, de suivre les trappeurs, allassent-ils au bout du monde.

Séverin déclara aussitôt qu'il était convaincu que j'étais tout à fait bâti pour être un pionnier de premier ordre, ce qui flatta infiniment mon amour-propre.

Un de ces messieurs chanta ensuite une chanson espagnole, en s'accompagnant de la guitare ; un autre exécuta la danse de guerre des Peaux-Rouges. Enfin nous nous levâmes tous en entonnant un des hymnes nationaux des Etats-Unis.

A dater de ce moment-là, je ne me souviens plus de ce qui se passa.

Le lendemain matin je me réveillai avec un violent mal de tête, dans mon lit, où l'on m'avait probablement transporté.

Au moment où je réfléchissais sur mon intempérance de la veille, ma porte s'ouvrit, et Séverin, suivi par une demi-douzaine de ses compagnons, fit irruption dans mon logis.

A leur suite, pénétra chez moi un garçon de l'hôtel, portant un plateau chargé de verres à boire, remplis de glace pilée et d'un liquide de couleur ambrée.

— Allons ! un *Sherry cobbler !* mon cher Haller, s'écria l'un des amis. Cela vous remettra tout à fait : rien n'est meilleur après une petite débauche, pour replacer l'estomac en bon ordre. Il ne vous faudra pas plus de temps pour vous sentir mieux qu'il n'en faut à un écureuil pour faire un saut.

J'obéis à cette injonction en avalant le contenu de mon gobelet jusqu'à la dernière goutte.

— Et maintenant, mon cher ami, ajouta Charles Séverin, vous devez vous sentir tout à fait solide. Voyons ! parlons raison. Est-il bien vrai que vous désiriez vous joindre à nous dans nos excursions à travers la Prairie ? Nous comptons nous mettre en route dans six ou sept jours ; et j'avoue que je serais désolé de me séparer de vous aussi promptement que cela.

J'hésitai un instant à répondre, mais je repris bientôt d'un air décidé :

— Je serai des vôtres, si vous voulez bien me faire savoir ce que je dois faire pour me joindre à vous.

— Oh! ce ne sera ni long ni difficile. Il faut d'abord vous procurer un excellent cheval.

— J'en ai déjà un.

— Vous vous achèterez quelques vêtements solides, une carabine, une paire de pistolets....

— J'ai apporté tout cela avec moi. Donc, je ne dois point me préoccuper de ces articles. Mais vous autres, messieurs, vous emportez des marchandises, pour les vendre à Santa-Fé, afin de doubler ou de tripler votre argent par ce moyen-là. Moi, j'ai 10,000 fr. à la Banque; qui m'empêcherait d'acheter aussi une pacotille, de façon à joindre le négoce au plaisir et à bénéficier, si faire se peut, comme vous le faites?

— Parbleu! c'est une excellente idée! répondirent les camarades.

— Parfait! voilà qui est convenu. Voudrez-vous me guider dans le choix des marchandises que je devrai acheter, pour les revendre avec profit à Santa-Fé? Je vous offre, comme récompense de votre peine, le vin que vous voudrez pour ce soir, et, soit dit entre nous, ce n'est pas une petite affaire, que je sache.

A ces mots, tous les marchands partirent d'un grand éclat de rire, et tous déclarèrent qu'ils allaient m'accompagner en ville, pour procéder aux achats.

Nous déjeunâmes, — cela va de soi — et, quand le repas fut terminé, nous partîmes bras dessus bras dessous.

Avant le soir, mes 10,000 fr. étaient convertis en madapolams, grands coutelas, miroirs, etc. J'avais cependant conservé une somme suffisante pour me procurer des mules, payer un wagon, et le salaire de mon guide, que nous devions prendre à Indépendance, lieu du point de départ pour les prairies du Far-West.

Quelques jours après, je montais, avec mes compagnons, à bord d'un bateau à vapeur se rendant en amont du Missouri, et faisant route pour les grandes prairies de l'Amérique du Nord.

III.

LA FIÈVRE DES PRAIRIES.

Après avoir passé à Indépendance une semaine, pendant laquelle nous achetâmes des mules et des charrettes, nous partîmes, un matin, du côté des plaines.

Notre caravane se composait d'une centaine de véhicules, conduits par deux cents hommes, voituriers ou domestiques à gages. Ma pacotille se trouvait emmagasinée dans deux charrettes, aux soins desquelles j'avais préposé deux Missouriens robustes, porteurs de cheveux longs, plus un troisième individu, un Canadien du nom de Godé, qui me servait à la fois de valet de chambre et d'aide de camp dans cette excursion lointaine.

Quant aux charmants gentlemen marchands de l'hôtel des *Planteurs*, ils avaient mis de côté leurs habits élégants, et l'on avait quelque difficulté à les reconnaître, vêtus de blouses, coiffés de chapeaux mous, rabattus sur les yeux, quoiqu'à leurs accès de gaîté, à leur bonne humeur persistante, on pût facilement les retrouver sous leurs nouveaux habits. Le chapeau de peluche noire et les diamants montés en boutons de chemises avaient fait place aux vêtements des prairies. Je ne puis mieux dépeindre ces costumes pittoresques qu'en décrivant celui que je portais moi-même.

J'avais endossé une sorte de blouse de chasse, faite de peau de daim tannée, sorte de tunique, de *sagum*, de la forme de ceux que portaient autrefois les Romains. Sur un fond de couleur claire se dessinaient des ornements de barbes de plumes, de teintes diverses. Une sorte de fraise, de la même peau, servait de collet à ce vêtement, dont la jupe était bordée de la même façon. Une paire de jambières de drap écarlate remontait jusqu'au tronc par-dessus un pantalon et recouvrait de fortes bottes, armées de solides éperons en cuivre poli.

Je n'avais pas oublié une bonne chemise en coton écru ; mon cou était entouré par une cravate bleue, et ma tête était abritée par un chapeau de paille de Guayaquil. Derrière la selle portée par mon cheval, j'avais placé ma couverture de Makinaw, enroulée comme un porte-manteau, article indispensable à tout voyageur aux Etats-Unis. Il sert, la nuit, pour s'envelopper et se garantir du froid, et, en tout temps, pour se préserver de la pluie, quand surviennent ces orages terribles contre lesquels on ne peut se garer au milieu d'un pays dépourvu d'abris, d'arbres au feuillage touffu et de roches creuses, en forme de grottes.

Comme je viens de le dire, mes camarades de voyage avaient le même accoutrement que le mien, à quelque différence près dans la couleur de leurs couvertures, de leurs manteaux et de leurs chemises ; mais tous les costumes avaient le même aspect.

Notre équipement, nos armes se ressemblaient, et je dois dire que je m'étais armé, comme on dit, jusqu'aux dents. Une paire de revolvers à six coups, de l'armurier Colt, reposait dans les fontes de ma selle. J'avais deux autres pistolets plus petits, à cinq coups, passés dans la ceinture enroulée autour de mon corps, et, de plus, je tenais en main une carabine légère. A l'aide de cet arsenal, je pouvais brûler vingt-trois cartouches, et je m'étais exercé à les tirer en autant de secondes qu'il y avait de coups.

J'ajoutai à toutes ces armes un *bowie knife*, coutelas brillant, qui me servait à la fois pour couper du bois et découper ma viande à l'heure du repas. Je n'oublierai pas non plus de mentionner une poire à poudre, un sac à balles, un havre-sac pour mes provisions, et une gourde pour le breuvage nécessaire pendant notre excursion. Mes camarades avaient avec eux les mêmes armes et les mêmes ustensiles de voyage.

Quant à nos montures, les uns chevauchaient sur des mules, les autres sur des mustangs ou des chevaux américains. J'étais du nombre de ces derniers. J'avais choisi un étalon dont la robe foncée, de nuance brune, et la tête plus claire étaient rendues plus bizarres par des jambes noires; ainsi la bête était tricolore. Elle répondait au nom de *Moro*, qui lui avait été donné par un planteur de la Louisiane à qui je l'avais achetée, et l'excellent animal dressait les oreilles dès que je l'appelais ainsi. Beau, rapide et très-vigoureux, il faisait les délices de mes compagnons, qui tous m'avaient offert de me l'acheter; mais je ne m'étais laissé tenter par aucune proposition à ce sujet, tant je m'étais attaché à cette bonne bête. Je reportais aussi, je dois le dire, une partie de mon affection sur mon chien Alp, un vrai Saint-Bernard, que j'avais acheté à un émigrant suisse, pendant mon séjour à Saint-Louis.

En consultant mon livre de voyage, je trouve que notre excursion à travers la Prairie se passa, pendant plusieurs semaines, sans aucun incident digne d'intérêt. Mais ma mémoire me rappelle cette longue file de « navires à roues » formant un sillon dans la mer verdoyante, et s'avançant graduellement, au pas, sur la terre libre. On eût dit que ces bâches blanches étaient autant de couches de neige sur ce gazon des prairies.

Le soir venu, c'était un spectacle fort curieux à contempler que ces wagons arrangés les uns contre les autres, en forme de fer à cheval, devant lesquels les chevaux et les mulets étaient attachés aux piquets.

Dès le matin, aux premiers feux du soleil, nous nous mettions en route à travers la Prairie, plus ou moins accidentée. Nous suivions ou nous franchissions des cours d'eau dont les bords étaient abrités par des cotonniers au feuillage argenté, et nous nous arrêtions à peine pour faire, à midi, un repas dans quelque ravin près d'une source ombragée. Quelquefois aussi nous suspendions notre marche pour raccommoder un timon ou un essieu, ou pour retirer une charrette d'une ornière trop profonde.

Le long de la route, on faisait la chasse aux daims et aux antilopes; car on n'avait pas encore atteint le pays où les bisons croissent et multiplient en troupeaux nombreux.

Un jour, aux approches de l'Arkansas, nous aperçûmes des hommes à cheval qui, à notre vue, s'enfuirent de l'autre côté des collines. Mes camarades et nos engagés déclarèrent que c'étaient des Peaux-Rouges, de la tribu des Pawnies, et, pendant plusieurs jours, ces « dépossédés de la Prairie » nous escortèrent sans oser nous attaquer. Ils avaient compris que toute agression serait vigoureusement repoussée, et ils redoutaient la portée de nos carabines.

Charmant et intéressant voyage, malgré ces semblants de dangers. Godé, qui avait exercé les professions multiples de touriste, chasseur, trappeur et *coureur des bois*, me donnait des renseignements très-intéressants sur la vie au milieu des plaines du Far-West, et, grâce à lui, je ne paraissais pas trop novice au milieu de mes compagnons.

D'un autre côté, Séverin, que j'aimais comme un frère, grâce aux sentiments de sympathie qu'il m'avait inspirés, prenait tous les moyens possibles pour me rendre le voyage agréable. Aussi, je dois l'avouer, les impressions de la journée, les racontars effrayants de la veillée m'avaient pour ainsi dire ensorcelé.

J'étais atteint par la *fièvre des prairies*, à ce que me dirent en riant mes compagnons de voyage.

Tout d'abord je ne compris pas bien ce que cela signifiait. Ils entendaient par là l'oubli de la famille, l'évanouissement des folles ambitions de la jeunesse, le dégoût des plaisirs de la ville, dîners somptueux, théâtres, habits, toilettes, etc.

J'éprouvais tout cela; mais, par contre, mes forces intellectuelles et physiques augmentaient. Je sentais en moi une vigueur nouvelle, un besoin d'agir incessant. Mon sang circulait plus vite dans mes veines, ma vue était devenue plus aiguë, et je pouvais regarder le soleil sans sourciller.

J'avais bien, en effet, une attaque de la *fièvre des prairies*; j'en sens encore les effets au moment où j'écris ces lignes; car mes doigts se crispent, comme s'ils cherchaient à saisir les rênes de ma monture; mes genoux se rapprochent l'un de l'autre, comme pour presser les flancs du noble coursier qui me porte.... en souvenir, et mon imagination se lance à travers l'immensité verdoyante des prairies du Far-West américain.

IV.

SUR LE DOS D'UN BISON.

Nous étions en route depuis quatre jours, lorsque nous atteignîmes les frontières de l'Arkansas, à six milles environ du site nommé *Plum Butress* (les collines des pruniers). Nous alignâmes nos chariots, pour former le campement.

Jusqu'à cet endroit nous avions rencontré un petit nombre de bisons : tantôt un mâle égaré loin du troupeau, tantôt deux ou trois de ces animaux ensemble ; mais il était toujours fort difficile de les approcher C'était bien cependant l'époque des migrations printanières ; mais ces taureaux sauvages ne paraissaient point se trouver dans nos parages.

Un matin, nous entendîmes Séverin s'écrier :

— Voyez là-bas ! là-bas ! Nous aurons de la viande fraîche pour notre dîner.

Nos yeux se portèrent dans la direction du nord-ouest que nous désignait notre camarade, et, vers la pente d'une colline, nous aperçûmes cinq silhouettes noires qui tranchaient sur la couleur verte de la prairie. Un coup d'œil nous suffit pour deviner que nous avions des bisons devant nous.

A l'instant où Séverin nous avait ainsi désigné les animaux, nous allions déboucler nos selles. Nous nous hâtâmes aussitôt de les consolider, de rabattre les étriers et de reprendre place à cheval, en tournant nos yeux du côté des bisons qui paissaient toujours avec tranquillité.

Six d'entre nous s'étaient ainsi disposés à la chasse, pour le plaisir de ce sport qui les comblait de joie. Quant à ceux qui nous suivaient, ils n'étaient animés que par le seul désir de s'approvisionner de chair fraîche.

Or, ce matin-là, nous avions à peine franchi quelques milles de la station où nous avions fait halte pour la nuit; nos chevaux étaient donc très-reposés. Il nous fallut peu d'instants pour franchir au galop l'espace qui s'étendait de l'endroit où nous étions à celui où paissaient les animaux du désert.

Mais nous étions déjà « éventés », et cela par cette simple raison que la plupart d'entre nous — et j'étais du nombre — peu accoutumés à la chasse des prairies, nous avions couru à bride abattue et en ligne droite sur les cinq taureaux qui, ouvrant leurs naseaux, avaient flairé le danger.

Au moment où nous n'étions plus qu'à un demi-mille de distance, l'un d'eux souleva hardiment sa tête velue, renifla à plusieurs reprises, frappa le sol de ses sabots, tourbillonna sur lui-même, se roula par terre, se releva enfin et se mit à fuir avec la rapidité de la foudre, suivi des quatre autres.

Nous n'avions donc plus d'autre parti à prendre que celui d'abandonner la chasse ou de nous lancer éperdûment à la poursuite des bisons. Nous prîmes cette dernière résolution et nous nous précipitâmes au grand galop. En avançant de la sorte, nous vîmes bientôt devant nous une sorte de muraille de terre qui nous parut haute de six pieds environ. Cette muraille ressemblait à un vaste escalier séparant deux plateaux de colline, et elle s'étendait à droite et à gauche, sans interruption, sans la moindre fissure, aussi loin que nous pouvions sonder l'horizon.

Nous nous trouvâmes ainsi obligés de retenir les rênes et de réfléchir au parti à prendre. Quelques chasseurs crurent prudent de s'en retourner; d'autres, et j'étais du nombre, ainsi que Séverin et Godé, piquèrent en avant, comptant sur les jarrets de leurs montures et ne voulant, en aucune façon, abandonner la poursuite. Nous parvînmes enfin à franchir l'escarpement.

De l'endroit où nous nous étions hissés, il nous fallut courir encore pendant cinq milles. Nos chevaux étaient couverts d'écume, quand une décharge de nos armes atteignit un des animaux — une jeune vache — qui tomba au même instant par terre.

Les autres avaient gagné du terrain, et, comme nous avions assez de viande pour nourrir notre caravane, nous fîmes halte. Puis, descendant de cheval, nous travaillâmes à dépouiller l'animal. Cette opération ne fut point longue, grâce à l'habileté des chasseurs.

Nous regardâmes alors en arrière, afin de calculer quelle distance nous séparait de notre campement.

— Il y a huit milles d'ici là-bas, fit l'un de nous.

— Nous nous trouvons presque au bord de la route, ajouta Séverin, en nous montrant les ornières tracées par les wagons qui se dirigeaient vers Santa-Fé.

— Qu'entendez-vous par là?

— Je veux dire, mes amis, que si nous retournons au camp, il nous faudra revenir ici demain matin, et qu'en conséquence nous aurons fait seize milles de plus qu'il n'est nécessaire.

— Vous avez raison.

— Restons donc ici. Nous avons de l'eau pure et un excellent pâturage pour les animaux; pour nous, de la viande fraîche ; qu'importent donc nos provisions de voyage, puisque nous possédons nos couvertures, afin de nous préserver du froid et de nous couvrir pendant la nuit ?

— C'est cela. Nous allons camper ici.

Tous les chasseurs se rangèrent à cet avis.

En moins de temps qu'il n'en faut pour l'écrire, nos selles furent débouclées, et nos chevaux, hennissant, attachés aux piquets par leur longe, se mirent à paître l'herbe drue qui couvrait la colline.

Nous nous trouvions sur le bord d'un *arroyo* — un ruisseau, en langue espagnole, — qui coulait vers le sud, dans la direction de l'Arkansas. Nous y établîmes notre bivouac.

Nous ramassâmes des bouses de vache sèches pour allumer le feu, et nous fîmes rôtir des tranches de venaison, embrochées à de petits morceaux de bois.

Séverin et moi nous avions heureusement emporté nos gourdes pleines d'excellente eau-de-vie, ce qui permit à tous de faire un fort bon souper. Les vieux chasseurs n'avaient pas oublié leurs pipes et leur tabac ; mon ami et moi nous possédions deux paquets de cigares ; nous demeurâmes donc couchés autour du feu jusqu'à une heure avancée de la soirée, fumant et écoutant nos camarades nous faire les récits des aventures les plus excentriques.

La veillée se termina enfin. Nous raccourcîmes les longes de nos chevaux, en rapprochant les piquets de notre foyer. Cela fait, mes compagnons de chasse et moi, nous nous enveloppâmes dans nos couvertures, nous plaçâmes nos têtes sur le creux de nos selles et nous nous laissâmes aller à un bon sommeil.

Nous avions en notre compagnie un homme appelé Stibbet, qui, grâce à son habitude de toujours fermer les yeux, avait reçu le sobriquet de « père l'endormi ». C'est à cause de cela qu'on lui donna le premier tour de garde, considéré comme le moins dangereux, car les

Indiens ne viennent d'ordinaire attaquer les pionniers qu'aux heures où le sommeil est le plus lourd, c'est-à-dire vers le point du jour.

Stibbet s'était rendu sur le mamelon culminant de la montagne, afin de sonder l'horizon et de dominer, de là, toute l'étendue de la prairie qui se déroulait autour de nous.

Avant qu'il fît sombre, j'avais remarqué un endroit ravissant, sur les rives de l'*arroyo*, situé à deux cents pas environ de l'endroit où mes camarades s'étaient arrêtés. Il m'avait pris fantaisie d'y établir ma chambre à coucher ; aussi, emportant ma carabine, mon manteau, ma couverture, avais-je crié au « père l'endormi » de m'appeler en cas d'alarme.

Le terrain sur lequel j'allais me coucher était une sorte de prairie descendant vers le courant d'eau, couverte d'herbe à bisons et disposée en pente. Cette herbe, épaisse et à moitié sèche, faisait sous moi un épais matelas, si bien que je me hâtai de m'envelopper de ma couverture et de m'étendre, un cigare à la bouche, prêt à m'endormir.

La lune brillait à l'horizon, et son éclat était tel, qu'il me permettait de distinguer facilement la couleur des fleurs qui m'environnaient, euphorbes argentées, tournesols aux nimbes d'or, mauves écarlates et autres qui poussaient au bord de l'*arroyo*. Un silence profond régnait autour de moi ; il n'était troublé que par le bruit des mâchoires de nos chevaux qui broyaient l'herbe entre leurs dents.

Je restai ainsi éveillé jusqu'au moment où mon cigare brûla mes lèvres, car telle était notre habitude, dans les prairies où le tabac est rare. Je crachai enfin ce « bout », et, me tournant de côté, je laissai mon imagination s'égarer dans le pays des songes.

Je dormais à peine depuis quelques minutes quand je fus réveillé par un bruit lointain, qui me parut être ou celui d'un galop précipité, ou celui d'une chute d'eau. Il me semblait même que le sol tremblait sous moi.

— C'est probablement un orage, me dis-je en *aparté* les yeux mi-clos; baste! attendons.

Et je me roulai de nouveau, sans aucune autre précaution, dans ma couverture pour m'endormir sérieusement.

Tout à coup je fus réveillé par un bruit semblable à celui du roulement du tonnerre, et je ne tardai pas à reconnaître la trépidation de milliers de sabots heurtant le sol et des mugissements sans nombre de bisons, excités par la peur ou la colère.

La terre résonnait et tremblait. Je pus cependant entendre les cris de mes camarades. Séverin criait en même temps que Godé, et celui-ci disait :

— Ce sont des bisons! gare à nous!

Je compris qu'ils avaient détaché les chevaux et qu'ils les emmenaient au bas du contrefort dont j'ai déjà parlé.

Instantanément je me redressai et je rejetai vivement ma couverture. Un spectacle terrifiant s'offrit à mes yeux. Du côté de l'ouest, aussi loin que ma vue pouvait s'étendre, la prairie semblait être en mouvement; des vagues noires roulaient sur ses contours ondulés : on eût dit une couche de lave vomie par un volcan et se répandant rapidement devant moi.

Des myriades d'étincelles scintillaient de ci de là, pareilles à des traits de flammes. Les hommes criaient, le sol tressautait, les chevaux, tirant sur leurs longes, poussaient des hennissements de terreur. Mon chien lui-même, tournant autour de moi, comme pour me protéger, aboyait avec acharnement.

Pendant quelques instants, il me sembla que je rêvais. Mais je compris bientôt que ce qui se passait était une réalité bien faite pour terrasser l'homme le plus vaillant. Cette masse noire, roulante, n'était plus qu'à dix mètres de moi et se précipitait rapidement. Alors, seulement alors, je compris que ces bosses poilues et ces yeux enflammés étaient ceux des bisons du désert américain.

— Bon Dieu! m'écriai-je, je vais être écrasé.

Il était trop tard pour échapper par la fuite à ce torrent animé; aussi je saisis ma carabine et je fis feu au milieu du troupeau sur l'animal qui était en tête. L'effet de ma balle parut inutile, et je fus tout à coup éclaboussé par l'eau du ruisseau. Un bison énorme — celui qui se trouvait en tête du troupeau — furieux, mugissant, se précipitait dans le courant et cherchait à remonter sur la rive opposée. Je m'étais senti soulevé et jeté en l'air. Puis je retombai sur une masse mouvante. Par bonheur, je n'étais ni blessé ni étourdi, et je compris que je m'en allais emporté sur les échines d'une masse compacte de bisons qui couraient serrés flanc contre flanc. Ces animaux, effrayés par le poids inaccoutumé de ma personne, auquel ils n'étaient pas habitués, mugissaient à pleins poumons, et s'efforçaient d'avancer vers le front de bandière.

Une idée soudaine me passa par l'esprit. Je me cramponnai aux poils de la bête qui se trouvait la plus rapprochée de moi, et je parvins à me mettre à califourchon sur son dos.

L'animal, au comble de la terreur, se précipita en avant et se plaça bientôt en tête du troupeau.

C'était là le but que je voulais atteindre, et nous courûmes ainsi, la bête et moi, sur la prairie. Le bison, lancé au galop, était sans doute convaincu qu'il portait sur son échine une panthère ou un léopard.

Je ne songeais point à désabuser ma monture, et nous courions toujours en avant. J'avais tiré mon *bowie knife* de sa gaîne et je piquais le bison au cou et aux flancs, dès qu'il paraissait vouloir s'arrêter. Chaque coup de cette arme pointue lui faisait pousser un mugissement épouvantable, et il redoublait de vitesse.

Le danger était immense, car le troupeau nous suivait déployé sur un mille d'étendue; et en admettant que le bison sur le dos duquel j'étais assis se fût arrêté ou fût tombé, j'aurais été infailliblement écrasé.

Quel que fût le péril que je courais, je ne pus m'empêcher de rire intérieurement, en songeant à la situation ridicule dans laquelle je me trouvais. C'était une véritable comédie.

Nous traversions un terrier de « chiens de prairies », et je crus un moment que ma monture allait rebrousser chemin ; ce qui n'eût pas été fort gai pour moi. Mais le bison court en ligne droite habituellement, et celui-ci ne modifia en rien sa façon d'agir naturelle. Il roulait toujours, tombant parfois sur les genoux, éparpillant la poussière que soulevaient ses sabots enfouis dans les trous, et ne cessait de mugir, dans son accès de rage et de fureur.

Les « collines aux pruniers » se dressaient directement devant mes yeux. Je les avais vues à l'horizon, dès le moment où j'étais parti sur le dos de mon bison, et je me disais qu'arrivé là, je serais indubitablement sauvé. Il y avait tout au plus trois milles de l'endroit où j'étais parti à celui où je me trouvais, et pourtant je croyais avoir franchi plus de dix milles.

Un petit mamelon se dressait au milieu de la prairie, en avant de près de cent mètres des collines en question. Je m'efforçai de pousser ma monture de ce côté et je réussis à la faire obéir.

Je compris que j'étais sauvé si je parvenais à me jeter bas, près de ce monticule. J'eus d'abord la pensée d'enfoncer mon coutelas dans l'épine dorsale de l'animal ; mais m'eût-on offert le *Koh-i-nor*, j'aurais refusé de commettre un pareil meurtre.

Je dégageai donc avec prestesse mes doigts de cette épaisse fourrure et me laissai couler sur l'échine le long de la queue. Une fois par terre, je courus de toute la force de mes poumons vers le monticule sur lequel je grimpai aussitôt. Cela fait, je pus examiner à loisir ce qui se passait dans la prairie.

La lune brillait avec éclat. Ma monture improvisée s'était arrêtée comme moi et regardait avec effarement ce qui avait lieu autour d'elle. Ce spectacle était réellement comique, et je ne pus m'empêcher d'éclater de rire.

Dans la direction du sud-ouest, aussi loin que mes yeux pouvaient voir, la prairie était noire et mouvante. Cette vague vivante avançait toujours de mon côté, et des myriades d'étincelles s'échappaient des yeux de ces animaux lancés avec furie.

Je dirai tout d'abord que cette masse animée se trouvait encore à un mille de distance. Il me semblait apercevoir des éclairs et entendre des détonations d'armes à feu sur la droite, mais je ne savais pas si mes camarades avaient échappé à l'atteinte des bisons.

Bientôt j'aperçus le troupeau se ruant vers le monticule au sommet duquel je me trouvais. Les bisons, voyant l'obstacle qui leur barrait le chemin, se divisèrent en deux masses et continuèrent leur course. Un fait m'étonna; et je tiens à le raconter ici. Le grand bison sur le dos duquel j'avais « voyagé », voyant venir le gros de la troupe, avait baissé la tête en avant et s'était lancé sans attendre ses congénères. Il courait sur la droite, et l'on eût dit qu'il avait une bande de loups à ses trousses. Peu à peu, il se rapprocha du côté du troupeau, mais sans s'y mêler. C'était du reste un habile stratégiste; car, si les autres bisons l'avaient trouvé devant eux, ils l'auraient pris pour un animal féroce cherchant à leur nuire, et ils l'eussent écrasé et foulé aux pieds.

Je demeurai alors sur le rocher pendant deux heures environ, suivant du regard cette mer sombre qui s'écoulait à mes pieds et déviait devant l'îlot qu'elle ne pouvait franchir. A dire vrai, j'éprouvais une sorte d'hypnotisme, et je fermai bientôt les yeux pour ne pas éprouver une syncope.

Le troupeau s'éloignait cependant, et peu à peu les

derniers passants disparaissaient sur la gauche de mon lieu de refuge.

Je descendis alors de mon perchoir et je me dirigeai du côté de notre campement, sur ce sol piétiné et entièrement défoncé. Cette prairie qui, trois heures auparavant, était verdoyante et fleurie, ressemblait maintenant à un champ en jachère, à un terrain creusé par des mains inhabiles.

Au même instant j'aperçus de tous les côtés des animaux au poil blanchâtre qui galopaient en suivant la direction du troupeau de bisons. C'était des coyotes prêts à se ruer sur les animaux qui seraient tombés sur le sol.

Sans m'arrêter à suivre ces carnassiers, je poursuivis ma route vers le camp et j'entendis bientôt des voix qui se mêlaient les unes aux autres; puis j'aperçus des cavaliers qui pressaient l'allure de leurs montures lancées au galop.

— Halloa! m'écriai-je.

Un cri semblable répondit à celui-ci, et je vis un homme à cheval. C'était Séverin.

— Dieu soit loué! Haller, c'est vous! C'est bien vous, n'est-ce pas? ajouta-t-il en avançant la tête. Vous n'êtes pas le fantôme de mon ami?

— Parbleu! je suis votre ami en chair et en os, et parfaitement portant.

— D'où venez-vous donc, alors? Des cieux, des nuages?

Les mêmes questions me furent adressées à la fois par tous mes camarades, accourus sur le lieu où se passait cette rencontre. Ils me pressaient les mains, comme s'ils ne m'eussent point vu depuis une année.

Godé était surtout dans une grande perplexité à mon égard.

— Quand je vous ai vu emporté, j'ai bien cru que vous alliez être écrasé et réduit en bouillie. Dieu merci! vous voilà sain et sauf; c'est un miracle, dit-il.

— Nous nous étions mis à la recherche de vos restes mortels, entiers ou déchiquetés, ajouta Séverin. Sur une étendue d'un demi-mille, nous avons examiné le sol, pouce par pouce, sans vous retrouver, et nous nous disions que les bisons vous avaient dévoré.

— Peuh! ce n'est pas possible. Je le savais bien, moi, reprit Godé. Maudit soit le « père l'endormi » qui ne vous a pas prévenu!

Le Canadien, en effet, s'adressait au vieux Stibbet, qui n'avait point averti ses camarades et m'avait également oublié.

— Nous vous avons aperçu lancé en l'air, continua Séverin, et retombant au milieu du troupeau de bisons; aussi nous imaginions-nous que vous étiez perdu à tout jamais. Racontez-nous, cher ami, par quel heureux hasard vous avez pu vous tirer de ce mauvais pas.

Je me hâtai de faire à mes camarades le récit de mon aventure extraordinaire.

— Morbleu! voilà une étrange histoire. Vous êtes né coiffé, monsieur.

A dater de ce moment, je fus considéré comme un vrai capitaine des prairies.

Mes camarades avaient fait bonne chasse pendant que je courais ainsi le guilledou sur l'échine d'un bison; ils montrèrent à mes yeux étonnés une douzaine d'animaux aux robes noires, étendus çà et là sur le sol. Ils avaient découvert ma carabine et ma couverture enfoncées dans la terre par les sabots des bisons.

Séverin avait encore quelques gouttes d'excellente eau-de-vie dans sa gourde et me les offrit. Lorsque j'eus repris des forces au moyen de ce breuvage réconfortant, on regagna le campement, où, après avoir rétabli la garde, nous nous étendîmes de nouveau sur nos couvertures et nous nous endormîmes avec bonheur.

V.

UNE FACHEUSE AVENTURE.

Quelques jours après, un autre incident désagréable m'échut en partage; aussi je me crus destiné à devenir un héros légendaire parmi les montagnards du désert.

Plusieurs de mes camarades et moi, nous avions pris la tête de la caravane, dans l'intention d'arriver à Santa-Fé un jour ou deux avant notre convoi. De cette façon nous devions nous occuper de tout ce qu'il y avait à régler avec le gouverneur et ne plus rien avoir à démêler avec les autorités mexicaines, pour pénétrer dans la ville. Nous suivions la route ou cimmaron.

Le chemin que nous longions traversait, sur une étendue de cent milles environ, un désert immense, d'où le gibier avait fui et où l'eau claire était un mythe. Ni bisons ni daims ne paissaient dans ces parages. Il fallait donc nous contenter de la viande desséchée que nous avions emportée avec nous. L'herbe qui poussait sur ce sol aride était l'*artémise*. Sur certains endroits de ces champs argentés, on apercevait une antilope fuyant à de grandes distances, hors de portée. Ces animaux étaient de la plus grande sauvagerie.

Le troisième jour, après avoir quitté la caravane, tandis que nous approchions du cimmaron, il me sembla apercevoir devant moi une tête cornue, qui disparut derrière un pli de terrain. Je prévins mes compagnons, qui ne crurent point mon illusion et se refusèrent à me suivre. J'allai donc seul voir ce qui était à l'endroit indiqué, laissant à un des hommes du convoi le soin de tenir mon chien en laisse. Godé n'était pas près de moi en ce moment-là. Mon cheval était bien reposé, et je me disais que rien ne me serait plus facile que de rejoindre la caravane au moment où elle ferait halte.

Je me dirigeai donc en droite ligne vers l'endroit où j'avais vu remuer cette tête cornue, c'est-à-dire à une distance d'un mille environ, à ce que je croyais; mais je m'étais trompé, à cause d'une illusion d'optique, très-fréquente dans le pays que nous traversions.

Une sorte d'échine granitique — que les Indiens appellent *couteau des prairies*, — traversait la plaine en cet endroit, et la partie la plus saillante était couverte de cactus. C'est de ce côté-là que je poussai mon cheval.

Je descendis de ma selle dans le fond du petit vallon, et, traînant à ma suite, par la bride, ma monture qui se laissait faire, je l'attachai solidement à un tronc d'arbre. Cela fait, je m'avançai avec précaution, à travers les cactus, vers l'endroit où j'avais cru apercevoir l'objet à la poursuite duquel je courais. Quelle ne fut pas ma joie lorsque je vis, non point une seule, mais bien deux antilopes broutant tranquillement à une petite distance — 300 mètres à peu près — du point où je me trouvais.

Hélas! il n'y avait pas un buisson, pas une plante pour me cacher afin d'arriver à portée, et je me demandais quel parti je devais prendre.

Je réfléchis pendant un certain temps aux différentes ruses employées par les chasseurs pour s'emparer de ces animaux. Devais-je imiter leur cri, ou bien fallait-il agiter un mouchoir ? Non ! Ce n'était pas cela. Les antilopes étaient trop sauvages, et je les voyais lever leur tête de temps à autre et examiner attentivement ce qui se passait autour d'elles. Je songeai alors à la couverture rouge que je portais appendue à ma selle et je me dis que si je la déployais au-dessus d'un cactus, elles viendraient peut-être de ce côté, afin de voir ce qui se passait, comme le font souvent ces animaux curieux.

J'allais recourir à ce moyen, lorsque mes regards se portèrent vers une ligne du terrain dépourvue de toute végétation, une sorte de rigole, dans laquelle je pouvais facilement me cacher, pour arriver à bonne distance de la proie convoitée.

Je fis en conséquence un grand circuit, et, lorsque je parvins à l'endroit désiré, je vis que c'était le lit profond d'un torrent, au milieu duquel l'eau coulait, claire et limpide, sur un lit de sable et de gypse.

Les rives étaient peu élevées, à trois pieds à peine au-dessus du niveau du courant ; mais elles étaient fort raides. Cette disposition du terrain ne m'empêcha pas de sauter dans le lit de l'*arroyo*, dans l'intention de le remonter.

J'avais deviné juste ; je parvins bientôt à l'endroit où les eaux tourbillonnaient vers un coude formé par le terrain. Là, je m'arrêtai et je me hissai sur la rive, afin de sonder l'horizon. Les antilopes étaient là, à une demi-portée de ma carabine ; mais je crus devoir avancer encore, pour ne pas être sous leur vent, et je rentrai dans le lit de la rivière.

J'avais entrepris une tâche difficile : le fond de l'eau était formé d'un sol mouvant, dans lequel on enfonçait, et il me fallait pourtant marcher doucement, de peur d'effrayer ces ruminants. Qu'importait après tout ! Je me laissai entraîner par le désir de me procurer du gibier frais, pour le souper de notre *mess*.

J'arrivai enfin à cent mètres plus loin, en face d'un champ d'arbustes desséchés, qui se dressait sur la crête de la berge.

— Me voici, je crois, à bonne portée, pensai-je ; je serai abrité par les broussailles.

Je me hissai avec précaution, et, à ma grande satisfaction, je me trouvai admirablement placé pour faire feu. J'épaulai donc ma carabine, et, après avoir bien visé, je pressai la détente.

L'animal, frappé au poitrail, tomba pour ne plus se relever. C'était le mâle.

J'allais me précipiter pour ramasser ma victime, lorsque je m'aperçus que la femelle, au lieu de fuir, restait près de son compagnon et le flairait sur tous les côtés, cherchant à le forcer à se relever. De l'endroit où je restais caché, — à vingt pas environ — je voyais la pauvre bête étonnée, plutôt qu'effrayée. A la fin cependant elle comprit l'horrible réalité, et, poussant des clameurs émouvantes, elle se mit à courir autour du cadavre.

J'hésitai d'abord soit à recharger mon arme, afin de faire une seconde victime, soit à laisser vivre la pauvre bête : c'est à ce dernier parti que je me résolus ; sa voix plaintive avait désarmé mon bras. Si j'avais pu, en faisant feu sur l'antilope mâle, soupçonner que j'allais assister à pareil spectacle, certes, je me fusse bien gardé de tirer.

Tout à coup je me dis qu'il valait peut-être mieux mettre un terme à ses angoisses ; je rechargeai ma carabine avec précipitation ; je visai, et le coup partit.

Dès que la fumée se fut dissipée, je vis la pauvre bête, saignant et se roulant sur le sol, la tête courbée sur le corps du mâle, qui ne bougeait plus. J'allais relever mon arme et m'avancer, lorsque je sentis mon pied pris comme dans un étau.

Je fis un effort pour me dégager, je renouvelai ce mouvement sans plus de succès, et, à la troisième secousse, je retombai sur le dos dans l'eau, où, à demi suffoqué, je parvins à me relever, sans pouvoir cependant me débarrasser de l'étreinte qui me retenait.

Je recommençai à me secouer sans y mieux réussir, et je devinai que je m'enfouissais peu à peu dans un sable mouvant. Horreur! je frémis des pieds à la tête et je renouvelai mes efforts avec la rage du désespoir, me couchant à droite, à gauche, au risque de me désarticuler les jointures. Hélas! je ne pouvais point retirer mes pieds du lit de sable qui les étreignait.

Ce sable était déjà au-dessus de mes bottes qu'il remplissait; c'était une position épouvantable. On eût dit qu'un monstre des eaux voulait m'attirer dans les profondeurs de la terre.

Je poussai des cris terribles; mais qui devait m'entendre? Personne ne passait par là, et mes amis étaient trop loin.

Les hennissements de mon cheval répondaient seuls à mes appels désespérés.

Je me penchai en avant, autant que je pus le faire, pour creuser le sable et me dégager; mais à peine avais-je tracé un nouveau sillon, qu'il était comblé.

Je songeai alors à me servir de ma carabine en la plaçant d'une façon horizontale. Je regardai où j'avais pu laisser cette arme, je ne la trouvai point. Elle avait disparu sans doute dans le sable. Devais-je me coucher par terre? Cela était impossible, je me serais noyé; il y avait deux pieds d'eau dans le lit de l'*arroyo*.

Je ne savais à quel parti me résoudre et je fis un effort pour revenir à moi-même, car je sentais que j'allais devenir fou de terreur. Enfin je repris le dessus. La paralysie qui attaquait mon cerveau disparaissait peu à peu, et, afin de mourir en homme de cœur, je me dressai sur mes pieds. Je pus voir très-distinctement au niveau de la prairie mes deux victimes couchées par terre. Était-ce une punition divine?

Je portai alors humblement mes regards vers le ciel, persuadé que quelque signe de la colère céleste allait se manifester. Il n'en fut rien; le soleil brillait d'un éclat éblouissant, aucun nuage ne paraissait dans l'éther incommensurable.

Je fis alors mentalement une prière des plus sincères, comme l'adressent au Créateur du monde ceux qui se trouvent en péril.

A ce moment, un objet attira toute mon attention. C'était un grand oiseau, un vautour géant. D'où venait-il? Comment avait-il pu apercevoir, du haut de l'espace, le carnage dont je m'étais rendu coupable?

Cet oiseau fut suivi par un de ses congénères, puis par un troisième et plusieurs autres encore. Le premier arrivé, qui s'était reposé sur la crête du bord, s'avança vers les deux antilopes, en clopinant de ci de là.

Peu d'instants après, le sol était couvert de ces oiseaux immondes, qui allaient faire un festin à mes dépens, et dont les becs crochus s'enfonçaient dans les yeux des animaux morts.

Au même moment, arriva au galop sur le champ de rapine une bande de coyotes, qui, s'étant battus avec les vautours, forcèrent ceux-ci à reprendre leur vol.

— Dieu soit loué! m'écriai-je, pareille mort ne m'est pas réservée.

Bientôt ce spectacle me fut caché. Mes yeux étaient au-dessous du niveau de la berge. Je ne voyais plus que l'encaissement de la rivière et le niveau de l'eau qui coulait toujours.

Je jetai encore quelques regards vers le ciel, en priant avec énergie, et tout à fait résigné à mon sort.

Quels que fussent mes efforts pour rester calme, je ne pouvais m'empêcher de songer à mes jeunes années sur le point d'être tranchées, à mes amis et à ma famille aimée. Je redoublai d'énergie pour me tirer d'affaire, si je le pouvais.

Les hennissements de mon cheval frappèrent alors mon oreille. Je me mis à appeler ce bon animal de toute la force de mes poumons. Je savais qu'il venait à ma voix.

Il était bien attaché à des cactus, mais il pouvait, en faisant force de son cou, briser sa longe.

Je l'appelai encore, toujours, employant les noms d'amitié qui lui faisaient plaisir. Rien ne me répondit d'abord; mais bientôt le bruit de ses sabots parvint jusqu'à moi. Il arrivait au galop et se rapprochait rapidement.

Enfin, je le vis apparaître au-dessus de la berge de l'*arroyo*, hors d'haleine, reniflant et se secouant. Je savais que, dès qu'il m'aurait aperçu, il allait venir placer ses naseaux près de ma figure.

Je levai la main et je le hélai avec force.

La bonne bête me vit; quelques instants lui suffirent pour se jeter à l'eau et pour arriver près de moi. Je saisis vivement sa bride.

Il n'y avait pas un instant à perdre. Je m'enfonçais toujours de plus en plus. J'avais de l'eau jusqu'aux aisselles. Saisissant la longe, je l'attachai fortement à la selle, et, me cramponnant aux étriers, je poussai le cri de : En avant! tandis que mon cheval, comprenant le danger, piétinait tout le temps dans le sable, afin de ne point être pris comme je l'étais.

A un moment donné, il fit volte-face, et je me sentis entraîné hors de l'étau dans lequel j'étais pris.

Je poussai un cri de joie en me sentant délivré. Je touchai le sol de la rive et je rendis grâce au ciel du secours inespéré qu'il m'avait envoyé. En même temps j'embrassais la tête du bon cheval, avec autant de passion que j'en eusse éprouvé si mes lèvres avaient rencontré celles de ma mère.

Je songeai alors à ma carabine; elle n'avait pas encore disparu dans le sable. J'avais perdu mes bottes, mais je ne songeais point à aller les repêcher dans le terrible gouffre où elles se trouvaient.

Je me hâtai de fuir loin de l'*arroyo*, et, me jetant sur ma selle, je lançai ma monture du côté de la caravane que je voulais rejoindre.

La nuit était venue lorsque j'arrivai au campement.

— Eh bien! s'écrièrent mes camarades, avez-vous tué quelques antilopes? Mais où sont donc vos bottes, très-cher? Est-ce à la chasse ou à la pêche que vous êtes allé?

Je coupai court à ces plaisanteries en leur racontant mes aventures, et ce soir-là je fus encore le héros de la journée.

VI.

A SANTA-FÉ.

Il nous fallait une semaine encore pour traverser la chaîne des montagnes Rocheuses, redescendre la vallée du Del Norte et parvenir à la capitale du Nouveau-Mexique, la célèbre ville de Santa-Fé. Nous étions partis en avant-garde, et le lendemain de notre arrivée la caravane elle-même toucha au port.

Nous avions perdu un certain temps en prenant la route du sud et en traversant avec nos wagons la gorge du *Raton*.

Nous n'éprouvâmes aucune difficulté pour pénétrer dans le pays ; car nous avions payé 500 dollars d'acavala, autrement dit de droit par chaque wagon. C'était là un péage qui dépassait le tarif ; mais les marchands étaient forcés d'accepter cette vexation.

Santa-Fé est le chef-lieu des provinces mexicaines et l'entrepôt de tout le commerce. Nous fîmes halte hors des murs.

Séverin, quelques autres de nos camarades et moi,

nous allâmes nous établir dans une posada où l'on nous servit un excellent vin mousseux d'*El Paso*, dont la chaleur nous fit oublier la souffrance et les fatigues endurées pendant notre voyage à travers les Prairies.

La nuit qui suivit notre arrivée fut consacrée à un festin joyeux.

Le lendemain matin, je fus réveillé par la voix de Godé, qui paraissait d'excellente humeur et qui fredonnait le refrain d'une chanson canadienne.

— Monsieur, me dit-il tout à coup, nous allons nous amuser ce soir. Il y a bal à Santa-Fé, un fandango mexicain, et c'est un spectacle qui n'est pas ordinaire. Un fandango mérite d'être vu quand on veut se rendre compte des danses originales du pays. Ah! voici M. Séverin. N'avez-vous jamais assisté à un fandango? continua Godé. Vous devez savoir danser comme un maître de ballet, car vous avez du sang de Parisien dans les veines.

— Paix! Godé, paix! Allez à la *cantina* et apportez-nous une bouteille du meilleur vin d'El Paso.

— Faut-il essayer de la.... prendre à crédit? demanda Godé, en clignant des yeux.

— Garde-t'en bien, voleur de Canadien que tu es. Tu payeras très-exactement. Voilà de l'argent pour cela. Je veux du meilleur, de celui qui mousse. Va, dépêche-toi.

Et, s'adressant à moi, Séverin ajouta :

— Salut au dompteur de bisons! Vous êtes donc encore couché?

— Oui, j'ai une migraine atroce.

— Je comprends cela. J'en avais une pareille tantôt; mais Godé est allé chercher le meilleur remède pour la guérir. Voyons, cher ami, debout.

— Je veux rester au lit jusqu'à ce que j'aie bu un verre de votre médecine.

— Soit! vous vous sentirez soulagé aussitôt. Il paraît que le séjour de la ville ne vous est pas favorable.

— C'est Santa-Fé que vous appelez une ville?

— Parbleu ! c'est ainsi qu'on la nomme au Mexique. C'est la capitale des Prairies, la métropole du désert, le paradis des pionniers, des trappeurs, des marchands et des.... voleurs.

— Et il y a trois cents ans que cette ville a été construite ! Ah ! quel progrès ! Mais, morbleu ! les habitants de la cité sont à peine rudimentairement civilisés.

— Vous êtes poli, mon cher ami. Dans ce pays, oasis du désert, vous trouverez la peinture, la poésie, la danse, les théâtres et la musique, au début, sans progrès déterminé ; mais en revanche il y a des don Quichotte, sorte de chevaliers errants de bas étage, des Roucos sans cœur et des coupe-jarrets sans courage. Il y a de tout ici, sauf de l'honnêteté et de la vertu. Holà ! garçon.

— Que voulez-vous ? fit le muchado.

— Du café. En avez-vous ?

— Oui, monsieur.

— Dans ce cas, donnez-nous deux tasses.... deux, entendez-vous ? et prestement.

— Oui, monsieur.

— Ah ! voici Godé. Eh bien ! vieux Nord-Ouest, apportes-tu le vin ?

— Le voilà. Un nectar exquis, monsieur Séverin, que l'on dirait produit par une vigne de France.

— Il a raison, Haller. — Séverin fit claquer sa langue. — C'est une boisson délicieuse, Godé. Allons, buvez, Haller ! Vous allez vous sentir aussi fort qu'un buffalo. Voyez donc, il pétille comme du champagne : on dirait qu'on vient de le tirer à la *Fontaine bouillante* (1). Bien cela, Godé ! bien !

— Je suis content d'avoir réussi, répliqua le Canadien.

— A votre santé, Haller ! ajouta Séverin. C'est un vin naturel ! Quel bouquet ! quelle chaleur ! Quel vin les Yankees fabriqueront un jour avec le jus du raisin de ce pays-ci !

---

(1) Nom d'un pays de sources gazeuses aux Etats-Unis.

— Croyez-vous que les Américains aient les yeux tournés de ce côté?

— Parbleu! j'en suis convaincu. Pourquoi pas, après tout? Ces singes de Mexicains sont inutiles dans la création, ils ne servent qu'à encombrer la terre. Eh bien! garçon, ce café, où est-il?

— Le voici, monsieur.

— Ami Haller, goûtez-moi cela. Vous allez aussitôt vous sentir mieux. Il faut rendre justice à ces damnés Mexicains, ils savent faire le café; mais ils ne savent faire que cela.

— C'est vrai! Mais, cher ami, qu'est-ce que ce fandango dont vient de me parler Godé?

— Ah! je n'y pensais plus. Il paraît que l'on se dispose à s'amuser ce soir. Nous irons donc au bal.

— Ne fût-ce que par curiosité.

— Tant mieux! Notre désir de nous instruire sera satisfait! Ce vieux filou qui est le gouverneur de la ville doit honorer le bal de sa présence; sa fille y assistera aussi, dit-on, mais ce n'est pas certain.

— Pourquoi pas?

— Parce que son père a peur qu'on ne la lui enlève. Cela s'est vu parfois dans ces parages. Du reste, ce serait heureux pour elle; car son gueux de père ne mérite pas un pareil trésor.

— Pourquoi cela, Séverin?

— Parce qu'il nous a saignés à blanc. 500 dollars par charrette! quel gredin! Nous avions cent charrettes, cela fait donc 50,000 dollars escroqués à nos bourses diverses.

— Garde-t-il tout cela, ou bien rend-il des comptes au gouvernement?

— Pas si bête! Compter avec la métropole, jamais! C'est pour lui qu'il travaille. Au moyen de ces impôts, il taille dans le vif et dispose à son gré de toute cette population avilie qui plie sous la verge de fer. Pauvres gens que ces Mexicains!

— Et ceux-ci le haïssent, n'est-ce pas?

— Naturellement! Ils ont bien raison de le détester.

— Mais alors pourquoi ne se révoltent-ils pas?

— Cela arrive quelquefois; mais à quoi cela leur sert-il? A l'exemple des tyrans anciens, il a compris qu'il devait diviser ces gens-là, et les amener à s'entre-déchirer, s'il voulait se dispenser de leur faire la guerre.

— Il me semble qu'il n'a pas autour de lui une armée bien redoutable. Pas même des gardes du corps.

— Cependant, regardez, cher ami, voilà ses défenseurs.

— Les Indiens *Bravos!* les Navajoes! s'écria Godé au même instant.

J'avais jeté les yeux dans la rue; je vis une demi-douzaine de grands sauvages, enveloppés dans des *serapes* (couvertures) de couleurs multiples; ils passaient et repassaient devant la foule. Leur aspect fanatique, leur marche lente et nonchalante, les distinguaient des Indiens Manjos des villages (pueblos) du pays, lesquels sont cultivateurs, porteurs d'eau et bûcherons.

— Ce sont donc là des Navajoes? demandai-je à Séverin.

— Oui, monsieur, fit Godé, et de très-méchantes gens, je vous l'assure.

— Il suffit de les examiner, ajouta Séverin, pour en être convaincu.

— Cependant, les Navajoes sont les ennemis mortels des Mexicains. Comment se fait-il qu'ils soient ici? Les retient-on prisonniers?

— Ils n'ont pas l'air, ce me semble, de porter des chaînes?

Il n'y avait en effet aucun indice de captivité chez ces habitants du désert, qui circulaient dans les rues en examinant les passants avec un air de hauteur et de dédain.

— Pourquoi donc ces sauvages sont-ils ici? Leur sol natal est très-éloigné, n'est-il pas vrai?

— Ah! leur présence à Santa-Fé est un de ces mystères fréquents au Nouveau-Mexique, mystères que je vous dévoilerai un de ces jours. A l'heure présente un traité passé avec eux les protége et les protégera tant qu'ils ne feront rien pour le rompre. Les voilà donc ici, libres d'aller, de venir, tout comme vous et moi, mieux encore si c'est possible, et il n'y aurait rien d'étonnant si nous les rencontrions ce soir au bal du fandango.

— Mais on m'a dit que les Navajoes étaient cannibales.

— C'est vrai ! Regardez-les en ce moment. Ne vous semble-t-il pas qu'ils voudraient fasciner ce petit garçon qui passe près d'eux? Il est heureux pour ce pauvre diable qu'il fasse grand jour en ce moment; sans cela, ils pourraient bien l'étrangler sous leurs couvertures.

— Vous plaisantez sans doute, Séverin?

— Pas le moins du monde. Demandez à Godé ce qu'il en pense.

— Je corrobore les paroles de monsieur, ajouta celui-ci. J'ai été prisonnier chez ces sauvages Navajoes; ils sont aussi méchants que les Apaches, et pendant les trois mois de ma captivité je les ai vus dévorer trois enfants, après les avoir fait rôtir de la même façon qu'une bosse de bison. C'est vrai, très-vrai, ce que j'avance là.

— Vous le voyez, Haller. On m'a affirmé que, pendant leurs excursions de pillage et de meurtre, ces misérables entraînent les enfants loin des vallées où résident leurs familles et qu'ils les font cuire sur des charbons ardents. Dans quel but? Est-ce pour les offrir en sacrifice à leur dieu puissant Quetzalcautl, ou bien pour se repaître de cette horrible nourriture? Nul n'a pu encore dévoiler ce mystère; car il y a peu de personnes qui, après avoir été emmenées dans leurs villages, aient eu la bonne chance de s'échapper et de revenir au milieu des blancs. Godé est une exception. Il n'y a que des gens qui ignorent ces détails qui s'aventurent au delà des sierras de l'ouest.

— Voyons ! Godé, racontez-nous comment vous avez pu éviter d'être scalpté.

— Parbleu ! parce que je n'avais pas de cheveux et que je porte un toupet, que m'a fabriqué un barbier de Saint-Louis. Voyez plutôt.

En parlant ainsi, le Canadien avait ôté son chapeau et nous montrait une perruque si bien faite, que nous avions tous cru jusqu'alors qu'il avait le bonheur d'être plus chevelu qu'Absalon.

— Vous comprenez bien, messieurs, que ces damnés sauvages n'ont pas eu de scalp à cueillir sur mon crâne. Ils ont été volés !

Séverin et moi nous ne pûmes nous empêcher d'éclater de rire, en contemplant les grimaces de l'engagé.

— Bravo ! Godé, bravo ! Buvez un coup pour vous remettre de votre frayeur.... passée. Servez-vous.

— Grand merci ! monsieur Séverin.

Sur ces paroles, le Canadien — qui était toujours altéré — avala d'une seule lampée un grand verre de vin d'El Paso, comme il l'eût fait d'une tasse de lait.

— Allons, Haller, venez avec moi visiter nos chariots. Aux affaires d'abord, au plaisir ensuite, en admettant que le plaisir existe au milieu de cet amas de briques plus ou moins bien étagées. Je crois que nous nous amuserons davantage à Chihuahua.

— Nous devons donc nous rendre à cet endroit ?

— Je le pense, car nous ne placerons pas ici la moitié de nos marchandises. Nous serons donc obligés de porter le reste sur le grand marché du Nouveau-Mexique. Venez ! rendons-nous au camp.

VII.

LE FANDANGO.

Le soir venu, je me tenais dans ma chambre, assis dans une chaise à balançoire, lorsque j'entendis la voix de Séverin chantant à pleins poumons une chanson mexicaine très-connue.

— Etes-vous prêt, cher ami? me dit-il en entrant.

— Dans un moment je suis à vous. Asseyez-vous pendant quelques minutes. Attendez-moi.

— Hâtez-vous, car le bal est commencé. Je viens de ce côté-là et j'ai entendu la musique. Mais quel costume de bal revêtez-vous donc? ajouta Séverin, qui me vit déployer un habit bleu foncé, orné de boutons d'or, et un pantalon de drap noir, le tout assez bien tourné.

— Mais je vais m'habiller pour la fête. Et vous, n'en faites-vous pas autant?

Cette question avait son à-propos, car Séverin n'avait rien changé à son costume de voyage. Il portait toujours sa blouse de chasse, bordée de franges, ses housseaux, sa ceinture à laquelle étaient suspendus des pistolets chargés et le grand *bowie-knife*, arme nécessaire, indispensable au désert.

— Non, mon cher dandy, je garde mon costume de route ; et si vous voulez écouter un bon avis, vous ferez comme moi. Vous ne pourriez pas empêcher les autres de vous trouver ridicule avec votre habit bleu et votre ceinture, à laquelle seraient appendues des armes de défense indispensables à votre protection.

— Mais à quoi bon emporter cet arsenal avec nous ? Nous allons au bal et non point en guerre. Laissons donc tout cela ici.

— Ah ! mais non. Un homme averti en vaut deux. Il n'y a pas à Santé-Fé un seul caballero qui se rende au bal sans ses armes à feu. Croyez-moi, restez habillé comme vous l'êtes et emportez vos revolvers. C'est ainsi qu'on se rend au bal à Santa-Fé.

— Du moment que vous êtes certain que je ne serai pas remarqué dans ce costume, cela suffit.

— Et j'ajoute que vous auriez moins de succès avec votre habit bleu.

Il ne me restait donc plus qu'à réintégrer mon costume de bal civilisé dans ma valise : c'est ce que je fis. Nous partîmes.

Séverin avait raison. En arrivant au lieu de l'assemblée — une vaste salle bâtie dans le voisinage de la *Plagra* — nous trouvâmes la réunion au grand complet. Il y avait là de nombreux chasseurs, trappeurs, marchands, des voituriers même, tous revêtus du costume habituel des coureurs d'aventures.

Parmi ce monde-là se trouvaient une soixantaine de Mexicains et autant de senoritas, que je reconnus, au costume dont elles étaient revêtues, pour des *poblanas*, c'est-à-dire des filles du peuple de basse classe, la seule, du reste, que l'on trouve à Santa-Fé.

Au moment où nous pénétrions dans cette salle de bal, la plupart des hommes avaient déposé les *sarape* dont ils se couvraient, et nous pûmes admirer leurs vestes de velours brodées, leurs guêtres de cuir estampé et leurs chapeaux brillants d'or et de franges.

Le costume des femmes était aussi pittoresque que celui des hommes ; leurs *naguas* étincelantes de broderies, leurs chemises blanches comme le duvet des cygnes et leurs souliers de satin offraient un aspect étrange et tout à fait agréable. Certaines d'entre elles dansaient la polka, qui venait d'être importée à Santa-Fé.

La salle de bal était une salle oblongue, autour des murs de laquelle des banquettes avaient été accolées. Les danseurs étaient assis ; ils roulaient des cigarettes entre leurs doigts et devisaient en fumant à chaque halte de la danse.

L'orchestre de ce fandango se composait d'une demi-douzaine d'artistes, jouant, les uns de la guitare et de la mandoline, les autres de la harpe. De temps à autre, leurs voix se joignaient aux sons des instruments, à la manière indienne.

Dans un autre coin, on distribuait pour de l'argent des cigares *puros* et des whiskey de Taos, à tous les montagnards altérés, dont les cris sauvages faisaient retentir les échos de la salle.

Et l'on entendait ces mots :

— Eh ! eh ! petite ! voulez-vous danser ? Bien ! très-bien ! disait un gaillard de plus de six pieds de hauteur à une jeune fille.

— C'est convenu, j'accepte.

— Bravo ! en avant. Et que désirez-vous prendre pour rafraîchissement ? De *l'aqua ardiente* ou du vin ?

— Je préfère le vin ; mais je n'en veux qu'un tout petit verre.

— Voilà ! vous êtes servie.

— Merci.

— Et maintenant, dansons à la façon des ours.

— Je ne comprends pas.

— Voilà ce que c'est.

Et le montagnard se mit à imiter les pas cadencés d'un ours qui saute aux sons de la musique.

— Eh! là-bas, Bill, tu vas te faire prendre au piége.

— Je ne crains pas les trappeurs les plus habiles.

Au moment où ces propos s'échangeaient entre les trappeurs et les voyageurs aventuriers, on entendit les cris suivants vers la porte de la salle :

— *Viva el Gobernador! Viva Armijo! Viva! viva!*

Un nouveau personnage, arrivant dans l'assemblée, causait toute cette émotion. C'était un homme trapu, à l'air béat, qui se présentait suivi d'une sorte d'état-major revêtu de vêtements somptueux, l'élite sans doute de la société du Nouveau-Mexique. Quelques-uns portant des uniformes militaires, brillants sur toutes les coutures, ne tardèrent pas à tourbillonner dans la salle, entraînés par une valse vertigineuse.

Après avoir échangé quelques mots avec mon ami Séverin, je le vis se lever et sortir de la salle, en me recommandant de m'amuser et en m'assurant qu'il serait bientôt de retour.

Un instant après son départ, un homme vint s'asseoir auprès de moi, à la place même qu'avait quittée mon ami.

Ce nouveau venu, je l'avais remarqué depuis que j'étais entré dans la salle de bal, car il portait un costume digne d'attirer l'attention. Ce n'était assurément pas un Américain, et pourtant il était impossible de le prendre pour un citoyen du Mexique. Appartenait-il à la race espagnole? Je ne pouvais le dire, car son teint était basané et coloré comme celui des fidèles serviteurs de la belle Isabelle. Sa figure rasée, à l'exception de la mouche du menton, se terminait en pointe; ses yeux bleus offraient une apparence de douceur qui séduisait au premier aspect, car ils brillaient sous l'ombre produite par les bords d'un chapeau élégant.

Ce personnage, cet inconnu, portait un costume mexicain, sur lequel était jetée une *manga* de couleur pourpre, bordée d'ornements en velours noir d'un très-bel effet. On apercevait sous ce manteau brillant des *calzonaras* de velours vert, retenus par des boutons dorés et agrémentés de *calzoncillos* (aiguillettes) de rubans d'une blancheur d'albâtre.

La partie entre les jambes de ces culottes mexicaines était garnie de cuir gaufré, d'une couleur sombre. Enfin ses pieds fins étaient chaussés de bottes jaunes, munies de grands éperons retenus par des courroies à la ganse large, grâce auxquels on eût pris ce personnage pour un des anciens cavaliers du temps de Cromwell.

L'inconnu avait placé son chapeau sur le côté, de façon — aurait-on pu le croire — à cacher son visage. Pourquoi ? Je me le demandai à part moi, car il était joli garçon, malgré l'altération de ses traits, altération qui pouvait avoir pour cause quelque chagrin dont lui seul, peut-être, connaissait l'origine.

Tandis que j'observais ainsi mon voisin, celui-ci faisait de même, et je remarquai qu'il avait l'intention de me parler. Par un mouvement machinal, nous nous retournâmes tout à coup, face à face l'un de l'autre.

L'inconnu avait tiré une boîte élégante pleine de puros de choix ; il l'ouvrit et me la tendit avec amabilité, en me disant :

— Voulez-vous fumer, monsieur ?

— Volontiers, répondis-je, en prenant un cigare.

A peine avions-nous tiré, lui et moi, les premières bouffées, que l'homme dont la présence près de moi m'intriguait fort me posa brusquement la question suivante :

— Voulez-vous vendre votre cheval ?

— Non.

— Pas même pour un bon prix ?

— Pour aucun prix.

— Je vous offre 500 dollars.

— Je ne me séparerais pas de ma monture pour le double de cette somme.

— Soit, mais pour 1,500 dollars ?

— Je suis très-attaché à mon cheval et je n'ai pas besoin d'argent.

— Vous me désolez. J'ai franchi deux cents milles pour acheter votre bête.

Cet aveu m'étonna fort, et je répétai involontairement la phrase qu'il venait de prononcer.

— Dans ce cas, vous nous avez suivis depuis l'Arkansas ?

— Non. Je viens de Rio-Majo.

— De Rio-Majo ? Vous voulez dire sans doute du Del Norte ?

— Précisément.

— Dans ce cas, il y a erreur sur la personne à qui vous croyez parler et sur le cheval dont il s'agit.

— Non pas. Il est bien question de vous et de votre monture : un étalon noir, aux naseaux rouges, à la queue entière, un demi-sang arabe, qui a une petite marque au-dessus de l'œil gauche.

C'était bien le portrait de *Moro*, et peu s'en fallut que mon voisin ne m'inspirât une superstitieuse appréhension.

— Vous ne vous méprenez pas, répondis-je ; mais j'ai acheté cet étalon, il y a quelques mois, à un planteur de la Louisiane, et je me demande comment vous pouvez savoir quelque chose de moi et de mon cheval.

— Je regrette, monsieur, de ne pouvoir satisfaire votre légitime curiosité. Je vous dirai seulement que je suis venu ici pour acheter un cheval parmi ceux de votre caravane, et que le vôtre est le seul qui me convienne.

— Je suis peiné de vous refuser ; mais j'ai mis à l'épreuve les bonnes qualités de ma bête ; nous sommes devenus des amis inséparables, et rien au monde ne me déciderait à m'en séparer.

— Tant pis pour moi. Je crois pouvoir affirmer que si vous connaissiez le motif pour lequel je désire posséder votre cheval.... Mais non, je ne puis parler....

Après quelques paroles incohérentes, prononcées en

aparté, le caballero se leva, en me disant : Bonne nuit, et je le vis s'éloigner à travers la foule, en faisant claquer ses éperons.

Quelques minutes après, une manola, vêtue d'un costume noir, vint s'asseoir à mes côtés. Je regardai machinalement la nouvelle venue, dont les petits pieds, les mains mignonnes et les yeux dont l'éclat brillait sous un *reboso* de dentelle, attiraient mon attention.

— Voulez-vous danser avec moi? lui dis-je dans le meilleur espagnol que je pus formuler.

La manola rougit, en baissant les yeux, mais bientôt elle leva la tête et me répondit d'une voix argentine :

— Avec beaucoup de plaisir, monsieur.

— Allons! m'écriai-je, en l'entraînant dans le tourbillon des danseurs.

Lorsque nous revînmes à notre banc, j'offris à ma nouvelle connaissance un verre de vin d'Albuquerque, un gâteau et une cigarette, qu'elle accepta volontiers. Un moment après, nous recommençâmes à danser, et ces tours de valse ou de polka se renouvelèrent une vingtaine de fois, à notre grand plaisir mutuel.

Je portais à mon petit doigt une bague, dans le chaton de laquelle brillait un diamant de 50 à 60 dollars, et ma partner m'avait dit plusieurs fois qu'elle la trouvait fort belle. Elle me le répétait encore quand je remarquai un homme au visage patibulaire, qui semblait épier mes mouvements et ceux de ma danseuse. Celle-ci ne paraissait pas faire la moindre attention à la manière d'agir de ce personnage.

— Connaissez-vous ce senor? lui demandai-je à voix basse, au moment où l'inconnu passait devant nous, enveloppé dans son *serape* aux couleurs voyantes.

— C'est mon mari, reprit-elle froidement.

— Votre mari !

J'appuyai ma bague à la paume de ma main, que je serrai fortement.

— Allons encore nous rafraîchir, dis-je à ma *poblana*,

afin de trouver une excuse pour lui faire mes adieux le plus tôt possible.

L'eau-de-vie de Taos avait enfin produit son effet sur les danseurs. Les trappeurs et les conducteurs de voitures étaient devenus tapageurs ; les leperos qui remplissaient la salle de danse, surexcités par les fumées du vin, poussés par la jalousie et un levain de haine qui bouillait dans leurs cœurs, semblaient devenir plus sombres et plus farouches.

A un moment donné, il me sembla voir briller la lame d'un couteau dans les mains du mari de la manola. J'allais me mettre en garde, lorsque quelqu'un me saisit la manche. Je me retournai et je revis mon précédent interlocuteur, au vêtement de couleur pourpre.

— Pardonnez-moi, fit-il en inclinant la tête avec grâce, on vient de me dire que votre caravane allait se rendre à Chihuahua.

— C'est la vérité ! Nous n'avons pas trouvé ici d'acheteurs pour notre stock de marchandises.

— Permettez-moi de vous demander si vous suivrez là-bas vos amis.

— Oui, monsieur.

— Retournerez-vous par Santa-Fé ?

— Probablement ; mais il n'en a pas été question jusqu'ici entre nous.

— A votre nouveau passage par ici, peut-être consentirez-vous à me céder votre monture ; car vous pourrez trouver dans la vallée de Mississipi un remplaçant pour ce cheval.

— Je ne le crois pas.

— Soit ; mais, le cas échéant, promettez-moi de vous rappeler mes propositions.

— Oh ! très-volontiers, cela ne m'engage à rien.

Nous en étions là de notre conversation, lorsqu'un Missourien, de taille géante, posa lourdement son pied sur les orteils de l'homme inconnu, en s'écriant :

— Eh ! gros ventru, laissez-moi m'asseoir.

— Mais vous êtes un brutal, répliqua l'étranger.

— Un brutal! parce que je veux me reposer, animal!

La conduite du Missourien était si insolente, que je crus de mon devoir de m'interposer.

— Allons! dis-je à ce personnage mal élevé, vous n'avez pas le droit de vous emparer d'une place occupée.

— Je ne vous parle pas. Mêlez-vous de vos affaires.

Tout en parlant ainsi, le Missourien avait pris le Mexicain par le coin de sa manga, comme s'il voulait l'arracher de sa place.

Cette agression subite fit taire les autres personnes qui se trouvaient près de nous, et bientôt toute la salle se rua vers notre coin. Les couteaux lancèrent des éclairs; les femmes se mirent à crier; des coups de feu se firent entendre; la salle se remplit de fumée et les lumières s'éteignirent. Au milieu de cette obscurité, la lutte continua, et l'on put comprendre, au bruit des chutes, que des hommes avaient été blessés.

Quant à moi, je n'avais aucun motif de haine contre personne et j'étais resté debout à ma place, sans faire usage de mes pistolets, ni de mon couteau.

Tout à coup j'éprouvai une vive douleur à l'épaule droite, et la commotion me força à m'asseoir sur la banquette. Je restai là jusqu'à la fin de la bataille, comprenant fort bien que le sang coulait de ma blessure et saturait mes vêtements.

Les chasseurs et les trappeurs couraient de ci de là, agitant leurs bras, vociférant et qualifiant de bagarre cette scène de carnage.

Les leperos et les femmes s'étaient enfuis. Les Américains avaient remporté la victoire; et je vis sur le plancher quelques morts et quelques blessés.

L'un de ces cadavres était le géant missourien, cause première ou plutôt prétexte de ce fracas sanglant. Les autres étaient ce que l'on appelait les *helados*. Le *caballero* à la *manga* avait disparu.

Quant à ma danseuse et à son mari, je ne les voyais plus; mais, en regardant le doigt de ma main gauche, je compris que ma bague m'avait été volée.

— Séverin! Séverin! m'écriai-je, au moment où j'aperçus celui-ci près de la porte.

— Où êtes-vous, ami? Que vous est-il arrivé? Rien, j'ose le croire.

— Je voudrais qu'il en fût ainsi, répondis-je.

— Qu'est-ce à dire? Voyons. Corbleu! vous avez reçu un coup de couteau dans les reins. Est-ce une blessure dangereuse?

— Je désire, avant tout, retourner à ma chambre.

— Vous avez raison, cher ami : appuyez-vous sur mon bras. Là, doucement, marchons avec précaution.

Le fandango était fini.

VIII.

SÉGUIN, LE CHASSEUR DE CHEVELURES.

J'avais eu précédemment l'honneur d'être blessé dans une bataille, d'être mis à l'ordre du jour et de guérir d'une égratignure, d'abord jugée plus terrible qu'elle ne l'était réellement. Bref, j'avais guéri pour recevoir les compliments et les félicitations de mes chefs ; mais la situation présente était bien différente.

C'était un assassin qui m'avait planté son couteau dans l'épaule.

Je désirais, avant tout, savoir quelle était la profondeur de ma blessure, si elle était dangereuse et quels risques je courais.

Presque toujours, celui qui est blessé tient essentiellement à connaître sa position. La vie peut s'en aller à mesure que l'on s'efforce de reprendre haleine.

A peine arrivé à la Foada, je tombai épuisé sur mon lit. Séverin fendit ma chemise de chasse, du haut en bas, et se mit aussitôt à examiner ma blessure. Il m'était impossible de voir l'expression du visage de mon ami, qui se tenait derrière moi, et j'attendis avec impatience ce qu'il allait me répondre, lorsque je lui eus dit :

— Le trou est-il profond ?

— Peuh ! les puits le sont davantage ; les voies du chemin de fer sont plus larges que l'ouverture de cette plaie. Vous êtes sauf, mon bon ami. Dieu en soit loué ! Mais malheur au coquin qui a voulu vous tuer ; car c'est bien à vous que s'adressait son coup de couteau. Le misérable avait visé juste, à l'espagnole. Haller, vous l'avez échappée belle. Un pouce de plus, et vous aviez l'épine dorsale tranchée, mon ami. Allons ! vous en êtes quitte pour la peur, vous dis-je. Godé, passez-moi l'éponge.

— Diable ! murmura ce dernier, en tendant l'objet demandé qu'il avait trempé dans l'eau.

Le contact glacial me fit tressauter ; mais bientôt Séverin appliqua sur la plaie une compresse de coton fin, que l'on trouva à cet effet, et quelques bandes pour tenir cette compresse. Le chirurgien le plus habile n'eût pas mieux fait.

— Voilà un trou admirablement bouché, s'écria Séverin, en piquant la dernière épingle dans les linges, et en m'aidant à m'étendre du mieux qu'il put. Voyons ! maintenant expliquez-moi de quelle façon cette querelle s'est produite. Je regrette fort d'avoir été loin de vous.

— Avez-vous remarqué certain homme d'un aspect assez étrange ?

— Faites-vous allusion à celui qui portait un manteau rouge ?

— Oui, celui qui était assis près de moi.

— C'est de celui-là que je parle. Je l'ai vu, je le connais, et de tous ceux qui étaient présents au fandango, moi seul puis en dire autant. Je me suis demandé pour quelles raisons il se trouvait là. Armijo ne doit pas l'avoir aperçu. Mais continuez, Haller, je vous en prie.

Je racontai à mon ami la conversation que j'avais eue avec cet inconnu, et les divers incidents qui avaient mis fin au bal de Santa-Fé.

— Etrange! vraiment très-étrange! Que diable cet homme-là veut-il faire de *Moro*, votre cheval favori? Venir à Santa-Fé de deux milles et offrir 1,000 dollars d'un cheval ordinaire!

— C'est un gredin, capitaine (ainsi m'appelait Godé depuis ma course à dos de bison). Ce quidam vous a prouvé qu'il tenait à *Moro*, car qui sait si, avec cette passion pour votre cheval, il n'essaiera pas de vous le voler?

Cette supposition me frappa, et je me tournai du côté de l'ami Séverin.

— Avec votre consentement, capitaine, je vais aller cacher votre cheval, ajouta le Canadien en se dirigeant vers la porte.

— Ne prenez pas ce soin-là, mon vieux Nord-Ouest, pour ce gentleman au manteau rouge. Il ne songe point à voler le cheval de mon ami, fit Séverin. Toutefois, vous pouvez agir à votre guise, car il y a d'autres voleurs ici, qui n'ont pas les mêmes scrupules. Ce que vous avez de mieux à faire, selon moi, c'est d'attacher *Moro* à la porte de cette chambre.

Godé, tout en envoyant à tous les diables Santa-Fé et ses habitants, s'en alla vaquer à cette occupation.

— Quel est donc cet homme mystérieux? demandai-je aussitôt à Séverin.

— Je vous apprendrai tout ce qui vous intéresse sur lui une autre fois, mon cher, répliqua mon camarade; mais pas ce soir, car il vous faut rester tranquille. Sachez seulement que notre inconnu est le célèbre Séguin, le chasseur de chevelures.

— Qu'est-ce à dire? Le chasseur de chevelures!

— Ah! vous avez déjà entendu parler de cet homme? Parbleu! tous ceux qui ont un peu parcouru le pays connaissent ce nom-là.

— Oui, c'est un infâme scélérat! Il a assassiné sans pitié des victimes innocentes.

Une silhouette noire se dessina sur la muraille au moment où je prononçais ces paroles ; c'était l'ombre d'un homme. Je levai les yeux.

Séguin était devant mon lit.

Séverin, en le voyant entrer, s'était levé et se tenait debout devant la fenêtre.

Je me disposai à apostropher vivement celui qui venait ainsi me rendre visite au moment où je parlais de lui ; j'allais lui donner l'ordre de sortir, quand je me sentis fasciné par son regard, et je crus devoir garder le silence.

Avait-il, oui ou non, entendu ce que je disais de lui? Je ne savais à quoi m'en tenir, car rien dans sa façon d'agir, dans ses yeux même, ne trahissait qu'il eût fait attention à mes épithètes injurieuses.

Je remarquai seulement le même regard qui m'avait d'abord attiré, la même expression mélancolique dont je m'étais senti ému, la première fois que j'avais vu cet homme accusé par l'opinion publique des crimes les plus atroces.

— Senor, me dit-il, en s'apercevant que je me taisais, je regrette d'autant plus profondément l'accident qui vous est arrivé dans la bagarre, que le coup de couteau dont vous avez été blessé m'était destiné. Votre blessure est-elle grave?

— Non, répondis-je d'un ton sec; qui parut déconcerter l'étranger.

— J'en suis très-heureux, ajouta-t-il après une pause. Je venais vous prier d'agréer mes remercîments pour votre généreuse intervention et vous faire mes adieux; car je quitte Santa-Fé dans quelques instants.

Il me tendit la main. Je murmurai un adieu, sans répondre à son geste amical : le souvenir des atrocités dont on accusait cet homme revenait, en ce moment, à mon esprit, et j'éprouvais pour lui une répulsion irrésistible.

Séguin tenait toujours sa main tendue, et je lus sur son visage une agitation nerveuse, quand il s'aperçut de mon hésitation.

— Il m'est impossible de vous toucher la main, lui dis-je enfin.

— Pourquoi cela? répondit-il d'une voix douce.

— Parce qu'elle est rougie par le sang qu'elle a versé. Laissez-moi, senor, laissez-moi.

Séguin arrêta sur moi un regard plein de sympathie, au lieu de manifester sa colère. Il replaça sa main dans sa *manga*, et, poussant un profond soupir, il s'achemina lentement du côté de la porte.

Séverin, qui s'était retourné pendant la scène précédente, le suivit à pas lents jusque sur le seuil, et le regarda s'éloigner.

De la place où j'étais couché, je vis également le Mexicain traverser le *patio* quadrangulaire. Il s'était complétement enveloppé dans sa *manga* et semblait être profondément abattu.

Bientôt il disparut au delà du porche de la *posada*, dans les rues de Santa-Fé.

— Le mystère qui entoure cet homme m'intrigue, dis-je à haute voix. Voyons! Séverin, expliquez-moi, je vous prie....

— Chut! silence! regardez là-bas, s'écria mon ami, en levant les mains du côté par où l'étranger avait disparu.

Je jetai les yeux dans la direction indiquée. Il faisait un clair de lune admirable, et je vis trois hommes qui se dirigeaient vers l'entrée de la cour, en rasant les marches des maisons. Leur stature, leur attitude particulière, le soin qu'ils mettaient à étouffer le bruit de leurs pas, suffirent pour me prouver que ces gens-là appartenaient à la race indienne.

En quelques minutes ces trois formes humaines avaient disparu dans l'ombre projetée par le porche de la Foada.

— Quels sont ces hommes? demandai-je à Séverin.

— Les vrais ennemis de Séguin, répondit-il. Malheur à lui si ces vautours acharnés le rencontrent dans les ténèbres de la ville endormie! Mais on aura dû l'avertir, et on lui viendra en aide au besoin. Moi, je suis pour lui, quoi qu'il en soit. Patience, cher Haller, je vais revenir dans quelques instants.

Séverin me laissa sur ces paroles, et je le vis bientôt disparaître hors de la porte de la Fóada.

Je restai plongé dans un océan de réflexions étranges, en songeant aux événements inattendus qui venaient de m'arriver, et j'avoue que mes pensées étaient loin d'être gaies. Je venais de froisser un homme qui ne m'avait rien fait, et pour lequel mon ami Séverin éprouvait une grande sympathie.

J'entendis bientôt le bruit des sabots de mon cheval, résonnant sur les pavés de la rue. Godé revenait avec *Moro*; je le compris au coup de marteau frappé sur la pierre qui assujettissait le piquet de fer entre les interstices des dalles.

Un moment après, Séverin rentrait dans ma chambre.

— Eh bien! lui dis-je, qu'est-il arrivé?

— Pas grand'chose. Le Mexicain est un rusé compère, qui ne se livre jamais. Il s'est jeté sur son cheval avant que ces spadassins aient pu le rejoindre, et quelques minutes après il se trouvait hors de leur atteinte.

— Mais ne vont-ils pas le poursuivre à cheval?

— Je ne le pense pas. Il a dû retrouver ses camarades non loin de Santa-Fé. Armijo a mis à ses trousses les trois bandits que nous avons vus, et cet Armijo n'a pas sous la main des hommes en assez grand nombre et d'un courage assez éprouvé pour suivre le Mexicain jusque dans sa retraite. Séguin n'aura donc rien à redouter dès qu'il sera hors de la ville.

— Voyons, Séverin, dites-moi maintenant tout ce que vous savez sur cet homme. Je brûle d'une curiosité toute particulière à ce sujet.

5

— Je ne vous raconterai rien ce soir, Haller, répondit-il, je vous l'ai dit, je ne veux point vous exciter davantage. D'autre part, il faut que j'aille à une affaire pressée. Allons! adieu! bonne nuit et au revoir.

Sur ces paroles, mon ami s'éloigna, me laissant aux soins de Godé et à la nécessité impérieuse d'un sommeil réparateur.

Le troisième jour après ce malencontreux fandango, j'appris que la caravane allait partir pour se rendre à Chihuahua. Or, il m'était impossible de voyager avec mes camarades; par ordre du médecin de la ville qui me soignait, je devais éviter les secousses et la chaleur, si je voulais vivre. Il fallut donc me résigner à obéir à ces prescriptions menaçantes, et à attendre à la Foada le retour de mes compagnons de route à Santa-Fé.

Etendu sur mon lit, en proie à la fièvre, je fis mes adieux à ces amis qui partaient sans moi, à Séverin surtout, dont l'absence allait me causer un grand vide. J'aimais fort cet excellent cœur, qui m'avait donné de grandes preuves de son dévouement, surtout depuis que j'étais blessé.

Séverin me déclara, avant de partir, qu'il se chargeait d'emmener mes chariots et de vendre, sur le marché de Chihuahua, mes pacotilles aussi soigneusement que si elles lui appartenaient.

— Ne vous inquiétez pas, ami, dit-il en me serrant les mains, et tuez le temps au moyen de ce champagne mexicain du Paso. Nous serons promptement de retour. Je veux vous rapporter des doublons en assez grand nombre pour en charger un mulet. Dieu vous assiste, ami! Au revoir!

A peine eut-il disparu, que je me levai sur mon lit, afin de pouvoir suivre des yeux, à travers l'embrasure de la fenêtre, les mouvements des tentes blanches recouvrant les voitures qui se dirigeaient vers les montagnes au milieu desquelles est bâti Santa-Fé. Les coups de fouets, les cris de *voha!* retentissaient vaguement à mes oreilles, et j'aperçus dans le lointain les montures de mes camarades, lancées au galop pour rejoindre leur caravane. Qu'avais-je à faire de plus? Je me rejetai sur ma couche et je crus être tout à fait abandonné à mon malheureux sort.

Je demeurai ainsi, m'agitant et me tourmentant, malgré les consolations du champagne, sans plus me soucier des soins attentifs de mon serviteur canadien, qui ne cessa pas de me les prodiguer.

Je pus enfin me lever et j'allai m'asseoir sous la jalousie de ma fenêtre, d'où je pouvais voir la place et les rues voisines flanquées des deux côtés de maisons construites en pisé et obscurcies par la poussière soulevée par les passants.

Je pouvais ainsi suivre les mouvements de la populace grouillant sur cette place, dont les artères aboutissaient au centre du marché public : population hybride, étrange, après tout, composée de vieilles duègnes cachant leurs rides sous les plis de leur *rebosos*, de *leperos*, d'Indiens, de paysans, allant et venant de ci de là, d'ânes portant des corbeilles de fruits, de légumes, et brayant au milieu du tapage universel. Les marchandes de tortillas avaient leurs marchandises : *tortillas calientes!* La *cocineras*, sorte de cantinière, vendait ses boissons en vociférant : *Chite Bueno! excellentes!* Le charbonnier sollicitait les acheteurs pour son *carbon;* les *aquadors* offraient leur *agua limpia*, les boulangers leur *pan fino*, *pan blanco*, et d'autres qui vendaient des *atole*, du *leché*, tous remuant et cherchant à trouver pratique.

Ce mélange, cette foule, tout m'intéressa d'abord ; mais bientôt je me dis que c'était fort monotone. De là à penser que ces bruits m'assommaient et me donnaient la fièvre, il n'y avait qu'un pas. J'en eus la fièvre.

Quelques jours après le départ de mes amis, je pus me lever et m'habiller. J'allai me promener en m'appuyant sur le bras de mon fidèle Godé, et nous parcourûmes la ville, qui me parut être un amas de briques prêtes à être cuites au feu.

L'aspect général était uniforme, et nous rencontrions partout d'affreux *leperos*, surgissant devant nous à tous les angles des rues, des femmes ou des jeunes filles aux jambes nues, portant des savates pour chaussures, celles-ci seules, celles-là poussant devant elles des ânes et criant à qui mieux mieux, comme des sourds.

Nos pas se portèrent devant une masure en ruines, qui contenait des gens hurlant ces menaces : *Mueras los Yankaes! Abijo los Americanos!* et je me doutais que celui qui criait ainsi mort aux Américains devait être parmi ceux qui se montraient aux fenêtres.

Devais-je aller me plaindre aux autorités? A quoi cela eût-il servi dans ce pays, où l'on ignore ce que c'est que rendre la justice?

Ces mêmes vociférations nous poursuivirent un peu plus loin, dans les rues et sur les places. Godé et moi, nous rentrâmes sagement à notre *posada*; car il était évident que nous courions un danger à rester plus longtemps dehors. Il fallait nous résigner à demeurer prisonniers volontaires.

Je ne me rappelle pas avoir subi d'ennui plus mortel depuis que j'étais au monde; je pestais contre la force qui me retenait aux arrêts dans une chambre de cette taverne de bas étage, et dans un pays si peu hospitalier.

Ah! que n'étais-je parmi mes compagnons, ces fidèles amis, qui devaient être, à cette heure, campés sur les bords du courant d'eau d'*El Norte* et se réjouissaient sans doute en écoutant quelque histoire extraordinaire, racontée par l'un d'eux.

Godé partageait ma tristesse et comme moi s'abandonnait au découragement. Le brave garçon avait perdu toute sa belle humeur. Au lieu de chanter, comme dans les premiers temps, il se contentait de passer sa mauvaise humeur en pestant contre ces goddam mexicains, qu'il eût voulu écraser sous ses pieds.

Je pris enfin la résolution de mettre un terme à nos souffrances mutuelles.

— Il nous sera toujours impossible de nous habituer à cette existence, mon cher Godé, dis-je à mon serviteur fidèle.

— Certainement, monsieur, répondit-il.

— J'ai décidé que nous mettrions un terme à cette vie.... ennuyeuse. Nous partirons demain.

— Hélas! monsieur n'est pas assez remis, et je crains fort qu'il ne lui soit impossible de monter à cheval.

— Je n'en tenterai pas moins l'aventure. Si je vois que je ne puis plus avancer, eh bien! il y a d'autres villes sur la route où nous nous arrêterons. Quel que soit cet endroit-là, il sera toujours préférable à la résidence impossible de Santa-Fé.

— Soit, capitaine! Il y a un site admirable plus loin, du côté de la rivière. Cela s'appelle Albuquerque. Puis on m'a parlé de Tomé et d'autres bourgs, qui tous sont préférables à cette maudite ville, peuplée de coquins et de scélérats de la pire espèce. Partons! monsieur, partons!

— Fais ce soir les préparatifs nécessaires à ce départ, mon intention formelle est de quitter Santa-Fé au point du jour.

— Je vous obéis avec joie, monsieur.

Le Canadien sortit aussitôt de ma chambre, en faisant claquer ses doigts à la française.

J'avais formé le projet de m'éloigner, coûte que coûte, de Santa-Fé. Dussent mes forces faiblir en route, je comptais m'efforcer de rattraper la caravane, qui devait n'avancer qu'à petites journées, à travers les sables du del Norte. Je me disais que, dans le cas où je ne pourrais point retrouver mes amis, je m'arrêterais à Albuquerque ou à El Poto, qui m'offriraient certainement un séjour moins dangereux que celui de Santa-Fé.

C'est en vain que le docteur mexicain voulut me dissuader de me mettre en route, en m'affirmant que ma condition était fort critique, que ma blessure, loin de se cicatriser, pouvait s'ouvrir au moindre effort. Le médecin intéressé — cela se comprend — me menaça de la fièvre, de la gangrène et de l'hémorragie. Je lui demandai sa note de visites, elle s'élevait à la somme de 100 dollars. C'était exorbitant; j'eus beau me récrier, protester; ce docteur, ou plutôt ce voleur, me menaça de la justice du gouverneur. Godé eut beau l'envoyer à tous les diables en français, en espagnol, en anglais et en dialecte indien; rien n'y fit.

Je compris qu'il fallait m'exécuter et je le payai d'assez mauvaise grâce.

Cette sangsue disparut enfin et fut remplacée près de moi par le maître de la Foada. Comme le docteur, il me supplia de ne point m'en aller et me donna d'excellentes raisons pour cela, me menaçant des *Indios Bravos*, des *Novajoes*, du peu de sécurité des villes que j'allais traverser. Il m'annonça la nouvelle d'une attaque des Indiens contre Polverida, village qui, disait-il, avait été attaqué, le dimanche précédent, pendant que tous les habitants étaient à la messe. Les Novajoes avaient massacré les hommes et emmené avec eux les femmes dans leurs retraites des montagnes.

— Si ce que vous me narrez est véritable, je conviens que cette invasion est terrible, répondis-je. Cet événement me navre, mais je me dis que dorénavant je n'aurai pas la mauvaise chance de rencontrer ces assassins sur mon passage. Et puis, voyez-vous, j'ai mis dans ma tête de partir, et je partirai.

— Sachez aussi, monsieur, continua l'hôtelier, qu'il y a d'autres voleurs.... de race blanche, ajouta-t-il en baissant la voix, qui sont également très à craindre.

Godé serrait les poings, comme s'il se fût débattu contre ces ennemis invisibles.

Tous les efforts qu'il fit pour me persuader restèrent sans effet. Je lui demandai sa note.

Comme celle du médecin, elle était considérablement

exagérée, mais je n'avais pas à me débattre et à me récrier. Je payai.

Dès le matin, au crépuscule, je me mis en route, suivi par mon bon Godé, qui tenait en laisse deux mules chargées de mon bagage, et je quittai avec joie cette ville maudite de Santa-Fé pour me diriger vers le Rio Abajo.

IX.

LE DEL NORTE.

Nous côtoyâmes pendant plusieurs jours le *del Norte*, en suivant le courant, et nous traversâmes un certain nombre de villages dont les constructions nous rappelaient celles de Santa-Fé. Il nous fallait à chaque instant franchir des canaux d'irrigation ou longer des champs plantés de maïs, ou des vignobles d'assez grande étendue, appartenant au maître des *haciendas* du pays.

Celles-ci nous parurent plus riches que celles des côtes des pays Yankees et nous avancions toujours vers la partie sud du Rio Abajo.

Nous apercevions dans le lointain, à l'est et à l'ouest, des montagnes sombres, qui se découpaient dans l'azur. C'étaient les montagnes Rocheuses, dont les éperons descendaient vers la rivière et formaient vallée; on eût dit même qu'en certains endroits ils fermaient le passage.

Ce spectacle, qui se déroulait devant nous à mesure que nous avancions, nous enchantait, Godé et moi.

Nous vîmes des costumes fort pittoresques, dans les villages que nous traversions et sur la route que nous suivions. Tantôt des hommes recouverts d'un *serape* à carreaux ou de couvertures du genre de celles des Novajoés, coiffés de chapeaux pointus, à larges bords, les jambes cachées par les *calzoneras* de velours, ornées de brillantes aiguillettes et serrées à la taille par des ceintures éclatantes.

D'autres portaient des *mangas* ou des *tilmas*; il y avait aussi des gens dont les chaussures consistaient en des sandales, comme celles des pays de l'Orient.

Quant aux accoutrements des femmes, ils consistaient presque tous dans le *reboso* gracieux, le jupon court et la chemisette brodée.

Nous rencontrâmes également sur le chemin les grossiers instruments de l'agriculture mexicaine : des charrettes disloquées, aux roues énormes; des charrues primitives, avec leur soc à trois branches, suffisant à peine à écorcher le sol; des bœufs, sous le joug pesant, excités à coups d'aiguillon; des houes et des pelles, entre les mains des péons de la glèbe mexicaine. C'étaient là choses nouvelles à nos yeux, et nous nous disions que ce pays en était encore à peine aux premiers rudiments de la civilisation et de l'agriculture.

Nous trouvâmes encore, le long de notre route, de nombreux attelages, conduits par leurs *arrieros*. Les mules, de petite taille, avaient le poil ras et les jambes grêles; elles paraissaient rétives et vicieuses, comme toutes celles de leur race. Les *arrieros* montaient, sur des selles à hauts dossiers et à pommeaux saillants, des chevaux très-rapides, guidés par des cordes de crin. Tout ce monde-là portait la barbe pointue, avait l'air rébarbatif, et nous eût, en toute autre circonstance, vivement intéressés. Mais je rêvais à la rencontre prochaine de mes amis, ma blessure me faisait de nouveau souffrir, et je me trouvais fort mal du soleil, de la poussière, de la soif, et des gîtes peu confortables de toutes les posadas du Nouveau-Mexique.

Le cinquième jour après notre départ de Santa-Fé, nous entrâmes dans la bourgade de Parida. Mon intention était d'y passer la nuit, mais je vis bien vite que je serais si mal à l'aise dans la posada où je m'étais arrêté pour manger, que je résolus de pousser en avant jusqu'à Socorro.

C'était le dernier point habité de la contrée, et nous devions trouver ensuite le terrible désert appelé *la Jornada del Muerte* (l'étape du mort).

Godé n'avait jamais parcouru ces régions; aussi avais-je cru indispensable de m'adjoindre, à Parida, un guide qui m'avait offert ses services. Tout me faisant craindre de ne trouver personne à Socorro pour remplir cet office, je l'acceptai.

Il va sans dire que cet individu avait fort mauvaise mine, qu'il était velu comme un ours, et qu'à première vue, j'avais éprouvé un certain sentiment de répulsion; mais j'avais fait contre mauvaise fortune bon cœur.

Arrivé à Socorro, j'appris que les Indiens avaient fait de nouvelles incursions dans le pays. Près des défilés de San-Crislobal, les Apaches ayant attaqué un convoi, les arrieros qui le conduisaient, après s'être courageusement défendus, avaient été massacrés jusqu'au dernier.

Le village était dans la consternation, et tous les habitants avaient peur d'être attaqués. Aussi me crurent-ils fou, lorsque je leur appris que mon intention était de traverser la *Jornada del Muerte*, sans autre escorte que celle de Godé et de mon guide.

J'eus peur d'abord que ces pusillanimités n'ébranlassent le courage de ce dernier; mais il resta impassible et renouvela l'expression de son vif désir de nous accompagner.

Sans compter la malechance que je pouvais avoir de

rencontrer les Apaches, je me sentais en fort mauvaise disposition pour traverser cette passe dangereuse. Les douleurs de ma blessure me peinaient fort et la fièvre me rongeait sérieusement.

Mais j'avais appris que la caravane avait passé trois jours à Socorro et je conservais l'espérance de rejoindre mes amis avant qu'ils fussent hors des limites du Paso. Je me déterminai donc à partir le lendemain de très-bonne heure et je pris mes arrangements en conséquence.

Godé et moi, nous fûmes debout avant le jour. Mon domestique sortit pour se rendre à l'écurie, réveiller le guide et faire seller nos montures. Moi je restai à la posada, afin de préparer le café et le déjeuner avant l'heure du départ. Le maître de la posada me tenait compagnie et m'aidait dans cette occupation.

En ce moment, la voix de Godé se fit entendre.

— Maître! capitaine! criait-il, le Mexicain a volé une mule et a pris la fuite avec elle. Venez, monsieur, venez voir.

Je me rendis à cet appel, redoutant que ce misérable guide ne m'eût dérobé mon cheval. C'était une fausse alerte. Le voleur m'avait pris la mule qu'il montait la veille, en venant de Parida à Socorro.

— Peut-être le bandit est-il encore dans le village, dis-je à Godé. Informe-toi de cela.

Le bon serviteur et un des palefreniers de la posada allèrent voir de ci de là; mais ils apprirent par la bouche de plusieurs paysans, qui venaient apporter leurs provisions au marché, qu'ils avaient rencontré un homme éperonnant une mule du côté de la rivière et fuyant à toute bride. A la description qu'ils firent de l'individu, nous reconnûmes notre voleur.

Que devions-nous faire? Revenir à Parida, pour le rejoindre? C'eût été perdre un temps précieux. Tout me portait à croire que ce n'était pas vers cette bourgade qu'il se dirigerait. Dans le cas même où il s'y fût retiré, m'eût-on rendu justice? Je résolus donc de laisser là cette affaire jusqu'à mon retour. Alors, seulement, il me serait possible de retrouver et de faire punir ce misérable.

En somme, je me réjouissais presque, lorsque je me disais qu'il aurait pu s'emparer de *Moro*, et je ne comprenais pas qu'au lieu de cette excellente bête, il eût emmené une mule sans grande valeur. Etait-ce un vieux reste de probité qui l'avait engagé à agir ainsi, ou bien la stupidité la plus complète?

Je m'enquis d'un autre guide; mais tous ceux à qui je demandai de m'accompagner, Bonifacios ou Mosos, me répondirent invariablement :

— *Los Apachès! Los Apachès.*

Je parlai aux « péons » et aux mendiants assis sur les dalles de la place; ils murmurèrent à leur tour :

— *Los Apachès!*

Partout où je m'adressais, on répliquait à ma prière ces mots fatidiques, et l'on me faisait un pied-de-nez, ce qui est la manière de refuser au Nouveau-Mexique.

— Allons, dis-je à Godé, nous ne trouverons personne. Nous irons donc à l'aventure, suivant notre inspiration.

— Il le faudra bien, maître.

Nous nous éloignâmes, Godé et moi, avec la seule mule de bagage qui m'eût été laissée.

Je pris la route du désert.

Nous allâmes coucher ce soir-là dans la ruine de Velverde, et le lendemain matin, de bonne heure, nous nous dirigeâmes vers l'entrée de l'*Etape du Mort*.

Il nous fallut deux heures pour atteindre le passage de Fra-Cristobal. A partir de ce gué, la route, qui aboutit à la rivière, se divise en deux et s'avance au milieu d'un désert sans eau.

Nous crûmes donc prudent de nous rafraîchir et de remplir nos outres avec soin, de façon à donner à nos animaux la provende indispensable pour les maintenir en bon état.

Après cette halte, nous continuâmes notre voyage.

Nous avions à peine pénétré sur ce maudit territoire, qu'il nous fut facile de nous convaincre de la justesse du nom donné aux gorges que nous allions traverser. Tout le long de la route étaient étalées les carcasses osseuses d'animaux divers. Il y avait même des squelettes humains. Nous apercevions des crânes, à côté d'ossements de chevaux. Hommes et cavaliers avaient succombé à cette place, et les coyotes avaient dévoré les restes des morts. Les malheureux succombaient sans doute aux affres de la soif, à peu de distance de la rivière réparatrice.

Il y avait là un squelette de mule, autour duquel le bât était resté attaché et bouclé ; ce bât retenait une couverture que le vent agitait comme un suaire.

Plus loin, se trouvaient un bidon brisé, des tessons de bouteilles, un vieux chapeau, un morceau de couverture de selle, un éperon rouillé, une courroie rompue, tous objets qui racontaient de terribles événements.

Et pourtant nous n'avions pas encore pénétré dans cet infernal désert, et nous venions de boire à notre soif.

Nous nous demandions ce qui nous arriverait quand nous serions parvenus de l'autre côté du désert. Devions-nous aussi laisser des épaves dans ce passage terrible ?

Nous étions assiégés par d'épouvantables pressentiments, en sondant du regard le ravin sombre dans lequel nous entrions. Certes, nous n'avions pas à redouter les Apaches, mais bien plutôt la nature du sol que nous foulions.

Nous nous acheminions en avant, sur les sillons des chariots de nos camarades, et nous gardions le silence, absorbés par nos préoccupations.

Derrière nous s'abaissaient les cimes des monts Cristobal, et nous perdions peu à peu la terre de vue. Sur notre droite s'élevaient les crêtes de la Sierra Blanca, et nous avions devant nous un immense espace.

Le soleil devenait incandescent, à mesure qu'il montait au-dessus de nos têtes. J'avais bien prévu le cas, avant de me mettre en route : la matinée avait été fraîche et le brouillard s'élevait au-dessus de la rivière ; or, je savais déjà, par expérience, qu'après un commencement de journée pareil, je devais m'attendre à une température torride vers midi. Plus le soleil s'élevait, plus ses rayons nous brûlaient ; quoique le vent soufflât, l'atmosphère était étouffante, et les grains de sable surchauffés frappaient et meurtrissaient nos visages.

Enfin midi sonna, et nous fîmes une courte halte pour reprendre ensuite notre route. Hélas ! le vent et le sable avaient effacé toutes les ornières tracées par le convoi de mes camarades.

Nous pénétrâmes dans une plaine couverte de la plante *artemisia* et d'euphorbes géants, à travers lesquels nous avions grand'peine à nous frayer un passage. Il nous fallut tracer une route nouvelle parmi les hautes sauges amères ; puis nous entrâmes dans une plaine sablonneuse, au milieu de laquelle des bouquets d'artemisias s'élevaient en petits bosquets, presque desséchés. Le désert commençait là, insondable, lointain, lugubre et digne d'être chanté par un Dante moderne. Des blocs de rochers, amoncelés en certains endroits, rendaient ce passage plus terrifiant encore.

Le vent avait diminué d'intensité, mais il était d'une force suffisante pour soulever des colonnes de sable, qui tourbillonnaient et s'élevaient verticalement, en formant des nuages jaunes et brillants comme du mica. Aux rayons du soleil, elles se mouvaient avec une rapidité vertigineuse, et nous les voyions se précipiter à notre rencontre.

Je considérais ce spectacle étrange avec un étonnement rempli de stupeur, car on m'avait raconté que des voyageurs, entraînés dans ces tourbillons, avaient été enlevés à de grandes hauteurs et rejetés sur le sol horriblement meurtris.

Le mulet chargé du bagage, effrayé par ce phénomène, rompit tout à coup sa longe, en faisant un écart, et se mit à fuir vers les montagnes. Godé se jeta à sa poursuite, et je restai seul, entouré bientôt de neuf à dix colonnes de sable, qui rasaient la terre et se précipitaient avec fureur les unes contre les autres. On les eût prises pour des fantômes ou des démons.

Deux de ces colonnes s'avançaient sur moi : avant qu'elles m'eussent atteint, je les vis s'entrechoquer et jaillir en mille parcelles sur le sol.

Je n'avais eu que le temps de me précipiter à terre et de m'étendre sur le dos de mon brave *Moro*, qui, lui aussi, s'était couché, pour laisser passer la tempête. Mon chien hurlait avec angoisse.

Je restai immobile, aveuglé par le sable, à moitié enseveli dans les masses de la double colonne éparpillée ; et lorsque je voulus rouvrir les yeux, je fis de vains efforts, car je souffrais horriblement.

Mon pauvre cheval hennissait, en tremblant comme la feuille. Lui et moi, sans oublier mon bon chien, nous employâmes un certain laps de temps pour nous débarrasser de cette poussière qui nous avait si cruellement maltraités.

L'atmosphère s'étant éclaircie, je pus apercevoir l'azur du ciel. Mais, au delà, vers l'horizon, les colonnes de sable tourbillonnaient encore, et je cherchais inutilement Godé, qui ne devait pas être fort éloigné.

Je le hélai à pleins poumons ; puis je me reposai, afin d'écouter sa réponse à mes appels. Le plus profond silence régnait autour de moi. Je renouvelai cette épreuve ; elle fut inutile. Le vent seul sifflait à mes oreilles.

Je montai à cheval et je fis quelques randonnées autour de l'endroit où je m'étais couché ; j'allais à l'aventure, sur un espace d'un mille environ, toujours criant, toujours appelant Godé. Je ne trouvais aucune trace, je ne recevais aucune réponse. Je courus ainsi pendant une heure, sans retrouver mon compagnon ni la mule qu'il était allé chercher.

Je m'arrêtai enfin, éprouvant une soif irrésistible. Hélas! ma calebasse pleine d'eau il y avait deux heures, était sèche, et l'autre, pleine de liquide, avait disparu sur le dos du mulet. Je me trouvais, au juger, à environ cinquante milles de la rivière.

Ma situation était réellement horrible. Ceux qui vivent près des sources bienfaisantes et qui peuvent se désaltérer à volonté ne la comprendront pas. Il faut avoir eu soif à en mourir; il faut avoir éprouvé les angoisses de cette soif au milieu d'un désert aride, pour se faire une idée de l'épouvante ressentie par un homme placé dans la position où je me trouvais à cette heure.

Je fermai les yeux, car je sentais mes forces m'abandonner.

Involontairement je pressai les flancs de ma monture et je la lançai dans un galop vertigineux. Le bon *Moro* avait compris mes désirs.

Tout à coup j'aperçus devant moi un miroir brillant; il n'y avait pas à en douter, c'était un lac, un vrai lac, et non point un mirage, comme il y en a souvent dans le désert.

Nous arrivâmes bientôt, *Moro* et moi, sans oublier mon chien fidèle, sur les bords de cette vaste nappe d'eau. Mon cheval s'y jeta jusqu'aux flancs, et, descendant de ma selle, je voulus aussi me mouiller et me rafraîchir.

Grand Dieu! *Moro* refusait de boire; et quand j'eus passé de l'eau dans le creux de ma main, je compris, en la portant à mes lèvres, l'impossibilité de boire et de se désaltérer.

L'eau du lac était salée et brûlante.

La fièvre me dévorait, je perdais la raison. Il me restait cependant assez d'énergie pour remonter sur ma selle et fuir ce lac maudit, que l'on appelait dans le pays *la laguna del Muerte* (le lac de la Mort).

A dater de ce moment, mes souvenirs ne m'offrent plus que des choses confuses. Il me semble que je descendis de cheval, après avoir parcouru une longue route, tout d'une traite; je crois que le soleil descendait à l'horizon à ce moment-là. Je me trouvais sur une cime très-élevée, au bas de laquelle coulait une rivière, ombragée par des arbres d'une verdure luxuriante. Ces bosquets touffus étaient habités par des oiseaux, au chant gracieux; l'air était imprégné de parfums et le paysage se déroulait devant moi, pareil à un Eden.

Hélas! tout ce qui m'entourait et s'offrait à mes regards était brûlé, calciné, stérile, et j'éprouvais une soif irrésistible....

Je voulais boire, je voulais parvenir à la rivière.

Ce que j'avais aperçu était un rêve; ce qui était autour de moi, c'était la triste réalité.

X.

LINDA ZOÉ.

J'étais couché, et mes yeux suivaient, sur les rideaux qui entouraient mon lit, les ombres qui se mouvaient derrière le tissu léger.

Je me trouvais dans une sorte de léthargie, qui me faisait toujours croire à un rêve. Une voix douce chantait une mélodie française, accompagnée par les sons d'une harpe. J'éprouvai une surprise sans pareille, et je sortis bientôt de cet ahurissement maladif.

Une lumière éclairait mon oreiller, et, en détournant la tête, je vis distinctement trois personnes dans la chambre : un homme et deux femmes.

Je gardai le silence, voulant être certain que je ne rêvais point encore. A la fin je me sentis convaincu de la réalité du spectacle présent à ma vue. Je laissai mes yeux s'égarer sur ces personnages. Le premier — celui qui se tenait près de moi — était une femme d'un certain âge qui tenait une harpe entre ses bras et continuait à en pincer les cordes harmonieuses. Elle avait dû être, à

C'est là un gibier qu'il est bon de manger frais.

(*Chasseurs de chevelures, in-8º.*)

l'époque de sa jeunesse, d'une extrême beauté, car elle était encore très-remarquable.

Toutefois son visage portait l'empreinte d'une grande tristesse morale. C'était une Française : sans être un expert ethnologiste, j'avais deviné sa nationalité à première vue ; et de plus, les paroles de la chanson qu'elle venait de réciter étaient d'un français extrêmement pur, exempt d'accent étranger.

A quelques pas de cette dame, je vis un homme, assis près d'une table placée au milieu de la chambre. Son visage, tourné de mon côté, visage aux joues vermeilles, au menton proéminent, au front vaste, surmonté d'une casquette de couleur verte, ses yeux abrités par des lunettes bleues, tout prouvait que ce personnage était Allemand. Sans qu'il eût l'air très-intelligent, on comprenait, en l'examinant, qu'il s'occupait d'une science qui a bien sa valeur : l'étude de la botanique. Il était entouré de plantes de toutes sortes, éparses sur son bureau et jetées à ses pieds.

Mes regards se portèrent ensuite sur une charmante jeune fille, une enfant plutôt, prête à fleurir, comme la rose du désert, aux premiers rayons de la vie.

Je crus avoir déjà vu cette personne. Je ne m'étais point trompé : elle était le véritable portrait de l'autre dame, mais avec le prisme de la jeunesse. Cheveux fins et soyeux, d'un blond cendré, front élevé, nez grec, d'une finesse extrême, cou de cygne, taille de nymphe et port de reine.

C'était un ange sur la terre.

Tout à coup une voix se fit entendre : c'était celle du botaniste, qui s'exprimait avec l'accent tudesque fort prononcé.

— Matame et matemoiselle voudraient-elles jouer et chanter la *Marseillaise*, la grante *Marseillaise?*

— Avec plaisir, docteur, puisque cela vous est agréable. Linda Zoé, va chercher ta mandoline pour t'accompagner.

La jeune fille, qui, jusque-là, était restée absorbée par la contemplation des travaux du naturaliste, se leva et alla quérir, dans un angle de la chambre, un instrument qui ressemblait fort à une guitare ; puis elle revint s'asseoir près de sa mère, accorda son instrument, pour le mettre à l'unisson de la harpe, et bientôt les deux dames attaquèrent l'hymne de Rouget de l'Isle.

Ce petit concert était réellement gracieux, et l'expression du visage des deux instrumentistes semblait s'illuminer aux accords entraînants de ce chant patriotique.

Le botaniste interrompit ses travaux pour écouter la mélodie avec un silence religieux. Chaque fois que ce refrain : *Aux armes, citoyens!* revenait, il marquait la mesure avec les mains et prenait une part active à cette représentation.

— Où suis-je? me disais-je. Des visages français, de la musique française. Ce bon Allemand lui-même parle la même langue, quoique avec un accent tudesque. Où suis-je?

J'examinai tout autour de moi, attendant une réponse à ces paroles.

Je reconnaissais l'ameublement qui m'entourait, les chaises aux pieds contournés, une chaise à balançoire, une table à ouvrage, et je vis Alp, mon chien fidèle, couché sur le tapis placé devant ma couche.

— Alp! Alp! murmurai-je.

— Mère, l'étranger a parlé.

Le chien s'était levé, et, posant ses pattes sur le bois du lit, s'était levé de façon à pouvoir me lécher le visage. Je lui tendis la main et le caressai. Au même instant, la jeune fille, se levant, dit à sa mère :

— Maman! il le reconnaît. Regardez.

La dame âgée s'était levée et s'avançait de mon côté.

Le botaniste allemand me tâta le pouls et repoussa le bon animal qui voulait s'élancer sur ma couverture, afin d'être plus à même de me lécher.

— Je pense que ce gentleman va mieux, docteur, regardez; ses yeux sont plus calmes. C'est un changement merveilleux, un vrai miracle.

— Oui, il fa peaucoup mieux. Huste, le chien! A pas! ma prave bête.

— Qui êtes-vous? où suis-je? dis-je alors d'une voix émue.

— Des amis! ne craignez rien. Vous avez été gravement malade.

— Oui! oui! pien malate.

— Nous vous avons soigné comme un frère, dit la jeune fille.

— Merci!

— Monsieur est le médecin qui vous a donné des soins, ajouta la jeune fille, maman, que voici, et moi, monsieur....

— Vous êtes des anges! fis-je avec la même émotion. Merci, mademoiselle Zoé.

— Mère, il sait mon nom.

C'était sans doute le premier compliment qu'elle eût jamais reçu, et elle y était sensible.

— Vous serez pientôt depout, monsir, je fous l'assure. A pas! Alp, à pas! pon chien!

— Docteur, nous ferions peut-être mieux de le laisser seul, afin qu'il repose; car le bruit que nous faisons....

— Non! de grâce, restez près de moi, et répétez cet air qui me plaît tant.

— Oui! La musique est ponne pour un malate.

— Jouous alors, bonne mère.

Et ces deux excellentes gardes, reprenant leurs instruments, répétèrent la *Marseillaise*.

Je me laissai aller au charme de la musique et à celui des aimables artistes qui me voulaient tant de bien. A la longue mes paupières s'appesantirent, et je quittai la réalité pour me plonger dans les délices d'un songe qui me la rappelait.

. . . .

La musique et mon rêve cessèrent en même temps. Il me sembla entendre, dans le demi-sommeil où j'étais plongé, le bruit d'une porte qui s'ouvrait; et lorsque je regardai à la place qu'occupaient les deux dames, je ne les trouvai plus devant moi. La mandoline gisait sur le coussin de l'ottomane, et celle qui en jouait avait disparu.

Du lit où je reposais, il m'était impossible de voir tout ce qui pouvait se passer dans la chambre; mais je fus bien vite certain que quelqu'un avait pénétré de nouveau dans la pièce.

Je perçus indistinctement ces paroles de tendresse que l'on adresse d'habitude à une personne chérie, à un père; car les mots papa, Zoé, revenaient sans cesse à mes oreilles, prononcés par deux voix différentes.

Vinrent ensuite des explications données à voix basse, et que je ne pus deviner.

Un certain nombre de minutes s'écoulèrent : je ne bougeais pas, j'observais le plus grand silence.

Bientôt des pas, accompagnés d'un bruit d'éperons, retentirent sur le parquet; on s'approchait de moi. Je me soulevai sur les coudes.

Séguin, le célèbre chasseur de chevelures, se tenait debout devant moi.

— On m'affirme que vous allez mieux, me dit-il. J'en suis heureux. Vous serez bientôt debout et rétabli.

Et mon inconnu du fandango de Santa-Fé me tendit cordialement la main.

— C'est à vous que je dois la vie, n'est-ce pas? m'écriai-je.

Du moment où j'aperçus ce personnage, je restai persuadé que c'était à lui que j'étais redevable de mon salut. Je me demandais, à part moi, si je n'avais pas rencontré mon hôte dans mes courses à la recherche de l'eau, ou bien si j'avais rêvé cela.

— Je vous devais bien ma revanche, amigo, à vous qui avez reçu un coup de couteau à mon lieu et place, répondit-il.

— Donnez-moi la main, senor Séguin, ripostai-je.

N'écoutant plus que ma reconnaissance, je lui offrais de grand cœur l'accolade, quoiqu'il m'eût inspiré de la répulsion lors de notre première rencontre.

Mon opinion à son égard s'était modifiée avec les circonstances. L'homme que je voyais devant moi était le père de Linda Zoé, le mari de la dame qui m'avait donné des soins ; en fallait-il davantage pour me faire oublier l'horreur que m'avait causée d'abord son surnom de chasseur de chevelures ?

Il avait vu mon hésitation ; cependant il répondit amicalement à mon étreinte.

— Pardonnez-moi, lui dis-je.

— Je n'ai rien à vous pardonner, reprit-il. Vous avez agi, d'abord, comme tout homme de cœur doit le faire. Cet aveu peut vous étonner ; mais on vous avait sans doute raconté d'étranges choses sur mon compte.... Quand vous me connaîtrez mieux, ces actes qui vous révoltent vous paraîtront moins odieux. Pour le moment, en voilà assez sur ce sujet. Si je viens à vous, c'est que je veux vous prier de ne rien laisser deviner ici de ce qu'on a pu vous dire de moi.

Séguin avait prononcé ces paroles comme un murmure à peine perceptible, pendant que ses yeux se dirigeaient vers la porte d'entrée.

— Veuillez bien m'expliquer comment je suis arrivé dans cette maison, repris-je, pour changer de conversation. C'est par vos soins sans doute ? Mais où m'avez-vous donc trouvé ?

— Dans une bien fâcheuse position, amigo, répondit-il en souriant. Je puis à peine réclamer le mérite de vous avoir sauvé ; c'est à votre cheval qu'en revient tout l'honneur.

— Pauvre *Moro !* Je l'ai perdu sans doute ; il est mort ?

— Non pas. Il est dans mon écurie, attaché par le bridon à une mangeoire pleine de maïs, et j'ose dire qu'il est en meilleure santé que la dernière fois que vous l'avez vu. Vos mulets sont au pâturage, et vos bagages en sûreté. Ils sont ici sous clef.

Séguin me montra du doigt une porte qui devait être celle d'un cabinet.

— Et.... Godé?

— Godé ! N'ayez aucune crainte pour lui : il est sauf comme vous. Je l'appellerais s'il n'était pas sorti ; mais il va bientôt revenir près de vous.

— Comment vous prouverai-je jamais ma reconnaissance? Les nouvelles que vous me donnez sont excellentes. Godé, *Moro*, Alp, tous sauvés, tous près de moi. Mais de grâce, expliquez-moi comment c'est à *Moro* que je dois la vie. L'excellente bête m'a déjà tiré d'embarras dans une circonstance périlleuse. Voyons! Parlez! je vous écoute.

— Voilà l'histoire. Nous vous avons trouvé à quelques milles d'ici, sur un rocher qui domine le Rio del Norte. Vous étiez suspendu au-dessus de l'abîme par votre lasso, enroulé autour de votre corps, par un heureux hasard. L'autre bout du lasso était accroché au mors de votre cheval, et la bonne bête, arc-boutée sur ses pieds de devant, les jarrets de derrière ployés, retenait votre corps par la force de son cou.

— Noble *Moro !* quelle terrible situation pour lui !

— Terrible, en effet, pour vous surtout. Si le lasso s'était rompu, vous eussiez été précipité d'une hauteur de plus de mille pieds, et vous seriez tombé sur des rochers, où vous auriez été brisé en mille pièces. Vous comprenez alors que votre vie était richement en danger.

— Je pense que, sans nul doute, j'ai dû perdre l'équilibre, en voulant chercher à descendre vers l'eau du fleuve.

— Vous étiez en proie au délire, je crois, et vous eussiez infailliblement péri, si nous n'étions pas survenus. Qui plus est, lorsque nous vous avons retiré sur le rocher, vous avez essayé une seconde fois de vous précipiter dans le courant que vous aperceviez devant vous. Ah! la soif est un affreux supplice : c'est un accès de fièvre chaude, qui mène à la folie.

— J'ai un vague souvenir de tout cela; il me semble que je l'ai rêvé.

— C'est bien! Laissez là des choses qui vous troublent encore la cervelle. Voilà le docteur là-bas à la porte de la chambre, qui me fait signe pour me dire de vous laisser reposer. J'avais cependant quelque chose à vous expliquer. Je vous en avais prévenu....

Une expression de tristesse se manifesta sur le visage de mon interlocuteur.

— Sans cela, continua-t-il, je ne serais pas venu vous troubler. Hélas! j'ai peu d'instants à moi. Je dois être loin d'ici ce soir même; mais je serai de retour d'ici à quarante-huit heures. Profitez de ce temps-là pour vous rétablir complétement. Je vous laisse aux soins du docteur, qui veillera sur vous, et aux mains de ma femme et de ma fille, qui vous soigneront comme un fils et comme un frère.

— Oh! merci! merci!

— Je vous engage à demeurer avec nous jusqu'au passage de vos amis, à leur retour de Chihuahua. Je les ferai prévenir. Vous aimez l'étude; vous trouverez ici des livres imprimés en diverses langues. Vous travaillerez, vous vous amuserez ensuite, comme vous voudrez; et puisque vous aimez la musique, *on* vous en fera. Adieu! au revoir!

— Un mot encore! Vous paraissez avoir un caprice particulier pour mon cheval.

— Cher monsieur, ce n'est pas un caprice qui me fait agir.... Mais laissons cela! Je m'expliquerai avec vous la prochaine fois que nous serons ensemble, et peut-être alors la cause qui me poursuit à acheter votre monture n'existera-t-elle plus.

— Prenez *Moro*, si cela vous convient, je trouverai

bien un autre cheval qui me portera pour retourner aux Etats-Unis.

— Merci, amigo. Je ne voudrais pas vous priver d'une bête que vous aimez pour tant de raisons. Non! non! Gardez ce bon *Moro*. J'apprécie très-bien les motifs qui vous attachent à ce noble animal.

— Ne m'avez-vous pas dit que vous aviez une longue course à entreprendre ce soir même? Servez-vous de *Moro*.

— J'accepte avec d'autant plus d'empressement, que mon cheval est presque fourbu. J'ai passé deux jours sur son dos. Merci, merci! et au revoir!

Séguin me pressa les mains et se retira.

Je prêtai l'oreille aux tintements de ses éperons d'argent, pendant qu'il s'éloignait. Les portes se refermèrent sur lui. J'étais seul.

Je prêtai encore l'oreille aux bruits qui m'arrivaient du dehors.

Rien ne se fit entendre pendant la demi-heure qui suivit le départ de mon hôte. Mais alors le choc des sabots de *Moro* retentit sur les dalles qui recouvraient la cour de l'habitation, et il me sembla apercevoir l'ombre de ma monture passant sur les rideaux placés devant les fenêtres de la chambre où j'étais couché.

Séguin partait pour entreprendre un voyage.... pour accomplir sans doute une de ces œuvres de mort qui faisaient sa terrible renommée.

Je restai enseveli dans mes rêves, au sujet de cet homme étrange, jusqu'au moment où de douces voix vinrent interrompre ma méditation.

J'avais devant moi deux visages amis, qui me faisaient oublier le chasseur de chevelures.

La maison dans laquelle j'avais reçu l'hospitalité était bâtie au centre d'un enclos de forme carrée, qui s'étendait sur les bords de la rivière del Norte. Dans cette hacienda, se trouvaient un parterre et un jardin, défendus de tous les côtés par des murailles en pisé, sur la cime desquelles des cactus épineux, plantés très-serrés, formaient des chevaux de frise infranchissables.

Le seul accès par lequel la maison fût accessible était la porte massive, munie d'un guichet et toujours fermée, comme je le remarquai dès le premier jour où je descendis de ma chambre.

Du reste, je n'éprouvais aucune envie de franchir les limites de cette demeure. N'avais-je pas dans ce jardin clos une promenade suffisante? D'ailleurs, la société de la mère de Zoé et de cette charmante enfant, vers laquelle je me sentais entraîné par une affection bien naturelle à mon cœur reconnaissant, me retenait au logis par des chaînes que je ne cherchais pas à rompre.

Cette demeure, au milieu des déserts américains, était curieuse sous plus d'un rapport. Il s'y trouvait une ruine, et l'on pouvait deviner, en examinant avec soin l'intérieur de la maison, que ses habitants avaient connu des jours meilleurs. C'était un vaste bâtiment de style mauresque, surmonté par une toiture plate bordée par un parapet assez élevé, placé sur le devant du logis. Çà et là, les colonnes de ses créneaux serrés les uns contre les autres s'étaient effritées, et la négligence semblait être la cause de ce délabrement.

Dans le jardin, les mêmes symptômes d'abandon pouvaient être observés par ceux qui examinaient les choses à fond. Mais ces restes d'une opulence passée manifestaient clairement qu'autrefois toutes les statues, les fontaines, les plates-bandes, avaient été tenues avec soin et non délaissées, comme elles l'étaient alors, envahies par la mousse, la boue sèche et les herbes sauvages.

Il y avait cependant encore des arbres exotiques de valeur et d'essences rares, mais ils n'étaient plus taillés ni entretenus, leurs fruits rabougris le prouvaient suffisamment.

Par contre, les fleurs poussaient sans nombre, et leurs parfums suaves embaumaient l'atmosphère de tous les côtés où l'on portait ses pas.

Les murailles du jardin dominaient la rivière et s'élevaient sur la berge taillée à pic, au-dessus d'une profondeur immense, qui servait de défense naturelle de ce côté de l'hacienda.

Sur cette berge, poussait un hallier de bois de coton d'une épaisseur qui défiait tout passage, et l'on avait placé, de distance en distance, des siéges en maçonnerie vernissée, d'une construction particulière aux demeures espagnoles. Dans l'épaisseur de la berge, on avait pratiqué des escaliers ombragés par des saules pleureurs, et ces gradins descendaient jusqu'au bord du courant.

J'avais remarqué un esquif de petite taille, abrité sous les branches des saules, vers la dernière marche.

De cet endroit seulement, la vue pouvait s'étendre au delà de l'enclos, vers l'horizon, et elle commandait le cours sinueux du Rio del Norte, sur un vaste territoire.

Tout ce pays paraissait sauvage et inhabité. La seule végétation qui couvrît la plaine et les collines se composait de cotonniers dont les rameaux épais couvraient le courant et l'ombrageaient presque complétement. Au sud, tout à fait à l'horizon, un clocher solitaire dominait la forêt verdoyante. C'était celui de l'église d'El Paso del Norte, pays de vignobles, dont les coteaux artistement plantés se perdaient dans l'azur de l'espace.

Du côté de l'est, on apercevait les pics neigeux des montagnes Rocheuses, la chaîne mystérieuse des *Organos*, où le chasseur s'aventure avec un sentiment de terreur involontaire, au bord des lacs intermittents, près desquels le gibier abonde.

Vers l'ouest, on apercevait avec difficulté, eu égard à l'éloignement, les *rangeia* jumelles des Mimbres, montagnes qui recèlent l'or et que le pas de l'homme foule rarement. Le trappeur audacieux hésite à s'aventurer sur ce territoire inconnu, qui s'étend au nord-ouest de la Gila ; car c'est le séjour des Apaches et des Navajoes anthropophages.

Chaque soir, mes hôtes et moi nous allions nous asseoir à l'ombre de ces bosquets touffus, pour admirer la beauté du soleil couchant. Il arrivait quelquefois que Mme Séguin, retenue à la maison par les soins du ménage, nous laissait aller seuls, Linda Zoé et moi, vers notre promenade favorite.

Cette charmante Linda Zoé était pour moi une sœur aimée, qui m'ouvrait son cœur et me faisait chaque jour comprendre le bonheur qu'il y aurait à vivre toujours avec elle, devant Dieu et devant les hommes, loin des soucis des villes et de la civilisation.

Un de ces soirs où nous étions en tête à tête, après avoir chanté, avec l'accompagnement de la mandoline, nous nous prîmes à écouter les bruits de la nature. C'était d'abord le bourdonnement de l'abeille, qui humait une dernière fois le pollen des fleurs, avant de rejoindre sa ruche ; le sifflement de l'oiseau-mouche regagnant la branche qui devait lui servir d'abri pendant la nuit ; le roucoulement des colombes cachées sous le feuillage.

Tout à coup nos yeux se portèrent vers l'horizon où le soleil allait disparaître derrière la chaîne des montagnes. Le clocher d'El Paso se dessinait sur l'azur empourpré et brillait comme un lingot d'or, éclairé par les rayons de l'astre à son déclin.

Les yeux de Linda Zoé et les miens s'arrêtèrent sur ce point lumineux.

— L'église ! murmura ma compagne. Je me rappelle à peine comment elle est. Il y a si longtemps qu'on ne m'y a conduite.

— Ah ! depuis quelle époque ? demandai-je.

— J'étais toute petite, autant qu'il m'en souvient.

— Il y a donc bien des années que vous n'êtes sortie de l'enceinte de l'hacienda ?

— Oh ! oui. Seulement mon père nous a fait descendre quelquefois la rivière en bateau ; mais depuis un certain temps il ne nous a pas donné ce plaisir.

— Et ne songez-vous pas quelquefois à aller courir là-bas dans ces grands bois?

— Non vraiment; je suis heureuse ici.

— Mais le serez-vous toujours?

— Pourquoi pas? tant que vous resterez près de moi.

— Mais si....

La jeune fille de Séguin fronça le sourcil à ces paroles : elle n'avait pas encore songé à la possibilité de mon départ. Moi-même je ne m'étais pas arrêté à cette pensée.

Zoé devint toute pâle, et ses yeux se baignèrent de larmes. Elle me regarda en face et répéta mes paroles.

— Mais si?...

— Si j'étais forcé de partir d'ici?...

— Que dites-vous là? s'écria-t-elle, en me serrant les mains. Non, cela n'est pas possible, cela ne sera pas.

Au moment où nous causions ainsi, un bruit de rames frappa mes oreilles; mais je n'y prêtai pas grande attention. C'était peut-être un aigle-pêcheur qui venait de plonger dans l'eau pour saisir sa proie.

Ce bruit se renouvelant, je levai machinalement la tête, et j'aperçus, à quelques pas du banc où nous étions assis, un chapeau bordé d'un galon d'or, émergeant de la rive.

J'avais immédiatement reconnu Séguin, qui s'avançait de notre côté.

— Mon père! s'écria Zoé, en courant à lui.

Mon hôte serra sa fille sur son cœur, et lui prit les deux mains, sans prononcer une parole. Ses yeux exprimaient à la fois la douleur et l'indignation.

Je m'étais levé pour aller à la rencontre de Séguin; mais son aspect sombre, presque furibond, retint mes pas.

— Est-ce ainsi, dit-il, que vous me récompensez de vous avoir sauvé la vie?

— Je ne comprends pas, répliquai-je.

— Non! ce que vous avez fait n'est pas une action généreuse.

— Qu'entendez-vous par là ?

— Je veux dire que vous avez abusé de la crédulité de ma fille.

— Abuser de la crédulité de votre enfant, moi ! m'écriai-je, en bondissant à cette accusation.

— Ne vous êtes-vous pas fait aimer d'elle ?

— Oui, mais avec loyauté.

— Bah ! ma fille n'est pas en âge de se marier encore.

— Pourquoi cela, père chéri ? J'aime M. Henrique Haller.

— Que dis-tu, malheureuse ?

— La vérité.

Je me sentais atterré en regardant Séguin, dont le visage exprimait la douleur.

— Ecoutez-moi, dis-je enfin, en me plaçant hardiment devant lui. J'ai appris aujourd'hui seulement que votre enfant m'a donné son cœur. Quant à moi, je la respecte autant que je l'aime. Quel mal voyez-vous à cela ?

— Alors votre intention est d'épouser Zoé ? ajouta-t-il enfin, lentement, en scandant chaque syllabe.

— Certes, c'est mon plus cher désir.

— M'épouser ! murmurait Linda Zoé, en baissant les yeux.

— Oui, oui, mademoiselle. Je veux vous donner mon nom, si vous y consentez.

— Assez ! Vous avez obtenu l'affection de cette enfant. Il vous reste à obtenir mon consentement. Pour cela, je veux apprécier la profondeur de votre attachement et vous soumettre à une épreuve.

— J'accepterai tout ce que vous me proposerez.

— Nous verrons. En attendant, Zoé, suis-moi. Nous rentrons au logis.

Séguin prit les devants avec sa fille, et je les suivis sans mot dire.

XI.

UNE HISTOIRE RÉTROSPECTIVE.

J'étais rentré dans la chambre que j'occupais à l'hacienda. Mon hôte vint m'y rejoindre.

Les dames de la maison s'étaient rendues dans leurs appartements, et Séguin ferma la porte à double tour, quand il pénétra dans mon réduit.

A quelle épreuve allait-il me mettre? J'étais prêt à tout pour lui prouver la vérité de mon affection pour sa fille. Quel serment me ferait-il prononcer, cet homme connu dans tout le territoire pour être le plus terrible ennemi des Peaux-Rouges? Je rêvais à tout cela, sans émettre un seul mot, et mon cœur battait à rompre ma poitrine.

Une bouteille de vin se trouvait placée sur la table. Séguin la prit, et, remplissant deux verres, il m'invita à boire. J'hésitai d'abord, me disant que ce breuvage était....

Mais le chasseur de chevelures vida prestement son gobelet avant que j'eusse pu achever ma pensée.

— Je suis fou! murmurai-je. Cet homme est incapable d'une pareille trahison.

J'avalai à mon tour le vin versé, et je me sentis à l'instant plus calme et plus rassuré.

Après un instant de silence, Séguin entama la conversation en ces termes :

— Que savez-vous de moi? fit-il.

— Votre nom et la qualification qui vous est donnée, répondis-je ; rien de plus.

— C'est plus qu'on n'en sait ici, chez moi, ajouta-t-il, en indiquant la porte d'une façon étrange. Et qui vous a donné ces détails?

— Un ami que vous avez vu en ma compagnie, à Santa-Fé.

— Ah! Séverin, sans doute; un brave garçon, un cœur d'or, un homme d'un courage étonnant. Je l'ai connu à Chihuahua. Et il n'a rien ajouté à cette première confidence? continua Séguin.

— Non; seulement il m'avait promis des détails qu'il n'a pas eu le temps de me donner, car il a été forcé de s'éloigner avec notre caravane.

— Alors, il vous a dit que je me nommais Séguin, le chasseur de chevelures ; que j'étais employé par les habitants d'El Paso pour faire la chasse aux Apaches et aux Navajoes, et que je recevais certaine somme pour chaque chevelure que je pouvais clouer contre les portes de la ville? On vous a dit tout cela, n'est-ce pas?

— Oui.

— Eh bien! c'est vrai.

Je gardai le silence.

— Et maintenant, voulez-vous toujours épouser la fille d'un meurtrier patenté?

— Mais votre enfant n'est pas coupable des fautes commises par vous. Elle ignore même que de pareils crimes aient été commis. Si vous êtes un démon, elle est un ange.

Une expression de douleur se peignit sur les traits de Séguin, et il répéta mes paroles :

— Des crimes ! un démon ! Oui, vous pouvez tout me dire : le monde juge ainsi, sur les apparences. Les gens du pays se sont fait une légende à mon endroit. On a dû vous dire peut-être qu'à l'époque où les Etats-Unis avaient fait un traité avec les Apaches, j'invitai un certain nombre de ces aborigènes à un repas et que j'empoisonnai tous mes convives, hommes, femmes, enfants, pour les scalper ensuite. On vous a raconté sans doute que j'avais placé deux cents Peaux-Rouges devant la gueule d'un canon chargé à mitraille, et que ces malheureux, ignorant les effets de cette canonnade, avaient été massacrés sans pitié. Oui, vous avez dû entendre ces récits et bien d'autres encore.

— J'en conviens. Mais je me suis demandé si tous ces faits horribles pouvaient être vrais.

— Moi, je vous affirme qu'ils sont faux et dénués du moindre fondement.

— Ah ! tant mieux ! je suis heureux de l'apprendre de votre bouche même ; car vous me paraissiez incapable d'une pareille barbarie.

— Cependant, si vous connaissiez la cruauté des sauvages de ce pays contre les malheureux pionniers égarés sur leur territoire de chasse, vous excuseriez peut-être ces vengeances que l'on m'attribue. Il vous faudrait connaître tous les assassinats commis par ces vrais démons, les incendies, l'entraînement en captivité des femmes et des filles blanches de nos parents et de nos amis. Moi qui vous parle, j'ai été la victime de ces misérables ; je pourrais être absous par un tribunal humain et par la céleste justice.

En prononçant ces dernières paroles, Séguin avait caché sa tête entre ses mains et s'était incliné sur le bord de la table. Il n'y avait pas à en douter, des souvenirs affreux l'oppressaient.

— J'ai une histoire assez courte à vous raconter, ajouta-t-il enfin.

Je fis un signe d'assentiment à mon interlocuteur. Il remplit son verre de vin et l'avala d'un trait.

— Je ne suis pas d'origine française, comme on le suppose, fit-il. J'ai reçu le jour à la Nouvelle-Orléans, d'un père et d'une mère créoles. Mes parents étaient venus dans cette ville de Saint-Domingue, où ils avaient perdu leur fortune, confisquée par Christophe, à l'époque de l'émancipation des noirs. J'avais fait mes études afin de devenir ingénieur civil, et je me rendis aux mines du Mexique, à la demande d'un propriétaire, ami de ma famille. J'étais jeune lorsque j'arrivai aux *placers* de Zacatecus, près San-Luis de Potosi.

Je parvins en peu de temps à économiser quelque argent, et un jour je pris la résolution de m'établir pour mon propre compte. J'avais entendu dire qu'il y avait des mines fort riches en filons précieux, sur les bords de la Gila et de ses affluents ; qu'on trouvait là des sables aurifères et du quartz laiteux, dans lequel l'or est d'ordinaire enveloppé.

Je partis un beau matin pour ces contrées sauvages, en compagnie de quelques amis, et, après avoir parcouru ces parages, je parvins dans les montagnes Mimbres, près de la source du Gila, où il me fut donné de découvrir des placers splendides.

Cinq années après m'être établi dans cet endroit, j'étais riche.

Je me rappelai alors la compagne de mon enfance, une charmante cousine, que j'avais laissée au pays natal, et dont le souvenir me hantait dans mes voyages. M'avait-elle gardé sa foi? Je voulus m'en assurer, et, laissant au *májoral* de ma mine le soin de l'administrer et de l'exploiter, je revins à la Nouvelle-Orléans. J'y retrouvai Adèle, et je la ramenai avec moi à Velverde, où je construisis une maison, au centre des habitations de mes ouvriers et associés. Ce séjour était très-important à l'époque dont je parle. A présent c'est une ruine, près de laquelle vous avez dû passer, en vous rendant ici. C'est là que nous avons vécu heureux pendant plusieurs années, au milieu de la richesse et du calme le plus parfait. Deux enfants étaient nés de notre union bénie du ciel, deux filles, dont la plus jeune ressemblait à sa mère. L'autre tenait principalement de moi. Ah! nous étions bien heureux!

A l'époque dont je parle, la république mexicaine envoya un nouveau gouverneur à Santa-Fé. C'était un homme de peu de valeur, un tyran, un libertin, qui a été jusqu'à ce jour la ruine de notre pays. Ce monstre, à figure humaine, ne recule devant aucune action vile; aucun crime ne lui paraît odieux. Il se montra d'abord à tout le monde sous les dehors les plus agréables; aussi toutes les familles de la vallée lui firent-elles bon accueil. Comme je marquais au premier rang, cet homme m'honora fréquemment de ses visites.

Il résidait par goût à Albuquerque, dans un palais qu'il s'était fait bâtir, et je le voyais souvent arriver à Velverde, où il venait inspecter la province et y apporter des réformes gouvernementales.

Mais je sus bientôt que ce misérable en voulait au bonheur de ma famille. Ma femme m'apprit, certain jour, quand je revins de la mine que j'exploitais, que le gouverneur lui avait tenu des propos qu'elle n'osa me répéter.

Cet aveu suffit pour exalter ma colère. Je me rendis à Albuquerque, et là, en pleine place publique, je châtiai l'audacieux qui s'était permis de troubler la paix de ma maison.

Lorsque je rentrai à mon hacienda, je retrouvai mon établissement ruiné. Ma chère petite Adèle avait été faite prisonnière par les Indiens Navajoes.

— Et votre femme et votre fille? ajoutai-je avec anxiété.

— Elles s'étaient échappées au milieu de la bataille

livrée par mes péons courageux aux sauvages sanguinaires. L'une et l'autre avaient pu se cacher dans une grotte, au fond du jardin. Lorsque je les retrouvai, ce fut dans la case d'un Vayuero, construite au milieu des bois.

— Avez-vous depuis entendu parler de votre fille Adèle ?

— Oui, je vais vous raconter dans un instant ce qui la regarde. A la même époque, la mine que j'exploitais fut attaquée et pillée; mes pauvres ouvriers furent presque tous massacrés. Le placer qui m'enrichissait ne fut plus qu'une ruine.

A l'aide de quelques mineurs qui avaient pu se sauver, j'organisai une troupe de gens déterminés; certains habitants de Velverde se joignirent à moi, et nous nous lançâmes à la poursuite des Indiens. Hélas ! ils avaient trop d'avance pour qu'il nous fût possible de les rejoindre. Hélas ! hélas ! il n'y a qu'un père qui comprenne ce que l'on souffre alors qu'on perd sa fille bien-aimée.

Mon hôte avait caché son visage dans ses mains; il resta silencieux pendant quelques instants, en proie à une poignante douleur.

— J'aurai bientôt achevé mon histoire, fit-il enfin, du moins jusqu'à l'époque où nous sommes. Qui sait ce qu'il adviendra plus tard ? Pendant plusieurs années, je me mis à explorer les pays fréquentés par les Indiens, sans trop m'aventurer pourtant, cherchant toujours mon enfant. J'étais aidé par une troupe de gens aussi éprouvés que je l'avais été moi-même, les uns ayant perdu leur femme, les autres leur enfant. A la fin, nos ressources furent épuisées, et nous nous abandonnâmes les uns au désespoir, les autres à l'indifférence et à l'oubli. Tous, les uns après les autres, me délaissèrent. Le gouverneur du pays, loin de nous prêter aucun secours, passait pour être de connivence avec les Navajoes. Nous savions qu'il avait pris l'engagement de ne point les inquiéter, à la condition qu'ils ne s'attaqueraient qu'à ses ennemis personnels.

La découverte de ce marché odieux me fit reconnaître la main qui m'avait frappé dans l'ombre. Le mépris que ma femme lui avait exprimé, la correction que je lui avais infligée, poussaient cet homme à se venger. J'ai eu deux fois la vie de ce misérable dans mes mains, mais je courais risque d'être puni et je tiens trop à l'existence pour me compromettre. Un jour viendra où je pourrai lui rendre tout le mal qu'il m'a fait.

Or donc, mes amis m'avaient quitté. Le cœur brisé, sachant que je courais des dangers incessants, je quittai le Nouveau-Mexique et me rendis à El Paso, de l'autre côté de la Jornada. Je demeurai là, pleurant toujours mon enfant; mais je ne restais point dans l'inaction. Les fréquentes attaques des Apaches et des Navajoes, dirigées contre les pionniers qui s'établissaient sur les frontières, avaient enfin forcé le gouvernement à prendre d'énergiques moyens de défense. Les Présidies de la Sonora et de Chihuahua furent mis en état et reçurent des garnisons plus considérables. On organisa même une troupe de rangers, dont la paye fut proportionnée au nombre de scalps qu'ils rapporteraient après chaque rencontre. Le commandement de ces hommes déterminés me fut offert, et l'espoir de retrouver ma fille bien-aimée me détermina à accepter l'offre de diriger la guérilla fantastique du désert.

Je me fis ainsi chasseur de chevelures. Terrible mission que celle-là! Si la vengeance avait seule guidé mes pas, il y a déjà longtemps que j'aurais pu me déclarer satisfait. Mais je savais que mon Adèle chérie était au pouvoir des Navajoes, d'après le dire de certains prisonniers que nous avions délivrés ou qui étaient tombés entre nos mains. Par malheur, ma troupe n'était pas en force pour tenter une grande entreprise. Mieux encore, des révolutions fréquentes portaient le trouble dans la province du Nouveau-Mexique, et l'on s'occupait peu de notre guérilla, parmi les membres du parti arrivé au pouvoir. J'eus beau intriguer, m'ingénier, il me fut impossible de réunir une force suffisante pour pénétrer au cœur du territoire qui s'étend au nord de la Gila, où se trouve la ville des sauvages Navajoes.

— Je vous plains.

— Laissez-moi finir, cher hôte. La troupe que je commande est aujourd'hui plus forte qu'elle ne l'a jamais été. J'ai reçu certains avis de la bouche d'un homme qui a été prisonnier des Navajoes; je sais que ces sauvages vont se rendre vers le sud, avec les forces dont ils disposent, afin d'opérer une razzia complète et de s'avancer ensuite jusqu'aux portes de Durango. Or, j'ai conçu le plan de pénétrer sur leur territoire, pendant leur absence, et d'aller y chercher ma fille.

— Mais est-elle encore en vie ?

— Oui, j'en ai la certitude. Le même individu qui m'a appris ce que je viens de vous raconter, et qui, pauvre malheureux, perdit sa chevelure et ses oreilles par la cruelle main des Navajoes, a vu souvent mon enfant chérie. Il m'assure qu'elle est devenue en grandissant une sorte de reine, qui a des pouvoirs illimités et une puissance occulte. Puisqu'elle existe encore, si je réussis à l'arracher aux mains de ses ravisseurs, je vous déclare que mon intention est de renoncer à ces scènes de carnage et de quitter ce pays.

J'avais prêté la plus grande attention au récit étrange de mon hôte, et le dégoût que j'éprouvais en présence de cet homme, que je croyais criminel, avait fait place à la plus grande commisération. Mieux encore, je l'admirais. N'avait-il pas souffert au delà de toute expression ? Peut-être étais-je trop indulgent pour lui; mais cette pitié me paraissait justifiée.

Lorsque Séguin eut terminé son récit, j'éprouvai comme un sentiment de joie; car il m'était prouvé que sa fille n'avait pas pour père un monstre altéré de sang.

Séguin devina la pensée qui me traversait l'esprit; un

sourire exprimant la satisfaction, le triomphe même, éclaira sa physionomie. Il se pencha sur la table, pour se verser encore un verre de vin et pour remplir mon verre.

— Haller, me dit-il, mon histoire a dû vous paraître monotone. A votre santé !

Il y eut un moment de silence entre nous deux, tandis que nous vidions nos gobelets.

— Maintenant que vous connaissez mieux le père de la jeune fille que vous aimez, voulez-vous toujours l'épouser ?

— Certes ! cette aimable enfant m'est devenue plus chère que jamais.

— Bien ! Mais vous devez maintenant obtenir mon consentement à votre mariage, comme je vous l'ai déjà dit.

— Qu'exigez-vous ? Parlez.

— Je veux que vous m'aidiez à retrouver sa sœur.

— Je m'y engage.

— Il faut m'accompagner au désert.

— Volontiers.

— C'est bien de votre part, ami. Nous quitterons demain l'hacienda.

Séguin s'était levé et marchait lentement dans la chambre.

— Partons-nous de bonne heure ? lui demandai-je.

Je redoutais qu'il ne me refusât de revoir ma chère Linda Zoé, que je n'aurais pas voulu quitter sans lui dire adieu.

— Au point du jour, répliqua Séguin, qui fit semblant de ne pas comprendre l'anxiété que j'éprouvais.

— C'est entendu ! Je vais aller visiter mon cheval et inspecter mes armes, fis-je, en me dirigeant vers la porte, dans l'espoir de rencontrer au dehors la jeune fille aimée.

— Tout est prêt, mon hôte et ami. Godé est ici. Allons ! cher Haller, suivez-moi. Ma femme et ma fille nous attendent, me dit Séguin.

Nous sortîmes ensemble.

— Adèle, Zoé, fit-il à sa femme et à sa fille, et vous, cher docteur, bonsoir. Ah! docteur, vous avez fait une bonne récolte de plantes, à ce que je vois. Tant mieux! Je vous apprendrai, mes amis, que nous partons demain, M. Haller et moi. Voyons, Adèle, servez-nous du café, et toi, Zoé, fais-nous un peu de musique. Oui, notre hôte nous quitte demain.

La jeune fille s'était élancée entre son père et moi, en poussant un cri.

— Non, ce n'est pas possible, s'écria-t-elle en nous examinant tour à tour, son père et moi, dans un sombre désespoir.

— Là, là, calme-toi, ma colombe! lui dit Séguin, en lui prenant la main. Notre ami s'en va pour quelques jours, il nous reviendra.

— Ah! quelle sera la durée de son absence? Parlez.

— Une semaine, répondit Séguin.

— Ce sera plus qu'un siècle.

— Ta mère te fera trouver le temps moins long, chérie!

— Hélas! ajouta Linda Zoé.

La belle enfant soupira profondément et elle se dirigea vers la porte de la salle, afin de chercher ce qu'il fallait pour servir le café.

Le docteur avait observé, sans mot dire, toute la scène que je viens de décrire; et lorsque Zoé eut disparu, je l'entendis murmurer ces paroles:

— Bovre betite *Frawlein*.... J'afais pien teviné.

XII.

A TRAVERS LE DEL NORTE.

Je ne raconterai pas ici les adieux pénibles de notre départ. Nous étions en selle avant que les étoiles se fussent éteintes dans l'azur du ciel, et aux premières lueurs de l'aurore, nous suivions la route tracée dans le sable.

A une toute petite distance de l'hacienda, le chemin formait un coude et pénétrait dans un taillis assez épais. J'arrêtai mon cheval, et, laissant passer mes compagnons, je me dressai sur mes étriers, pour mieux regarder en arrière. Mes yeux pouvaient encore apercevoir le haut des murs terminés par la terrasse.

Je vis la fiancée que je laissais au logis paternel. Debout sur l'*azotea*, elle suivait du regard la petite troupe et agitait son mouchoir.

Je répondis à cet appel affectueux; et quand je me retournai pour la seconde fois, la vision adorée n'était plus visible.

La hauteur des arbres me cachait la maison; les haies de palmiers et de cactus interceptaient ma vue.

La route descendait à travers les collines, et je laissai tomber ma bride sur le cou de *Moro*, qui allait à sa volonté, tandis que je m'abandonnais à mes plus douces rêveries. Je me disais que le bonheur de ma vie était aux lieux que je venais de quitter, et que le palladium de ma vie était cette affection que j'éprouvais pour la fille de Séguin.

Pourtant, au lieu d'être resté près d'elle, je m'en allais affronter les dangers inconnus d'une expédition, d'où je pouvais ne pas revenir. Séguin m'avait prévenu la veille, et, avant de m'imposer la condition de l'accompagner, il m'avait détaillé par le menu les périls de notre expédition. Ces périls mêmes avaient excité mon courage, et je m'étais associé à la vengeance de mon futur beau-père, afin de lui prouver combien je tenais au prix qu'il avait mis à la main de notre Zoé chérie.

J'étais resté en arrière et je rêvais, affaissé sur ma selle. Tout à coup mes compagnons me hélèrent pour les rejoindre, et je pressai les flancs de *Moro*.

La route bordait la rivière et nous forçait à la traverser de temps à autre, à travers des gués profonds. Nous avancions avec certaines difficultés sur ces terrains sauvages, où les daims et les antilopes passaient et repassaient sous nos yeux à portée de fusil. De temps en temps, le chemin frayé s'éloignait assez de la rivière pour éviter sans doute les sinuosités du courant. Nous traversions plus loin des défrichements abandonnés, où la nature sauvage avait remplacé les ensemencements d'autrefois. Des haies formées par des tiges d'arbres abattus, des restes de murailles écroulées indiquaient l'emplacement d'une hacienda depuis longtemps délaissée.

Nous longeâmes les ruines d'une église, dont le clocher tombait pierre par pierre. Tout autour de ce sanctuaire délaissé, il y avait des maisons également abattues, sur une étendue de plusieurs acres.

Un village prospère avait existé dans cet endroit, et

nous nous demandions ce qu'étaient devenus ceux qui y habitaient autrefois. Un chat sauvage s'élança devant nous, grimpa sur les murailles couvertes de ronces et disparut au milieu des buissons. Un hibou, perché sur le clocher démantelé, s'envola, en poussant des hurlements sinistres. Tous ces détails rendaient le spectacle plus saisissant encore. Le bruit seul des sabots de nos montures résonnait sur ces décombres, abandonnés à la désolation.

Où étaient-ils ceux dont l'écho de ces constructions avait autrefois reproduit les conversations? Où se trouvaient-ils ceux qui s'étaient agenouillés sous les piliers du parvis sacré? Disparus! Où étaient-ils allés? Quand s'étaient-ils éloignés? Quelle cause les avait fait partir?

Je posai ces questions à Séguin, qui me répondit d'une façon laconique :

— Les Indiens !

C'était donc là l'œuvre des maudits sauvages, armés de leurs lances trempées dans du sang, de leurs couteaux, de leurs arcs et de leurs tomahawks, de leurs flèches empoisonnées et de leurs torches incendiaires.

— Les Navajoes? demandai-je à Séguin.

— Oui, y compris les Apaches.

— Mais ne sont-ils plus retournés en ces lieux?

En posant cette question à Séguin, j'avais tressailli, en songeant au voisinage de l'hacienda où j'avais laissé ma chère fiancée, exposée dans ce séjour peu gardé aux dangers des excursions indiennes. Aussi j'attendis avec anxiété la réponse de mon hôte.

— Non, fit-il, ils ne reviendront plus ici.

— Pourquoi cela?

— Ceci est notre territoire, répondit-il d'un ton significatif. Nous entrons dans un pays où vivent des habitants étranges. Vous verrez bientôt cela. Malheur aux Apaches et aux Navajoes qui se hasarderaient à traverser ces forêts.

A mesure que nous allions de l'avant, la contrée

devenait plus ouverte. Nous apercevions à l'horizon des pics élevés vers le nord et le sud de la rivière. Les pentes abruptes de ces pics descendaient graduellement jusqu'au bord du fleuve, qui paraissait complétement barré par une roche immense. Cela n'était pas cependant. En avançant toujours, nous pénétrâmes enfin dans une gorge souvent indiquée sur les cartes de l'Amérique tropicale.

La rivière passait à travers ce défilé, encaissée par deux roches taillées à pic et mesurant plus de mille pieds de hauteur. On eût dit deux statues, deux géants irrités, qui se menaçaient à distance, et ne pouvaient se rejoindre. Un frisson parcourut mes membres au moment où nous nous approchâmes de ce passage monumental.

— Voyez-vous là-bas cette cime? me dit tout à coup Séguin, en me montrant du doigt une roche qui dominait cet abîme.

— Oui, lui répondis-je.

— Eh bien! c'est là que vous étiez à la veille d'accomplir un saut périlleux, au moment où nous vous avons délivré.

— Grand Dieu! m'écriai-je, en examinant cette hauteur terrifiante.

Le vertige m'atteignait, quoique je fusse solidement assis sur ma selle; cependant je m'avançai encore de quelques pas, pour mieux voir.

— Sans votre courageuse monture, ce bon *Moro*, ajouta Séguin, notre ami le docteur n'aurait plus eu qu'à faire des conjectures au sujet de la trouvaille de vos ossements. Quelle admirable bête est ce beau *Moro!*

— Mein Gott! ya ya! affirma le botaniste, qui examinait le précipice avec autant d'épouvante que moi-même.

Séguin avait fait avancer son cheval près du mien, et flattait le cou de *Moro* avec une admiration facile à comprendre.

— Veuillez me dire maintenant pour quel motif vous désiriez si fortement acquérir ma monture.

— Oh! c'était seulement une fantaisie.

— Je ne la comprends pas. D'ailleurs, vous m'avez dit à Santa-Fé que je ne pouvais pas savoir quelles étaient vos raisons pour désirer cette vente.

— A cette heure, je puis vous expliquer pourquoi. Je songeais à tenter l'enlèvement de ma fille, et l'aide de votre bon *Moro* me paraissait désirable pour arriver à mon but.

— Comment cela?

— Il ne s'agissait pas alors de l'expédition de nos ennemis, dont je ne connaissais pas les projets. Je me disais que je ne pouvais la ramener à sa mère qu'en pénétrant dans le pays, seul ou avec un ami dévoué, et en l'arrachant à ses geôliers par ruse. Les chevaux des Navajoes sont rapides à la course, mais il leur est impossible de lutter contre un arabe, comme vous avez pu le constater. Avec votre noble bête, j'étais sûr de mon coup, à moins pourtant que je n'eusse été entouré par les Peaux-Rouges. Dans ce cas, je pouvais m'en tirer avec quelques blessures seulement. J'avais mis dans mes projets de me couvrir d'un déguisement, celui d'un guerrier de leur tribu, et j'aurais alors pu pénétrer au milieu de leur ville. J'ajouterai que je parle couramment le langage de ces maudits.

— Mais c'eût été une entreprise des plus dangereuses.

— J'en conviens. Hélas! c'était ma dernière ressource, et j'en avais conçu le plan, parce que tout ce que j'avais d'abord entrepris n'avait point réussi. Je risquais ma vie. C'était une action audacieuse; mais j'étais déterminé à la mener jusqu'au bout.

— Je crois que nous allons mieux réussir cette fois-ci.

— J'en ai la douce espérance. Je pense que le ciel est avec nous. L'absence des Navajoes et le grand nombre des trappeurs qui se joignent à moi m'en donnent l'espoir. Ces braves gens m'ont déclaré que *la vente* des peaux de castor n'était plus avantageuse ; ils s'imaginaient que *celle* des Peaux-Rouges la remplacerait. Allons ! tout va pour le mieux ; cette fois, nous réussirons !

Tout en s'exprimant de la sorte, Séguin avait poussé un profond soupir.

Nous étions parvenus à l'entrée de la gorge, et nous fîmes halte devant un massif de cotonniers.

— Reposons-nous ici, dit Séguin.

Nous mîmes pied à terre et nous attachâmes nos chevaux par leurs longes, de façon qu'ils pussent paître en liberté.

Ces préparatifs terminés, nous prîmes place sur un épais gazon, où nous pûmes manger à notre aise les viandes froides que nous avions emportées.

XIII.

UN COURS DE GÉOGRAPHIE ET DE GÉOLOGIE.

Nous restâmes environ une heure à l'ombre fraîche des arbres, tandis que nos chevaux paissaient l'herbe abondante placée devant eux. Notre conversation roula sur le territoire bizarre au milieu duquel nous avancions, pays étrange par sa géographie, sa géologie, sa botanique et son histoire locale.

Je suis touriste par goût, par profession même, et j'éprouvais un vif intérêt à apprendre ce qui avait trait aux régions inconnues qui s'étendaient à des centaines de mètres tout autour de nous. Aucun homme du monde ne pouvait mieux que Séguin me renseigner à ce sujet.

Mon voyage le long du Rio del Norte m'avait en quelque sorte initié à cette description; mais, ainsi que je l'ai raconté, j'étais alors atteint par la fièvre, et ce que j'avais vu restait à peine dans ma mémoire, comme le souvenir d'un rêve évanoui.

A cette heure, mon esprit étant éveillé, ces paysages, revêtus d'une teinte verdoyante, m'apparaissaient comme une vision agréable, accidentée, pittoresque et enivrante.

La pensée que ces lieux avaient été habités par les compagnons de Cortez, — comme le prouvent les ruines que l'on y trouve à chaque pas, — que les sauvages, autrefois les maîtres de la contrée, avaient réussi à s'en emparer de nouveau, et que ces parages avaient été témoins de scènes terribles, tout m'inspirait des rêves pleins de romantisme, qui servaient de cadre au tableau placé devant mes yeux.

Séguin était devenu très-communicatif. Son intelligence se révélait à chaque parole; ses espérances se manifestaient dans tous ses discours. Il s'enivrait à la pensée de pouvoir bientôt serrer son enfant dans ses bras, et recommencer une nouvelle vie avec elle. Depuis de longues années, disait-il, pareil bonheur ne lui était pas arrivé.

— J'avoue, répondit-il à une question que je lui adressais, que l'on connaît bien peu de chose sur ce pays, dans les contrées habitées par les Mexicains. Ceux qui, parmi eux, ont voulu entreprendre des recherches géographiques, n'ont commis que des erreurs. Leur seule occupation était de trouver de l'or. Quant à leurs descendants, ils sont — comme vous avez pu vous en rendre compte — trop occupés à se voler les uns les autres, pour songer à la topographie. Au delà des frontières, le désert américain est un livre fermé pour eux. Tout ce qu'ils savent, c'est que là se trouvent des ennemis qui se ruent, de temps à autre, sur eux, et qu'ils redoutent par conséquent comme les enfants ont peur du loup. Nous sommes ici, ajouta Séguin, juste au milieu du pays américain, au centre du Sahara du Nouveau-Monde.

— Mais, lui répondis-je, il me semble que nous devons nous trouver tout au plus à une journée de marche du Nouveau-Mexique, qui, loin d'être un désert, est un pays très-cultivé.

— Oh! fit Séguin, le Nouveau-Mexique est une oasis entourée par un désert d'une centaine de lieues de largeur, et vous pouvez parcourir ce territoire, à partir du Del Norte, sans rencontrer un seul coin fertile. Ce qui a fait une oasis du Nouveau-Mexique, ce sont les eaux du fleuve, et vous avez dû vous rendre compte que c'était le seul lieu habité par la race blanche, entre les frontières du Mississipi et les rives du Pacifique, en Californie. Vous avez traversé une contrée désolée pour venir jusqu'ici, n'est-il pas vrai?

— Oui, et plus nous nous éloignions du grand fleuve américain, pour nous rendre du côté des montagnes Rocheuses, plus le sol devenait aride et le pays sauvage. Pendant les trois cents milles de notre voyage, à peine avons-nous pu trouver de l'eau et de l'herbe pour nos animaux. La topographie de ce territoire est-elle la même au nord et au sud?

— Au nord et au sud, sur un espace de plus d'un millier de milles, tout le pays qui va des plaines du Texas au Canada et qui borde la base des montagnes Rocheuses et l'espace qui s'étend jusqu'aux établissements du Mississipi, n'est qu'un sol dénudé, où l'herbe ne pousse pas, où les arbres n'ont jamais existé.

— Et vers l'ouest de ces montagnes?

— On trouve encore quinze cents milles de désert en longueur, sur une largeur de sept à huit cents environ. Du côté de l'ouest, l'aspect du territoire est différent : plus accidenté, plus montagneux, plus désolé peut-être. Les feux volcaniques ont eu, dans ces parages, une action plus active. Malgré l'éloignement de l'époque où ces feux se sont éteints, on croirait encore de nos jours que le soulèvement des rochers est récent, parce que la couleur des laves et des scories dont la plaine est couverte dans cette région n'ont nullement été modifiées par les influences atmosphériques.

— Je ne comprends pas bien cela.

— C'est pourtant bien facile. Les variations atmosphériques sont à peu près nulles ici. La sécheresse est constante ; la pluie et la tempête sont rares. Certains lieux dans cette contrée n'ont pas reçu l'action bienfaisante de la pluie depuis nombre d'années.

— Pourriez-vous m'expliquer la cause de ce phénomène ?

— Oui, d'après ma théorie, qui ne sera peut-être pas d'accord avec celle des savants météorologistes, mais qui vous satisfera sans doute.

J'écoutai avec la plus grande attention ; car je savais que c'était un homme d'un profond jugement, plein d'esprit d'observation et d'une expérience éprouvée. D'autre part, les sujets du genre de ceux dont nous causions alors m'intéressaient particulièrement. Il continua en ces termes :

— Vous savez que la pluie est produite par les vapeurs de l'air. Or, pour produire la vapeur, il est indispensable qu'il y ait de l'eau dans le sol. L'eau est rare dans ces parages. Tout le territoire est élevé à une très-grande hauteur. Nous nous trouvons sur un point placé à près de soixante pieds au-dessus du niveau de la mer. Il est facile de comprendre qu'il n'y ait pas de sources, car les courants et les réservoirs sont d'ordinaire alimentés par les eaux qui viennent des régions plus élevées encore. Telles sont les lois de l'hydraulique. Il y a eu indubitablement des lacs à la place de ces déserts que vous foulez aux pieds, lacs salés, — comme l'est celui d'Ulah, situé au nord de ce pays — mais par des lois physiques faciles à expliquer, ces eaux se sont évaporées ou infiltrées dans le sol pour retourner à l'Océan. Depuis cette époque, la sécheresse a envahi les grands déserts du centre américain.

— Je comprends alors, dis-je à mon interlocuteur, que les oasis des établissements espagnols aient été peu à peu abandonnées par ceux qui s'y étaient établis.

— Oui, la sécheresse et les ennemis de la race blanche ont interrompu la civilisation. Du reste, dans tout le Nouveau-Mexique, les habitants semblent ne cultiver le sol que pour les implacables Peaux-Rouges, qui prélèvent sur eux un tribut annuel. Ce que je vous raconte là se passe constamment dans la Sonora, le Chihuahua. Il faudrait y mettre un terme ; mais, hélas ! pour cela il serait urgent de s'entendre, et cela n'est point facile.

— En effet, je m'en suis déjà aperçu à Santa-Fé.

— Eh bien ! le soleil s'est levé, et nous devons nous mettre en route. Allons ! à cheval !

— Je vous obéis.

— Nous allons suivre le courant d'eau. Depuis longtemps la pluie n'a pas tombé, et le lit du fleuve est presque à sec. S'il eût été plein, nous eussions été forcés de franchir une quinzaine de milles à travers les montagnes.... Venez ! nous avancerons le long des rochers.

Nous pénétrâmes, sur ces indications, au milieu de la gorge dans l'ordre suivant : Séguin, moi, Godé et le docteur.

La nuit tombait lorsque nous parvînmes au campement des chasseurs de chevelures. A peine notre arrivée fut-elle remarquée. Les hommes près desquels nous passions se contentaient de dresser la tête, sans se lever pour nous souhaiter la bienvenue, sans cesser l'occupation à laquelle ils se livraient. Aucun d'eux ne proposa de nous aider à enlever la selle de nos chevaux et à faire nos préparatifs pour la nuit.

Le voyage m'avait fatigué, car j'avais perdu l'habitude de la selle. Je me hâtai donc de jeter ma couverture sur le sol et de m'y étendre, en appuyant mes épaules contre le tronc d'un arbre. J'avais grande envie de céder au sommeil, mais l'étrangeté du spectacle qui m'entourait excitait mon imagination. La curiosité me fit examiner tous ceux qui se trouvaient là, et j'écoutai leur conversation.

J'aurais besoin du secours d'un pinceau pour esquisser la scène qui s'offrait à mes yeux ; encore serait-il difficile de la représenter exactement. Jamais coup d'œil plus pittoresque n'avait frappé la vue d'un touriste égaré dans les déserts sauvages. Je me rappelais la gravure d'un bivouac de brigands des Abruzzes, que j'avais vus représentés au repos sous de grands pins maritimes.

Je décris ce spectacle d'après mes souvenirs qui se reportent à une époque bien éloignée, au milieu des bois et des déserts. Il ne m'est donc possible que de reproduire les points les plus saillants du tableau. Les petits détails m'échappent aujourd'hui. Pourtant, à cette époque, les moindres objets, les faits les plus futiles me paraissaient étranges et fixaient mon attention. Quelque temps après, je m'accoutumai à tout cela, mais depuis lors j'ai oublié et je ne me rappelle que les points les plus importants.

Le campement s'étendait le long du Del Norte, au centre d'une clairière entourée de cotonniers, dont les troncs lisses s'élevaient verticalement, au milieu d'un taillis impénétrable de palmiers nains et de cactus hérissés de piquants. Quelques tentes en mauvais état avaient été dressées à la hâte et sans ordre ; quelques-unes étaient recouvertes de peaux de bisons, à la manière indienne. Le plus grand nombre des trappeurs s'était contenté d'étendre des couvertures et des pelleteries au-dessus de quatre piquets et de se coucher dessous. On voyait aussi dans le fourré des huttes grossières faites de branches d'arbres et d'épis de palmiers, voire même de roseaux coupés sur les bords de la rivière.

Des sentiers couraient dans toutes les directions aboutissant à une route plus large, ou plutôt à une prairie dans les herbes de laquelle les mules et les mustangs, attachés à des piquets par leurs longes, broutaient avec calme.

Dans tout ce campement, on apercevait, de ci de là, des selles, des brides, des ballots adossés ou accrochés à des troncs d'arbres ou à des branches maîtresses. Les chasseurs avaient appuyé leurs armes aux troncs des arbres ou les avaient suspendues à des fourches préparées à cet effet, avec des sabres en plus ou moins bon état. Des ustensiles de ménage, casseroles, cafetières, bouilloires, haches, etc., jonchaient le sol dans toutes les directions.

On avait allumé des feux où brûlaient des troncs d'arbres, et les chasseurs s'étaient assis tout autour, non point pour se chauffer, car la nuit n'était pas froide, mais pour veiller à la cuisson des grillades de venaison destinées à leurs repas. D'autres fumaient des pipes longues, courtes, de toutes formes. Enfin, un petit nombre fourbissaient leurs armes ou réparaient leurs vêtements.

Des sons de toutes les langues connues et usitées frappaient mon oreille, et l'on pouvait entendre des lambeaux de phrases en mauvais français canadien, en espagnol, en anglais ou en indien. Les exclamations qui se croisaient caractérisaient la nationalité de ceux qui les proféraient. C'était un diminutif de la tour de Babel, avec cette différence que tous se comprenaient peu ou prou.

Mon attention fut attirée par trois groupes principaux, dont le langage et le costume différaient de ceux des autres.

Les uns appartenaient au Mexique, et s'exprimaient en espagnol. Ils étaient vêtus de *calzonaras* (pantalons) en velours vert, à la mode des matelots. Serrés à la ceinture et aux hanches, très-larges du fond et du bas, et doublés, vers la partie inférieure, d'un cuir noir, estampé et gaufré en forme de broderies, ces calzonaras étaient fendus du genou en bas. Ils retombaient sur des guêtres également gaufrées et agrémentées, ou sur des bottes de cuir rouge, au talon desquelles des éperons d'argent, très-gros, avec une molette énorme, étaient fixés par des courroies solides. Les calzonaras étaient retenus à la taille par une ceinture enroulée autour du corps, et nouée par derrière de telle façon que les bouts frangés pendaient avec grâce par-dessus le vêtement. La chemise blanche avait, pour la garantir, une jaquette d'étoffe brune, très-juste aux épaules et aux bras, se boutonnant à l'aide de petits grelots d'argent et réellement fort élégante. Un vaste chapeau de cuir verni noir, bordé de franges d'argent, couvrait le chef de ces Mexicains. Leurs vêtements étaient enfin recouverts par un *serape* qu'ils roulaient comme on le fait d'un manteau, quand ils ne voulaient pas en faire usage. Un baudrier, une gibecière, une poche à balles et à poudre, l'escopette à la main, le pistolet à la ceinture, enfin un grand coutelas, complétaient l'ensemble de cet uniforme de trappeur.

À quelques petits détails près, tous les autres chasseurs de chevelures portaient le même costume, qui était celui des Mexicains; mais ils avaient des mocassins, au lieu de bottes, ou des sandales, comme les Astos, et tous étaient pourvus de *mantas*, objet fort nécessaire pour se garantir du froid pendant les heures de la nuit.

L'aspect de ces hommes était rude et sauvage : leurs cheveux noirs et luisants, leurs yeux noirs, pleins d'un vif éclat, leur barbe, leurs moustaches augmentaient encore la couleur de ces groupes sombres du désert américain. Quoique fort petits de taille, ils étaient d'une souplesse extrême, d'une grande agilité, et l'on voyait qu'ils ne redoutaient ni la fatigue, ni les privations. Tous ou presque tous étaient d'origine mexicaine; c'étaient des hommes des frontières, ayant eu de fréquentes rencontres avec les Indiens. Ils appartenaient à ces classes de gens que l'on nomme *Ciboleros, Vaqueros, Rancheros, Monteros*, lesquels, à force d'avoir été mêlés avec les *montagnards* — c'est-à-dire les chasseurs galliques et saxons des plaines de l'Ouest, — ont acquis une audace qui n'est pas d'habitude le propre de leur race. On peut les appeler les représentants de la chevalerie sur les frontières mexicaines.

Ils fumaient des cigarettes, qu'ils roulaient eux-mêmes entre leurs doigts, avec des feuilles de maïs. Je les voyais jouer au monte, sur le tapis formé par un manteau étendu sur le sol, et tandis que les uns éjaculaient des jurements violents, d'autres — ceux qui gagnaient — croyaient devoir remercier la *Sanctissima Virgen*.

Ils s'exprimaient dans un patois très-pittoresque ; leurs voix étaient dures et peu sonores.

Le second groupe qui avait attiré mon attention était composé d'Anglo-Américains, portant des vêtements de diverses formes et de couleurs variées. Ils étaient tous sans contredit fort pittoresques, et l'on devinait en eux, au premier aspect, des trappeurs, des chasseurs de la Prairie et des gens de la montagne.

Je vais choisir parmi eux un type qui servira de spécimen pour les dépeindre tous.

Il se tenait debout, appuyé sur sa longue carabine, les yeux fixés sur le foyer. Sa taille mesurait six pieds et son corps dénotait, à première vue, une force herculéenne. Des bras forts, comme s'ils étaient de chêne, des mains larges et musculaires, un visage couvert d'épais favoris d'un brun foncé, comme la moustache qui couvrait ses lèvres, des yeux gris, ridés vers les coins, des cheveux bruns d'une longueur moyenne, un teint hâlé, des traits réguliers, une physionomie dénotant un courage indomptable, tel était cet homme.

Son costume était celui des trappeurs qui ont vécu au milieu du désert américain, mélange de vêtements européens et du costume des Peaux-Rouges. Il portait une blouse de cuir tanné, des jambières et des mocassins de peau de bison. Son chef était recouvert d'un bonnet façonné dans la peau d'un raton, dont le museau formait la visière et dont la queue retombait en panache sur les épaules. Ses armes consistaient en une carabine de précision, un grand coutelas — bowie knife, — un pistolet d'arçon, une poche contenant les balles et une corne bizarrement tailladée renfermant la poudre.

Dans un sachet brodé de barbes de porc-épic, notre homme conservait avec soin la pipe de terre rouge dont on fait usage chez les Mexicains.

Tout cet accoutrement rustique avait une grâce particulière et offrait un charme de désinvolture qui m'avait fasciné.

Quant au troisième groupe dont j'ai déjà fait mention, il était placé à l'arrière-plan, et, après un mûr examen, je reconnus qu'il se composait d'Indiens.

— Ce sont des prisonniers, peut-être, me dis-je à part moi.

Et cependant ces hommes n'étaient point attachés; ils n'avaient point l'air de gens préoccupés par la crainte de l'esclavage.

Au moment où je réfléchissais à tout cela, un trappeur passa près de moi.

— Quels sont ces Indiens ? lui demandai-je.
— Des Delawares et quelques Pownees.

Je tressaillis en voyant devant moi ces célèbres Delawares, descendants de la grande tribu qui avait jadis combattu les visages pâles, sur les rives de l'océan Atlantique, et dont l'histoire a consigné les hauts faits. Ils ne songeaient qu'à la guerre, c'était leur passion favorite, le but de leurs actes quotidiens. Hélas ! il n'en reste plus qu'un tout petit groupe destiné à disparaître d'ici à peu de temps.

Je me levai aussitôt et m'avançai vers eux, avec un sentiment d'intérêt facile à concevoir. Les uns étaient assis autour du feu, fumant leurs pipes de pierre artistement sculptées. D'autres se promenaient de long en large, d'un pas majestueux, ordinaire chez tous les Indiens. Tous observaient le plus grand silence ; ce qui formait contraste avec la loquacité des Mexicains, leurs alliés. C'est à peine si, de temps à autre, un mot, à voix contenue, était échangé d'une façon emphatique.

Je considérais avec attention ces enfants héroïques des forêts ; ils m'inspiraient plus de sympathie que de curiosité. J'éprouvais ce que tout homme ressent quand il a devant lui les descendants des héros qui ont défendu pied à pied leur territoire, le pays de leurs ancêtres.

Tous ces Delawares avaient religieusement conservé le costume de leurs pères : des blouses de chasse, en calicot imprimé, couvertes de dessins étranges, ornées de bordures et de franges, une coiffure composée d'un mouchoir de couleur éclatante, comme en portent les créoles d'Haïti, des guêtres de peau de daim, des mocassins et des chevelures sombres, trophées de leurs chasses à l'homme.

Depuis longtemps ces Indiens avaient quitté leurs armes primitives, l'arc et les flèches, pour se défendre avec des rifles et des fusils à deux coups ; mais ils n'avaient point délaissé le tomahawk traditionnel.

Tels étaient les trois groupes caractéristiques qui avaient frappé ma vue à mon arrivée au campement. Il y avait cependant encore des Français, des voyageurs du Canada, des trappeurs des compagnies de fourrures du nord-ouest, vêtus de capotes blanches, gesticulant, chantant, dansant. On voyait aussi des *Indios Mantos*, des mulâtres, des nègres échappés des plantations de la Louisiane, ayant préféré cette vie sauvage, mais libre, aux fouets de leurs commandeurs.

Je ne saurais oublier non plus quelques déserteurs des postes de frontières portant les haillons de leur uniforme, des Canaques originaires des îles Sandwich, arrivés jusque-là à travers les prairies de la Californie.

L'aspect général du campement sur les rives du Del

Norte offrait donc des hommes de toutes les races, parlant toutes les langues.

Les accidents de la vie, le désir de courir les aventures les avaient associés; ils formaient une bande étrange, une petite armée, que je voyais avec étonnement, celle des *Chasseurs de chevelures.*

XIV.

UN TIR D'HABILETÉ.

Je me disposais à m'étendre sur ma couverture, lorsque le cri strident d'une cigogne vint frapper mes oreilles. Cet oiseau se dirigeait vers le campement, comme je pus m'en rendre compte en levant les yeux. Il arrivait à travers une sorte d'allée ouverte au milieu du bois, il volait lentement à une faible hauteur, et l'on eût dit qu'il sollicitait un coup de fusil.

Une détonation se fit entendre, produite par l'escopette d'un Mexicain; mais l'oiseau continua son vol; seulement il avait doublé le mouvement de ses ailes, afin de se mettre hors de la portée des balles.

Les trappeurs éclatèrent de rire, et l'un d'eux s'écria :

— Maladroit! tu ne pourrais pas même atteindre une couverture déployée, avec cette sorte d'instrument à vent qui te sert de défense. Peuh!

Je m'étais retourné, afin de voir quel était celui dont les lèvres avaient proféré ces mots méprisants. Je vis deux hommes épaulant et visant l'oiseau. L'un d'eux était le jeune chasseur dont j'ai déjà parlé, l'autre un Indien que je n'avais point encore aperçu.

Les deux détonations se confondirent, et la cigogne, abaissant son cou, tomba du côté de la terre, au milieu des arbres, à la branche de l'un desquels elle resta accrochée.

Ni l'un ni l'autre des chasseurs de chevelures ne s'était aperçu de la concurrence simultanée. Il y avait une tente qui les séparait, et, d'autre part, le bruit des deux armes avait été unique. Un trappeur s'écria :

— Bien tiré, Garcy! Oh! quand le vieux tueur d'ours a visé un gibier ou un homme, ils n'ont l'un et l'autre qu'à se recommander à Dieu ; leur affaire est faite.

L'indien, à ce moment-là, se montrait près de la tente qu'il avait contournée. Il avait entendu les compliments des trappeurs, et il voyait la fumée s'échapper du canon du fusil de celui qui s'appelait Garcy.

— Avez-vous tiré, monsieur? fit-il à ce dernier en parlant l'anglais le plus pur, ce qui attira mon attention sur cet individu accoutré à l'indienne.

— Quel est cet homme? demandai-je à un de mes voisins.

— Je n'en sais rien vraiment : c'est un nouveau venu, répliqua celui-ci laconiquement.

— Ah! c'est un étranger.

— Je le crois. Il y a peu de temps qu'il est arrivé. Personne ne le connaît, si ce n'est le chef.... Oui, car ils se sont donné la main ce matin.

J'examinai cet Indien avec un intérêt croissant. Il avait environ trente ans et il était de très-grande taille. Les proportions de son corps me rappelaient celui de saint Apollon, et, comme la statue ainsi désignée, il avait le type romain : un front large, un nez aquilin, de larges mâchoires qui donnaient à son visage un aspect intelligent, ferme et énergique. Il était revêtu d'une blouse de chasse qui retombait sur ses hautes guêtres, et ses pieds étaient chaussés de mocassins. De nombreuses broderies recouvraient tout ce costume, du cou à la pointe des pieds ; et sur sa chevelure, qui flottait presque à terre quand il marchait, il portait un bonnet formé d'un cercle d'étoffe, orné de plumes d'aigle, d'un goût exquis pour un sauvage. En somme, ce personnage était monumental. Il me parut être le beau idéal du sauvage, quoique ni ses manières ni son langage ne tinssent de celui-ci. Il eût suffi pour m'en convaincre de la question toute polie qu'il avait adressée à son collègue.

La réponse ne fut pas aussi courtoise.

— Eh bien! oui, j'ai tiré. N'as-tu pas entendu le coup? L'oiseau est tombé, regarde.

Garcy montrait la cigogne accrochée à la branche.

— Dans ce cas, nous avons tiré simultanément.

Et, en disant cela, l'Indien montrait le canon de son fusil encore fumant.

— Tout beau, l'Indien. Tu as pu tirer; mais quant à avoir atteint l'oiseau, c'est autre chose. C'est ma balle qui l'a frappé.

— La mienne aussi alors.

— Bah! avec ce joujou! ajouta Garcy, qui semblait jeter un regard méprisant sur l'arme de son rival.

— Joujou, si vous voulez, mais il crache une balle plus droit que toute autre carabine que j'aie encore vue. Je suis certain que ma balle a traversé la poitrine de la cigogne.

— Voyez-vous ça, monsieur? Je pense qu'il faut ainsi qualifier un gentleman qui a si bel air et qui parle comme un professeur d'école, quoi qu'il soit un Indien. Du reste, rien n'est plus facile que de nous rendre compte du coup. Votre canon est du calibre 24, si je ne me trompe, le mien est du n° 12. Nous allons voir.

Tout en parlant ainsi, Garcy s'était dirigé du côté de l'arbre où la cigogne était accrochée.

— Mais il te sera impossible de l'atteindre, s'écria l'un des chasseurs présents à la dispute.

Garcy, sans répondre, épaula son fusil ; et quand le coup fut parti, la branche s'inclina vers le sol ; mais l'oiseau resta encore retenu par un autre morceau de bois dans lequel il était enchevêtré. Ce coup d'adresse fut vivement applaudi.

L'Indien, lui, avait rechargé son arme. Visant la branche à sa cassure, il acheva ce que Garcy avait commencé, et l'oiseau tomba cette fois par terre, aux plus grands applaudissements encore de toute l'assemblée, mais particulièrement des Mexicains et des Indiens.

On le ramassa sur-le-champ et on l'examina. Deux balles avaient traversé la cigogne, et elle avait été tuée à la fois par deux chasseurs.

Le jeune trappeur ne put retenir un mouvement d'impatience. Ce qui le vexait le plus, c'était d'avoir été battu devant une assemblée aussi nombreuse, et surtout battu par un Indien, avec un fusil de « papier mâché ».

Il lui fallut se contenir pour réprimer sa mauvaise humeur. Sans dire un mot de plus, il se mit à essuyer son arme, avec tout le calme inhérent à la race des coureurs de bois. Cela fait, il la chargea avec un soin tout particulier. Il me parut évident qu'il avait le désir de recommencer l'épreuve et d'être ou de nouveau battu par son rival, ou vainqueur dans ce tournoi d'adresse.

Il apprit son désir à ses camarades, en leur parlant à voix basse. Cela fait, il mit son fusil au port d'arme, et, se traînant du côté de la foule qui était accourue de tous les côtés, il lui dit :

— Ce coup-là n'est pas plus difficile que ça : on peut mettre aussi aisément une balle dans un tronc d'arbre. Tout homme qui sait regarder sa mire peut en faire autant. Il faut être calme avant tout pour réaliser un autre tour d'adresse que je connais.

Garcy avait cessé de parler ; il regardait l'Indien d'une façon expressive. Celui-ci avait rechargé son fusil.

— Eh! là-bas, étranger, ajouta le chasseur de chevelures, y a-t-il dans le camp un de vos amis qui connaisse votre adresse au tir?

L'Indien réfléchit un moment et répondit affirmativement.

— Cet ami a-t-il une pleine confiance en vous?

— Je le crois; mais pourquoi me demandez-vous tout cela?

— Pourquoi? Parce que je vais vous montrer un tour de force que nous nous amusions à accomplir au fort Bent, afin d'amuser les imbéciles. C'est un tour fort ordinaire, si l'on veut, mais enfin il ne faut pas être nerveux pour le mettre à exécution. Hé! Rubé, avance ici.

— Mort du diable! que me veux-tu?

Cette exclamation fut lancée d'un ton de mauvaise humeur, de colère presque, qui attira les regards vers l'endroit d'où elle était partie. Tout d'abord on eût dit qu'il n'y avait personne de ce côté-là; mais, après un examen plus précis, on put apercevoir un individu assis au pied d'un tronc d'arbre, devant le foyer du bivouac. N'eût été le mouvement que fit ce corps, on eût pu le confondre avec le tronc d'arbre lui-même, car il était entièrement courbé sur le feu, et son vêtement brun le faisait ressembler à une masse recouverte d'écorce. Lorsqu'on s'approcha de celui que Garcy avait appelé Rubé, on vit un grand diable à l'aspect étrange, tenant entre ses mains calleuses un os de côtelette de chevreuil qu'il rongeait avec difficulté.

L'ensemble de cet individu avait un aspect étrange et fait pour étonner. Son costume — si l'on pouvait appeler ainsi les vêtements qu'il portait — était aussi simple que primitif. Il se composait d'une blouse de chasse semblable à un sac auquel on aurait ajusté des manches. Cette enveloppe de peau tannée était de couleur sombre, rapiécée en plusieurs endroits, sous les aisselles, graisseuse, tachée de boue et dénuée de tout ornement. Autrefois cette blouse avait eu un collet, mais il avait été rogné à plusieurs reprises, afin de fournir des matériaux aux pièces nécessaires. Les pantalons et les mocassins étaient pareils à la blouse et dans le même état. Sur la tête de Rubé on voyait une sorte de casquette, qui, de velue qu'elle était comme toute peau de chat sauvage, était devenue râpée, usée, piquée, pelée, comme si elle avait été abandonnée aux vers. En somme tout le costume se valait ; et, depuis le jour où il avait été endossé par Rubé, celui-ci n'avait pas dû s'en séparer souvent. La poitrine nue du trappeur paraissait velue et robuste, sous ce seul vêtement, et sa couleur tannée la faisait ressembler à celle d'un Peau-Rouge. On eût dit que cet homme avait été boucané, lui et ses vêtements, afin de paraître étrange ou pour mieux se déguiser.

Ses traits annonçaient un homme de soixante ans ; un nez aquilin, des yeux percés avec une vrille, des cheveux noirs et coupés courts, tel était l'ensemble de ce personnage fantastique. Lorsque je l'examinai, je me dis que ce n'était ni un Français, ni un Espagnol, mais plutôt un Saxon.

Tandis que je scrutais ainsi celui que Garcy avait interpellé, je crus m'apercevoir qu'il lui manquait quelque chose à la tête. Je m'approchai, et, spectacle émouvant, je vis.... qu'il avait eu les oreilles coupées.

Cette découverte me fit frissonner. En effet, rien n'est plus horrible que de voir un homme sans oreilles. Cela vous fait songer à quelque drame épouvantable ou à une scène de vengeance terrible. C'est encore peut-être le résultat d'un crime ou d'une punition exemplaire.

Mon imagination s'égarait dans toutes ces hypothèses lorsque je me rappelai tout à coup les paroles que Séguin m'avait dites le soir précédent. Cette personne dont il m'a parlé, murmurai-je à part moi, c'est Rubé. Je me sentis calmé.

Celui-ci, après avoir répondu comme je l'ai dit plus haut, resta encore un moment la tête appuyée sur ses genoux, ruminant, grommelant et grognant comme un vieux loup affamé qui est dérangé dans son repas.

— Avance ici, Rubé ; j'ai affaire à toi, fit Garcy d'un ton raide.

— Qu'est-ce que cela me fait à moi ? Je ne me dérangerai pas jusqu'à ce que j'aie rongé mon os. Je n'ai pas peur.

— C'est bon, vieux chien ! hâte-toi ! fit encore le vieux trappeur, qui frappa le sol de la crosse de sa carabine et attendit avec mauvaise humeur le bon vouloir de Rubé.

Le vieux trappeur ne fit rien pour contenter son camarade, c'est-à-dire qu'il acheva à l'aise son repas. Ce « fourreau de cuir, » comme on le désignait dans le camp, se leva enfin lentement et vint, en se traînant, du côté des gens assemblés.

— Que veux-tu, Billée ? demanda-t-il en avançant vers le trappeur.

— Tu vas tenir ceci, lui répondit Garcy en lui donnant une coquille blanche dont le terrain où nous nous trouvions était couvert, et qui n'était pas plus grande qu'une montre.

— Est-ce une gageure, ami ?

— Non, ce n'est pas un pari.

— Alors, tu veux brûler inutilement de la poudre ? En as-tu donc de trop ?

— J'ai été battu au tir, répliqua Garcy à demi-voix, et par un Indien encore.

Rubé tourna les yeux dans la direction de l'endroit où se tenait l'Indien, qui, debout et majestueux, offrait l'image d'un être fantastique, dans son costume étrange. Il n'avait cependant point l'air d'un fanfaron, d'un triomphateur orgueilleux ; mais, appuyé sur son fusil, il conservait une attitude calme et digne.

Il était évident, à la manière dont Rubé l'avait examiné, que le visage de cet homme ne lui était pas inconnu. Il l'avait vu ailleurs que dans le camp. Le vieux trappeur regarda l'Indien des pieds à la tête, et il murmura lentement ce mot : Coco.

— Un Coco, dis-tu ? fit alors Garcy.

— Es-tu donc aveugle, Billée ? Regarde ces mocassins.

— C'est vrai, tu as raison. J'ai eu des rapports avec cette nation, il y a deux ans ; cependant je n'ai pas vu d'homme semblable à celui-là.

— Parbleu ! il n'était pas avec ses frères.

— Où se trouvait-il alors ?

— Dans un pays où il n'y a pas beaucoup de Peaux-Rouges. Il doit très-bien tirer. Il mettait autrefois sa balle, à chaque coup, au milieu de la cible.

— Tu l'as donc connu ?

— Oui, oui, il avait alors une jolie squaw pour femme. Allons ! où veux-tu que j'aille me mettre ?

Il me sembla que Garcy allait questionner son camarade ; car, à ce mot de squaw, il avait tressailli, comme si un souvenir eût traversé sa mémoire ; mais quand il vit Rubé s'éloigner, en faisant un pas du côté d'une clairière complètement libre, il se contenta de lui dire :

— A soixante pas !

— Prends garde de ne pas égratigner mes *pinces*, lui dit alors Rubé. Les Indiens m'en ont déjà ôté une ; tu ferais bien, mon ami, de ménager les autres.

En parlant ainsi, le trappeur avait soulevé la main droite, et je m'aperçus qu'elle n'avait plus de petit doigt.

— Ne crains rien, vieux camarade ! répliqua Garcy.

Sans dire un mot de plus, Rubé s'éloigna, d'un pas lent et régulier, en mesurant la distance convenue.

Lorsqu'il eut compté soixante mètres, il fit volte-face et tendit le bras droit jusqu'à la hauteur de l'œil, en tenant légèrement le coquillage entre son pouce et son index. Cela fait, il s'écria d'une voix sonore :

— Eh ! là-bas.... Billée, tu peux tirer et aller te faire pendre après.

Rubé tenait la partie concave de la coquille tournée

du côté du tireur. C'était un émouvant spectacle. Quoi qu'en disent les voyageurs, les faits de ce genre ne se présentent pas souvent en Amérique. Il s'agissait seulement de prouver l'adresse de Garcy et la confiance que son ami avait dans cette habileté sans pareille.

De toutes façons, il y avait autant de mérite à tenir cette cible qu'à toucher le but.

En général, si les tireurs sont disposés à faire feu, leurs amis montrent peu d'empressement à les aider dans ce passe-temps dangereux.

Le spectacle était émouvant. Mes nerfs tressaillaient à mesure que mes yeux suivaient les façons de faire des deux amis. La plupart de ceux qui m'entouraient éprouvaient le même effroi ; mais aucun d'eux n'osait s'interposer. C'eût été chose hardie, en admettant même que Garcy et Rubé fussent sur le point de faire feu l'un sur l'autre, car tous deux passaient parmi leurs camarades pour des tireurs de première force, pour des trappeurs hors ligne.

Garcy respira à pleins poumons, et se planta sur ses jambes, le talon de son pied gauche opposé et quelque peu en avant de son pied droit. Cela fait, il laissa tomber sa carabine dans le creux de sa main gauche, en criant à son ami :

— Attention ! vieux rongeur d'os. Je vais tirer.

Il mit en joue aussitôt.

Il se fit un silence de mort à ce moment-là. Tous les yeux étaient dirigés vers le coquillage tenu par Rubé. Une détonation se fit entendre, et l'on put voir l'objet voler en morceaux.

Une acclamation générale accueillit ce tour d'adresse. Rubé se baissa pour ramasser un des morceaux de la coquille, et, après l'avoir examiné un instant, il s'écria d'une voix de stentor :

— Mouche au milieu, tonnerre ! Bravo !

En effet, le jeune trappeur avait touché à l'endroit

désigné, comme le prouvait la trace bleue du plomb sur la nacre brisée.

Les regards se tournèrent alors du côté de l'Indien, qui s'était tenu silencieux pendant toute la scène que je viens de raconter et qui avait observé attentivement le coup de feu de son rival. On le vit alors examiner le sol, comme s'il y cherchait quelque chose.

Il cueillit enfin un convolvulus mignon, connu sous le nom de « verre des prairies », fleur de forme ovoïde aussi grosse et aussi rouge qu'une orange de Portugal.

Il l'examina, la soupesa sur sa main, comme s'il eût voulu se rendre compte de son poids.

Que prétendait-il faire avec cette fleur? Allait-il la lancer en l'air et la percer d'une balle pendant qu'elle voltigerait?

Tous les spectateurs observaient ses agissements dans un silence profond. Les chasseurs de chevelures, au nombre d'une soixantaine environ, l'entouraient pour mieux voir. Séguin seul, aidé par le docteur et quelques hommes, dressait une tente à quelques pas de l'endroit où se passait cette scène.

Garcy, lui, se tenait de côté, jouissant avec orgueil de son triomphe, mais ayant à part lui une certaine appréhension. Le vieux Rubé était retourné près de son feu et rongeait un nouvel os qu'il avait retiré de dessus le brasier.

La fleur parut satisfaire l'Indien. Il portait au cou un long os d'aigle, curieusement sculpté et percé de trous, comme une sorte de fifre. Il le porta à ses lèvres et en tira aussitôt trois notes étranges, d'une acuité sans égale, puis il le laissa retomber sur sa poitrine, en fixant ses regards sur le bois voisin.

Tous les yeux se portèrent du même côté, et aucun des chasseurs ne crut devoir murmurer la moindre parole, à l'exception de Rubé, qui s'écria :

— Attention! camarades, je parie cet os contre une tranche de bison grillée, que vous allez voir apparaître la plus jolie squaw que vos yeux aient jamais contemplée.

Personne ne parut faire attention à ces paroles ; nous étions tous inquiets de ce qui allait se passer.

Un bruit se fit entendre, pareil à celui des buissons qu'une main écarterait ; puis celui de pas légers et de branches sèches broyées. Un être se montra bientôt au milieu du feuillage. C'était une femme, une squaw, une jeune Indienne, revêtue d'un costume étrange et pittoresque.

Elle s'avança hors du feuillage touffu et fit quelques pas à notre rencontre. Tous les yeux s'étaient dirigés sur cette apparition inattendue, et nous examinions avec une curiosité sans égale la taille, le visage et l'accoutrement pittoresque de cette inconnue.

Le costume de la squaw tenait de celui des Indiens, quoique sa tunique fût d'une étoffe plus fine que celle des femmes des Peaux-Rouges. Des broderies multiples la couvraient de toutes parts, et, suivant la mode du pays, c'était au moyen de barbes de porc-épic, teintes de couleurs diverses, que ces ornements étaient faits. Cette tunique descendait jusqu'aux genoux. Elle avait pour bordure une frange de coquillages qui produisait un bruit de clochettes, quand la jeune fille avançait.

Les jambes étaient recouvertes d'un vêtement écarlate frangé comme la tunique et retombant sur le pied, chaussé de mocassins de peau blanche, également ornés de broderies de barbes de porc-épic ; une ceinture de sampour retenait la tunique à la taille ; un voile de gaze épaisse cachait la poitrine bombée et ferme ; une coiffure pareille à celle du bel Indien était sur le sommet de la tête et couronnait une forêt de cheveux d'une longue écharpe. Tel était l'aspect de la squaw qui se montra à nos yeux. J'ajouterai, pour combler ce tableau, que cette toilette était complétée par un certain nombre de colliers de verroteries de couleurs diverses.

L'expression de cette belle créature était réellement noble, et ses yeux noirs exprimaient à la fois la douceur et l'énergie. Son teint — celui des femmes indiennes — était relevé par une nuance purpurine vers le haut des joues, et la faisait ressembler à ces quarteronnes tomhanaises dont la beauté est citée par tous les voyageurs.

Jeune, entrant à peine dans la vie, elle s'était précocement développée et elle joignait une santé florissante à un charme inexprimable.

A mesure que la squaw s'avançait vers nous, un murmure d'admiration se manifestait dans toute l'assemblée. L'attitude de Garcy me frappa particulièrement à ce moment-là. Son visage était devenu d'une pâleur extrême; ses lèvres s'étaient contractées et ses yeux s'entouraient d'un cercle bistré.

Etait-ce un sentiment de jalousie qui s'était emparé de lui? J'étais disposé à le croire.

Il alla se placer derrière ses camarades, comme s'il voulait se cacher. Sa main droite maniait involontairement le manche de son coutelas; de l'autre, il serrait le canon de sa carabine comme s'il eût eu l'intention de la pulvériser.

La squaw s'approcha de l'Indien qui l'avait appelée, et qui murmura quelques paroles à son oreille, dans une langue que nul ne comprenait autour de moi. Il lui présentait en même temps la fleur de convolvulus, qu'elle prit sans mot dire. Elle se dirigea aussitôt du côté où Rubé s'était tenu quelques instants auparavant et que l'Indien lui avait désigné.

Là, elle s'arrêta et se retourna, comme avait fait le vieux trappeur.

Il y avait quelque chose de si dramatique, de si théâtral dans ces préparatifs, que toute l'assemblée était restée silencieuse, en attendant le dénoûment de ce drame des bois. Lorsque nous eûmes enfin compris ce dont il s'agissait, quelques-uns d'entre nous prirent la parole.

— Il va couper la tige de la fleur entre les doigts de cette enfant, dit un trappeur.

— Baste ! ce n'est pas malin, ajouta un autre.

Et la plupart d'entre nous pensaient comme ce dernier.

— Il n'aura pas battu Garcy s'il se borne à le copier, ajouta un troisième.

Tandis que ces paroles s'échangeaient entre les chasseurs et les trappeurs, la squaw avait enlevé sa coiffure de plumes. Elle plaça le convolvulus gonflé sur sa tête, croisa ses bras sur sa poitrine et se posa en face de nous avec autant de calme et d'immobilité que si elle avait été partie inhérente de l'arbre.

Un murmure éclata dans la foule, au moment où l'Indien leva son fusil pour viser. Tout à coup un homme fendit l'assemblée et se précipita vers le Peau-Rouge. C'était Garcy.

— Non, vous ne ferez pas cela! non! s'écria-t-il en relevant vivement l'arme de son rival. Elle m'a trompé, c'est vrai; mais je ne veux pas que cette chère créature coure un danger pareil. Non, Billy, Garcy ne veut pas voir cette tentative criminelle s'accomplir sous ses yeux.

— Qu'est-ce à dire ? s'écria l'Indien d'une voix de tonnerre. Qui ose m'arrêter de la sorte ?

— Moi ! répliqua Garcy avec énergie. Cette squaw vous appartient, je pense. Emmenez-la, si bon vous semble, où vous voudrez, et prenez aussi cela, fit-il en jetant aux pieds de l'Indien un sac de perles fines qu'il détacha de son cou; mais je m'oppose à ce que vous expérimentiez votre adresse sur cette innocente créature.

— De quel droit venez-vous m'interrompre ? Ma sœur n'éprouve aucune appréhension et....

— Votre sœur ? dites-vous.

— Oui, ma sœur....

— Cette squaw est votre sœur ? demanda Garcy d'une voix anxieuse, tandis que ses manières et sa physionomie changeaient comme par miracle.

— Je vous ai déjà dit que c'était ma sœur.

— Mais alors c'est vous qu'on appelle El Sol ?

— C'est bien moi !

— Pardonnez-moi.... mais....

— Vous êtes tout pardonné. Allons ! laissez-moi continuer.

— Non ! non ! ne faites pas cela. Je conviens que vous avez tous les droits possibles sur votre sœur ; mais il est inutile d'aller plus loin. J'ai souvent entendu parler de votre adresse et je reconnais que vous êtes plus fort que moi. Je vous adjure, au nom de Dieu, de ne point tenter le sort. Par l'attachement que vous portez à cette enfant, ne faites pas cela.

— Il n'y a pas le moindre péril ; je vais vous montrer le coup.

— Non ! vous dis-je. Je vais aller prendre sa place. Je mettrai la fleur sur ma tête. De grâce laissez-moi faire, murmura le trappeur d'une voix suppliante.

— Billy, de quoi te mêles-tu ? s'écria Rubé, qui s'était levé. Allons, fais place à El Sol. Voyons le coup. J'ai déjà entendu parler de cette expérience-là. N'aie pas peur, ami, il va vous enlever cela comme un souffle du nord-est, je te l'assure.

Tout en parlant ainsi, le vieux trappeur avait pris le bras de son camarade et l'avait repoussé loin de l'Indien.

Pendant tout ce colloque, la squaw était restée immobile, ne paraissant pas faire la moindre attention à ce qui se passait devant elle. Il est vrai que Garcy lui tournait le dos, et qui plus est, deux ans passés depuis leur séparation l'avaient sans doute empêchée de le reconnaître.

Avant que Garcy eût pu s'interposer de nouveau, l'Indien avait abaissé son arme et épaulé, en fixant le point de mire. Il se disposait à presser la détente ; il était donc trop tard pour intervenir. La plus petite tentative eût pu amener un terrible résultat. Le trappeur comprit cela et resta atterré, attendant en silence.

Chacun de nous avait le souffle suspendu sur ses

lèvres. Nous éprouvions tous une émotion indicible, et nous tenions les yeux fixés sur cette fleur.

Le coup partit : l'éclair, la détonation, la ligne de feu, un hourra retentissant, tout cela fut simultané. Nous avions vu le globe léger emporté comme une plume au vent ; la squaw se tenait debout sans la moindre égratignure.

Je courus avec tous mes camarades. La fumée nous avait d'abord aveuglés. J'entendis de nouveau les coups de sifflet de l'Indien, et, quand je regardai devant moi, la squaw avait disparu.

En parvenant à l'endroit où elle s'était tenue, nous pûmes entendre un bruissement à travers bois et le frôlement de pieds légers sur les branches sèches. C'était la jeune Indienne qui fuyait. Nous fûmes tous retenus par un sentiment de réserve, car nous savions qu'en la suivant nous mécontenterions El Sol.

Nous trouvâmes par terre les fragments de la fleur, brisée par la balle, qui s'était enfoncée dans l'écorce de l'arbre. Un des chasseurs de chevelures se hâta de l'extraire avec la pointe de son couteau.

Au moment où nous nous retournions, nous aperçûmes El Sol et Séguin, qui causaient familièrement ensemble.

Lorsque je revins à mon campement, je vis Garcy se baisser et ramasser un objet brillant. C'était le sac ouvragé qu'il avait jeté devant l'Indien, au moment de son colloque avec lui. Il le replaça autour de son cou, et je compris, à l'expression de son visage et à la façon dont il pressait ce souvenir, qu'il lui était cher comme un gage d'affection.

Je m'étais abandonné à une profonde rêverie, et je réfléchissais aux événements qui venaient de se passer sous mes yeux, quand je fus réveillé par la voix de Rubé, qui disait à ses camarades :

— Eh ! là-bas, les amis, je ne jette pas d'ordinaire mon plomb au vent et à l'aventure ; mais je veux vous prouver que rien n'est plus facile que de surpasser l'adresse de cet Indien. Je vous gage mes deux oreilles que je vais vous étonner.

A cette plaisanterie, un rire universel se fit entendre, car tous savaient que le pauvre Rubé avait perdu les siennes. J'ajouterai que ces maudits bourreaux avaient pratiqué cette opération si exactement, qu'il n'y avait plus le moindre lambeau de chair à cette place.

— Et comment vas-tu faire, Rubé? demanda l'un des chasseurs.

— Vous allez voir cela, camarades, répliqua le vieux coureur des bois en allant chercher sa carabine appuyée contre un arbre et en frottant cette arme avec soin.

Chacun se mit à suivre les mouvements du brave homme en se demandant ce qu'il comptait faire; mais nul ne parvenait à trouver une solution.

— Oui, je vais vous prouver, les amis, que je suis plus adroit que vous tous; je vous parie mon petit doigt de la main droite contre ce que vous voudrez. Ça y est-il?

Un rire universel éclata aussitôt parmi les assistants, car chacun d'eux savait qu'il n'avait plus de petit doigt à la main droite.

— Ou bien, ajouta encore Rubé, je parie ma chevelure contre un autre gage. Allons! qui en veut?

L'hilarité devint plus forte encore; car, quoique Rubé portât sa casquette enfoncée jusqu'au cou, on n'ignorait pas, dans le campement, qu'il avait été scalpé par les Indiens.

— Voyons! vieil endurci, que te proposes-tu de faire?

— Regardez bien, fit-il, en montrant le fruit minuscule d'un cactus *pitahaya* auquel il venait d'enlever son enveloppe hérissée d'épines.

— Oui! oui! Eh bien? s'écria la foule.

— Vous voyez que c'est pas de moitié aussi gros que la peau du convolvulus de l'Indien.

— C'est vrai.

— Eh bien! je me fais fort d'enlever cela avec mes balles, à soixante pas.

— Oh! oh! s'écrièrent encore les camarades d'un ton de désappointement.

— Posez ce noyau sur un bâton fixé dans le sol, et le premier d'entre nous va l'enlever, répliqua l'un des chasseurs. Voilà Barney qui, avec son vieux mousquet, vous brosserait cela sans difficulté. N'est-ce pas, camarade?

— Parbleu! je le ferais, répondit un petit vieillard qui portait un uniforme bleu défraîchi.

J'avais déjà remarqué ce nouvel interlocuteur, non-seulement à cause de cet accoutrement, mais encore eu égard à sa chevelure rougeâtre, la plus accentuée que j'aie jamais vue. Ses cheveux coupés ras, comme c'est l'usage dans les régiments, commençaient à repousser, épais et hérissés : on eût pris la tête qu'ils surmontaient pour une carotte bien épluchée. Nul ne se fût trompé sur la nationalité de cet individu. Un sot — pour parler le langage des trappeurs — eût deviné ce qu'il était.

Mais qui avait conduit cet homme dans l'endroit où nous nous trouvions? J'en fis la demande à un voisin, qui m'apprit aussitôt que le nommé Barney avait été soldat dans un poste des frontières et qu'il avait appartenu à la brigade des « Bleus de ciel de l'Oncle Sam ». Las de toujours manger de la viande salée, de fumer sa pipe de terre et de recevoir des coups de schlague, qu'on lui administrait quand il commettait la moindre faute, il avait déserté un beau jour. Quel était son vrai nom? Nul ne le savait, mais il s'était donné celui de Barney O'cork.

Un grand éclat de rire accueillit la réponse du chassseur.

— Parbleu! j'ajouterai que tous nous pouvons tirer avec assez de justesse pour enlever le noyau en question;

mais on n'aurait peut-être pas un coup d'œil assez précis, s'il était placé sur la tête d'une jeune fille.

— Oui, tu dis vrai, car on doit éprouver un certain frisson en pareil cas.

— Ta ta ta ! assez de gaudriole comme cela, fit Rubé, qui venait d'achever le chargement de son fusil. Je vais viser ce noyau, et je tirerai sur la tête d'une squaw tout comme l'a fait cet Indien ; vous allez bien voir.

— Une squaw, Rubé ?

— Oui, camarades ! J'ai une squaw aussi, moi, à qui, pour tout l'or du monde, je ne voudrais pas faire une égratignure. Attendez-moi un instant.

Tout en parlant de la sorte, Rubé jeta sa carabine sur son épaule et s'enfonça dans la forêt.

Je croyais, comme plusieurs de mes camarades nouvellement arrivés au camp, que le vieux coureur des bois avait réellement une vieille squaw pour compagne. Et pourtant il n'y avait pas de femme parmi nous. Peut-être, disions-nous, se tient-elle aussi cachée sous la feuillée. Mais les trappeurs qui connaissaient Rubé se doutaient d'une nouvelle plaisanterie de sa façon. Le bonhomme les avait accoutumés à des farces incessantes.

Nous ne restâmes pas longtemps en suspens.

Quelques minutes après, Rubé reparut, traînant après lui une jument maigre, décharnée, osseuse. C'était la squaw qu'il avait annoncée. Et, de fait, cet animal lui ressemblait quelque peu, sauf cependant par les oreilles qu'elle possédait encore. Oreilles longues à ce point qu'on eût pu prendre pour une mule cette jument digne de porter un nouveau Don Quichotte. La bête était poussive, et à chaque minute son dos se soulevait par saccades, comme si elle eût eu la velléité de lancer quelque ruade. Mieux encore, elle était d'une maigreur sans égale, et sa tête retombait entre ses jambes. Mais son œil — le seul qui lui restât — brillait par intervalles ; ce qui prouvait que la jument avait l'intention formelle de ne pas crever encore. En somme, c'était une excellente bête de selle.

Telle était la « vieille squaw » que Rubé amenait devant ses adversaires. Un immense éclat de rire se prolongea dans toute l'assemblée.

— Et maintenant, camarades, ouvrez vos yeux comme des gueules de canon. Vous pouvez vous moquer de moi et de ma bête tant que bon vous semblera ; c'est votre affaire ; mais moi qui vous parle, je vais exécuter devant vous un tour d'adresse qui *dégottera* l'Indien. Vous allez voir ; et si je manque mon coup, appelez-moi du nom que vous voudrez.

Un certain nombre d'assistants déclarèrent qu'après tout rien n'était impossible. On savait généralement que Rubé était un des meilleurs tireurs de la montagne, aussi fort peut-être que l'Indien ; mais ce qui venait de se passer avait étonné les spectateurs ; car on ne voit pas tous les jours une jeune fille se soumettre à une expérience aussi périlleuse que hardie.

On se demandait donc, avec certaine raison, comment Rubé allait s'y prendre pour faire mieux que El Sol.

C'est donc cette question que l'on posa directement au vieux chasseur.

— Fermez vos trappes à nourriture, leur répondit celui-ci. Je vais vous faire voir ce que j'entends faire. Vous voyez bien que ce noyau n'est pas de moitié aussi gros que la fleur de El Sol.

— C'est convenu. Oui ! oui !

— L'Indien a enlevé le convolvulus de dessus la tête de la jeune fille. Eh bien ! moi, je veux faire sauter ce noyau de dessus la queue de la « veille squaw ». El Sol pourrait-il en faire autant ? Répondez, mes gars.

— Non ! non ! non ! s'écria la foule.

— Ce coup d'adresse l'enfoncera-t-il ou non ?

— C'est plus fort que ce qu'il a fait.

Il n'y eut aucune réclamation ; car les chasseurs, amis de la plaisanterie, avaient hâte de voir l'expérience.

Rubé ne se fit pas prier plus longtemps. Il confia son fusil aux mains de son ami et conduisit sa jument à l'endroit où El Sol avait placé sa sœur. Cela fait, il s'arrêta.

Chacun de nous s'attendait à le voir placer sa bête de façon à nous présenter le flanc, afin de mettre son corps hors d'atteinte à la volonté du vieux trappeur.

Il choisit un endroit creux où les pieds de devant de sa monture étaient placés en bas ; et par ce moyen la croupe seule dominait la situation. Il posa lui-même la jument, aux oreilles de laquelle il murmura quelques paroles. Cela fait, il plaça le noyau sur la fossette qui existe à la naissance de la queue.

La jument resterait-elle immobile dans cette position ? N'aurait-elle pas peur ?

Et chacun riait, car la pauvre bête avait la queue pelée comme un bâton, ce qui expliquait cette hilarité universelle.

— Allons ! assez de blagues comme cela ! s'écria Rubé, qui avait repris son arme et se disposait à tirer.

On était convaincu que le vieux endurci allait frapper le but indiqué. Rien n'est plus facile aux chasseurs de l'Ouest.

— Mon bon *Targut* — point de mire exact — il ne faut pas user inutilement ta poudre, fit Rubé en s'adressant à sa carabine.

Il visa et pressa la détente.

Mais, au même instant, la jument leva le dos, en proie à l'une de ces convulsions spasmodiques auxquelles elle était sujette, et le noyau de *pitahaya* tomba par terre.

La balle était sortie du canon et, rasant l'épaule de la « vieille squaw », était allée percer une de ses oreilles.

On ne comprit qu'après le coup ce qui venait de se passer. La jument, piquée dans une partie sensible, poussa un hennissement qui tenait du cri humain, et, faisant volte-face, s'élança du côté du camp, lançant des ruades sur tout ce qu'elle rencontrait en passant.

Les cris et les éclats de rire des trappeurs, les sauvages exclamations des Indiens, les *vagas* et les *vivas* des Mexicains, les jurements épouvantables de Rubé, tout concourait à former un concert étrange dont rien ne saurait rendre l'effet.

XV.

LE PROGRAMME DE L'EXPÉDITION.

Quelque temps après cette aventure, je m'étais rendu au milieu de la *caballada* pour chercher mon cheval, lorsque le son d'une trompette vint frapper mes oreilles.

C'était le signal de ralliement pour les trappeurs ; aussi je me hâtai de revenir sur mes pas.

En rentrant au camp, j'aperçus Séguin debout devant notre tente, et tenant encore l'instrument à vent entre ses mains. Les chasseurs se rassemblèrent aussitôt autour du chef, les uns groupés ensemble, les autres se promenant de long en large.

— Camarades, leur dit enfin Séguin, nous lèverons demain le camp pour entreprendre une expédition contre nos ennemis. Je vous ai fait venir ici afin de vous faire savoir quels sont mes projets et vous demander ce que vous en pensez.

Un murmure approbateur accueillit cette ouverture, car la levée d'un camp est toujours une excellente nouvelle pour ceux dont la guerre est l'occupation constante. Ces « guérilleros » étaient donc fort joyeux.

Le chef continua en ces termes :

— Je ne pense pas que nous ayons de grands combats à soutenir. Nous courrons les dangers que l'on rencontre d'ordinaire dans ces parages; mais nous tâcherons de les éviter le plus possible. J'ai appris par des espions sûrs qu'à l'instant même où je vous parle, nos ennemis sont à la veille d'entreprendre une expédition de pillage contre les villes de Sonora et de Chihuahua. Leur intention est de pousser même jusqu'à Durango, si les troupes du gouvernement ne les inquiètent pas. Les deux tribus concourront à ce mouvement belliqueux; donc tous les guerriers vont se ruer dans la direction indiquée, laissant leur pays sans la moindre protection. J'ai résolu de vous conduire sur leur territoire, dès que je saurai qu'ils sont partis, et nous pénétrerons jusqu'à la principale ville des Navajoes.

— Bravo! bravo! très-bien! c'est bon comme du pain! s'écrièrent à la fois tous les chasseurs de chevelures.

— Quelques-uns, parmi vous, connaissent quel sentiment me guide dans cette expédition. D'autres l'ignorent. Je vais donc vous l'apprendre officiellement. Je veux....

— Faire une récolte de chevelures, n'est-ce pas? cria un individu à l'air sévère et brutal, qui interrompit le chef.

— Non pas, Kisker, répliqua Séguin, en regardant fixement ce brutal, qui soulevait chez lui un mouvement de colère. Nous ne trouverons là-bas que des femmes. Qu'aucun de vous n'attente à la vie de ces malheureuses. Sa tête répondrait de toute infraction à cet ordre formel. D'ailleurs, il y aura récompense pour ceux qui agiront avec humanité à l'égard des femmes et des enfants.

— Mais quels seront donc les profits de notre expédition? Nous ne voulons pas faire ce monde-là prisonnier et les emmener à notre retour. Nous aurons assez à faire pour nous tirer seulement du danger.

Ces questions et ces réponses paraissaient rendre la pensée générale, car un assentiment unanime les accueillit.

— Vous ne perdrez rien, mes amis. Tous les prisonniers que vous ferez seront comptés sur place, et chaque homme recevra son salaire d'après le nombre de ses prises. C'est moi qui rémunérerai chacun à notre retour au pays.

— C'est convenu, alors, capitaine, s'écrièrent plusieurs voix.

— Bien! Il est parfaitement compris que l'on ne touchera ni aux femmes, ni aux enfants. Vous êtes libres de piller tout ce que vous trouverez, ce sont nos lois, mais ne répandez pas le sang. Nos mains en ont déjà trop fait couler. Prenez-vous cet engagement?

— Oui! oui! s'écria la foule dans toutes les langues possibles.

— Que ceux qui ne sont pas de cet avis s'expliquent aussitôt.

Nul ne répliqua à cet appel. Les têtes s'inclinaient devant la volonté de Séguin.

— Je suis heureux de cet assentissement unanime, fit-il. Je vais maintenant vous exposer clairement mes vues. Il est juste que vous soyez initiés à mes projets.

— Oui! parlez, ajouta Kisker; car, enfin, il ne faut pas marcher à l'aveuglette.

— Nous allons à la recherche de nos amis et de nos parents qui, depuis des années, sont retenus prisonniers par les Peaux-Rouges. Combien y en a-t-il parmi nous qui ont perdu leurs femmes, leurs sœurs, leurs filles!

Un murmure d'assentiment poussé particulièrement par les Mexicains de la troupe des chasseurs vint attester la vérité de cette allégation.

— Moi qui vous parle, ajouta Séguin, dont la voix

devint tremblante d'émotion, j'ai perdu, il y a plusieurs années, une fille adorée, que les Navajoes ont emmenée avec eux. J'ai appris, tout dernièrement, que cette enfant existe et qu'elle se trouve dans la principale de leurs stations, avec bon nombre de blanches. Nous allons donc partir pour délivrer ces prisonnières et les ramener à leurs familles éplorées.

Un cri d'approbation éclata parmi tous ceux qui composaient cette petite armée.

— Bravo! Nous les tirerons des griffes de ces démons! Vive le capitaine! Vive notre chef!

Lorsque le silence se fut rétabli, Séguin ajouta :

— Maintenant vous connaissez le but. Vous l'approuvez. Je vais vous faire savoir le plan que j'ai conçu pour réussir, et je vous demanderai votre approbation.

Le chef fit une pause, et les hommes restèrent silencieux, attendant la suite de cette explication.

— Il y a trois passes qui conduisent au pays des Indiens, en partant du point où nous sommes. Tout d'abord, la route du Puerto de l'ouest aboutit en ligne directe au pays des Navajoes, reprit Séguin.

— Pourquoi ne pas nous y rendre par là? demanda l'un des chasseurs, un Mexicain. Je connais ce chemin-là jusqu'aux établissements des Pecos.

— C'est possible, mais nous ne pouvons pas traverser les villages Pecos sans être vus par les espions Navajoes qui sont toujours postés en cet endroit. Mieux encore, dit Séguin en exprimant par un geste une pensée cachée; à peine aurions-nous atteint le Rio du Haut del Norte, que les Navajoes sauraient que nous sommes dans leur voisinage. Nous avons des ennemis tout près d'ici.

— C'est la vérité, murmura un chasseur mexicain.

— Si les Peaux-Rouges ont vent de notre venue, quand même leurs guerriers seraient partis pour une expédition, notre but sera manqué.

— C'est très-vrai, s'écria-t-on à l'unanimité.

— La même raison nous empêche de suivre la passe de Palvidera. J'ajouterai que, dans cette saison, il y a peu de chances de trouver du gibier sur les deux routes dont il vient d'être question. Nous ne possédons pas de vivres en quantité suffisante pour aller bien loin ; donc, il nous faut faire des provisions de gibier avant de pénétrer dans le désert.

— C'est exact, capitaine ; mais nous ne trouverons pas ce que nous cherchons en passant par la vieille mine. Or, je ne connais pas d'autre route....

— Moi, j'en sais une quatrième, préférable à toutes les autres. Nous allons nous rendre vers le sud, puis nous prendrons à l'ouest, de façon à traverser les *Llanos* de la vieille mission. De là, nous rétrograderons vers le nord, afin de pénétrer dans le territoire apache.

— Bien parlé, capitaine, c'est là le vrai chemin !

— Notre voyage sera un peu plus long, mais il sera moins pénible, car nous rencontrerons des troupeaux de bisons sur les plaines des Llanos. Qui plus est, nous pourrons choisir le moment d'agir, car nous resterons cachés au milieu des montagnes du Pinon, du haut des cimes desquelles nous pourrons dominer le sentier de guerre des Apaches et voir passer nos ennemis. Lorsqu'ils auront gagné le sud, nous nous hâterons de franchir la Gila, puis nous remonterons l'Ajal et le Prieto. Dès que nous aurons terminé notre expédition, nous retournerons au pays par le plus court chemin.

— Bravo ! c'est cela ! C'est parfait, capitaine, votre plan est excellent.

Nul ne s'inscrivit contre : la mention du Prieto résonnait à leurs oreilles comme celle d'un talisman.

N'était-ce pas là que la légende plaçait l'Eldorado, la montagne d'or ? Depuis longtemps, aux heures du bivouac, on racontait des histoires sur cette contrée, arrosée par les eaux dorées du fleuve célèbre, et l'on disait, dans ces récits, que l'on trouverait d'énormes pépites à la surface du sol, dans le lit du courant. Bon nombre de trappeurs étaient partis pour cette expédition comme à la conquête de la Toison d'or, mais aucun n'était revenu.

Les chasseurs entrevoyaient pour la première fois l'occasion de s'introduire dans ce pays féerique que leur imagination peuplait de fabuleuses richesses. Un bon nombre d'aventuriers s'étaient joints à Séguin dans l'espoir de pénétrer dans cette région fantastique et de parvenir à la Montagne de l'or. Leur joie avait donc été grande lorsque Séguin avait manifesté l'intention de s'avancer le long du Prieto.

A ce nom seul, un murmure d'approbation avait passé à travers cette foule émue, et les hommes qui en faisaient partie s'étaient serré les mains en signe de joie.

— Ainsi donc, demain nous nous mettrons en marche, ajouta le chef. Allez faire vos préparatifs, mes amis. Nous partirons dès l'aube.

Les chasseurs s'éloignèrent dès que Séguin eut achevé son discours. Chacun alla préparer son bagage, et ce ne fut pas une longue opération, car les équipages de ces hardis pionniers étaient fort peu considérables.

Je m'étais assis sur un tronc d'arbre et j'examinais tout ce remue-ménage, en prêtant l'oreille à ce qui se disait autour de moi, dans un salmigondis de langage qui eût pu rappeler celui de la pagode de Babel.

La nuit vint enfin, nuit qui suivit rapidement le coucher du soleil, comme cela arrive dans ces solitudes. Les feux furent alimentés de gros troncs d'arbres, et bientôt les étincelles brillèrent dans ces foyers rustiques.

Les pionniers chasseurs s'étaient assis ou couchés autour de ces brasiers. Ils faisaient cuire leurs aliments, fumaient, mangeaient, parlaient à voix haute, et riaient en écoutant leurs camarades débiter des récits relatifs aux exploits des prairies lointaines de l'Ouest américain. La flamme éclairait leurs mâles visages et les rendait encore plus audacieux et plus sauvages.

C'était un tableau pittoresque à la Callot, une véritable représentation théâtrale dont la vue seule impressionnait au plus haut degré.

— Suivez-moi ! me dit tout à coup Séguin, dont la main frôla mon épaule. Notre souper est servi ; j'aperçois le docteur qui nous fait signe de venir le trouver.

Je me levai à cet appel, car l'atmosphère du soir s'était rafraîchie et mon appétit me semblait très-aiguisé.

Nous nous dirigeâmes du côté de la tente devant laquelle brûlait le feu allumé pour nous. Là se trouvaient le docteur et Godé, assistés par un péon du pueblo qui avait donné la dernière main à notre savoureux souper, dont une partie avait été placée sous la tente où nous devions nous reposer. Chacun s'assit sur des selles, des couvertures et des ballots.

— Honneur à vous, docteur, dit Séguin à son ami. Vous avez prouvé ce soir que vous vous entendiez mieux que personne à faire la cuisine. Vous nous servez là un souper de Lucullus.

— Oh ! oh ! gabidaine, chai fait te mon mieux. Mais meinher Goté m'a tiantrement aité.

— M. Haller et moi nous ferons honneur au « fricot ». Allons, à table !

— Oui, capitaine ! C'est cela, riposta Godé, qui nous offrit un certain nombre de plats de viande.

J'ajouterai, en passant, que le Canadien « nageait en pleine eau » toutes les fois qu'il y avait beaucoup à faire cuire et beaucoup à manger.

Nous nous mîmes à dévorer des tranches de bisons rôties sur les charbons, des langues du même animal salées et boucanées, des tortillas, et ce repas fut couronné par quelques tasses d'excellent café. Le péon du pueblo avait fabriqué ces deux derniers éléments de notre repas, et il avait donné des leçons à Godé pour faire cuire les viandes dont nous nous étions régalés.

Quant au maître canadien, il avait préparé un plat de sa façon, qu'il alla quérir en souriant et en relevant la tête avec orgueil.

— Voici ce que j'ai fait à votre intention, messieurs, dit-il.

— Qu'est-ce que c'est que cela, Godé? lui dîmes-nous.

— Une fricassée.

— De quoi?

— De grenouilles! de ces grosses grenouilles que les Yankees appellent des *Bull-frogs*. En voulez-vous?

— Non, merci, l'ami.

— Moi, j'en goûterai, fit Séguin.

— Vous avez bien raison, c'est un mets excellent.

— Moi aussi, meinher Goté, ajouta le docteur, qui tendit également son assiette.

Voici ce qui s'était passé. Godé, en se promenant le long du ruisseau, avait rencontré un petit lac sur le bord duquel croassaient ces superbes grenouilles Bull-frogs, et il en avait fait une belle « cueillette. »

Pendant que chacun de mes camarades participait au souper, j'appris, relativement à l'histoire du docteur, quelques faits qui, avec ce que je savais déjà sur son compte, me rendirent cet homme plus sympathique encore. Je m'étais jusqu'alors demandé comment il se faisait qu'il se trouvât en compagnie des chasseurs de chevelures; mais ce que l'on me raconta m'expliqua la situation.

Le docteur se nommait Frédéric Reichter, originaire de Strasbourg, et il avait pratiqué la médecine dans cette ville, célèbre par sa cathédrale. L'amour de la science, sa passion pour la botanique l'avaient entraîné bien loin de son pays natal, qu'arrosent les eaux du Rhin majestueux. Il avait parcouru d'abord les Etats-Unis, puis il s'était rendu dans le Far-West avec l'espoir de classifier la flore de cette contrée encore inconnue. Le docteur avait passé plusieurs années dans la grande vallée du Mississipi, et là, ayant rencontré quelques pionniers qui se rendaient en caravane dans les provinces du Mexique, il les avait suivis.

Durant une de ces excursions le long du Del Norte,

Reichter s'était trouvé en contact avec des chasseurs de chevelures, et, séduit par l'occasion qui s'offrait à lui de pénétrer dans une région qu'il désirait connaître, cet ami de la science s'était proposé pour suivre la troupe en qualité de médecin. On avait accepté, cela se comprend, et depuis deux années ce digne disciple d'Esculape servait en cette qualité dans les rangs des chasseurs, partageant les fatigues et les dangers de leur vie aventureuse.

Cet excellent homme avait traversé des pays étranges, subi de nombreuses privations, rencontré des éléments dignes de sa curiosité scientifique, et il songeait déjà au triomphe qu'il obtiendrait lorsqu'il pourrait montrer sa récolte précieuse aux savants de l'Europe. Pauvre Reichter! tel était son rêve, qu'il ne put, hélas! jamais réaliser.

Notre souper fut enfin terminé par une rasade de bon vin de Porto. Nous en avions emporté une certaine quantité, ainsi que du wiskey de Taos, qui abondait dans le campement des chasseurs de chevelures. De la place où nous étions assis nous pouvions entendre les éclats de rire des pionniers, qui avaient donné indubitablement mainte accolade à la dive bouteille.

Le docteur avait enfin tiré de son étui sa pipe Meershawn, Godé s'était emparé de son « brûle-gueule », Séguin et moi nous roulions des cigarettes.

— Veuillez me dire, fis-je en m'adressant à Séguin, ce que c'est que cet Indien qui s'est montré si adroit.

— Vous voulez parler de El Sol? C'est un Indien Coco.

— Qu'est-ce que c'est qu'un Coco?

— Un Peau-Rouge de la tribu des Maricopas.

— Je n'en sais pas plus qu'auparavant, car l'on m'avait déjà appris cela.

— Qui donc?

— Le vieux Rubé, qui le racontait à son camarade Garcy.

— Je comprends. En effet, Rubé connaît El Sol.

Séguin resta silencieux quelques instants.

— Alors, dit-il enfin, vous désirez, Haller, que je vous raconte ce que sont ces Maricopas? Soit! Ils appartiennent à une tribu peu connue. Ce sont des hommes étranges, les plus grands ennemis des Apaches et des Navajoes. Leur territoire borde le courant de la Gila, et l'on assure qu'ils sont venus là des rivages du Pacifique, c'est-à-dire du côté de la Californie.

— Mais cet El Sol doit avoir reçu quelque éducation. Il parle l'anglais et le français aussi bien que vous et moi, et il m'a paru plein de talent, d'intelligence et de poésie. En somme, c'est un homme de valeur et un gentleman.

— J'en conviens.

— Alors, je ne comprends pas.

— Je vais, cher ami, vous expliquer la chose. El Sol a été élevé dans un des colléges les plus célèbres de l'Europe. Il a beaucoup voyagé. Je crois même qu'aucun de nous n'est allé aussi loin que lui.

— Mais comment un Indien a-t-il pu faire cela?

— Au moyen d'un talisman qui opère des prodiges : avec de l'or.

— De l'or! où donc se l'est-il procuré? J'ai entendu dire que ce métal est rare dans les mains des Peaux-Rouges. Les hommes de race blanche ne leur ont-ils pas tout dérobé?

— C'est là l'erreur communément répandue. Il est vrai que les Maricopas ont été frustrés de leur avoir. A une certaine époque, ces Indiens possédaient beaucoup d'or, sans compter des perles qu'ils recueillaient sur les roches de la mer Vermeille. Toutes ces richesses ont disparu.

— Cependant cet homme, cet El Sol?...

— Est un chef qui a su conserver sa fortune et qui connaît l'art d'en jouir. Il ne se laissera dépouiller ni par force ni par ruse. Comme il a parcouru le monde, il sait quelle valeur a l'or pour l'homme civilisé.

— Mais sa sœur a-t-elle reçu de l'éducation?

— Non, la pauvre Luna est encore à l'état sauvage; mais El Sol lui a déjà appris bien des choses, depuis son retour au milieu de la tribu dont il avait été éloigné si longtemps.

— Les noms que portent le frère et la sœur sont vraiment étranges : El Sol! la Luna! (Le Soleil, la Lune.)

— Ce sont les Espagnols de la Sonora qui les ont ainsi qualifiés, ou plutôt qui ont traduit dans leur langage les qualifications des Indiens à l'endroit de ces deux personnages. C'est ce qui se pratique sur les frontières.

— Comment se fait-il qu'El Sol et la Luna soient avec nous? demandai-je avec une certaine hésitation, car je soupçonnais bien qu'il y avait certain mystère dans la présence de deux Indiens au milieu d'une troupe de blancs.

— Je crois qu'El Sol s'est joint à nous, répliqua Séguin, par reconnaissance pour moi, car j'ai eu la chance de le retirer des mains des Navajoes quand il était encore petit garçon. Peut-être y a-t-il encore une autre raison à cette association d'un Indien avec des chasseurs de chevelures. Mais attendez, Haller, ajouta-t-il en voulant détourner la conversation, vous allez faire connaissance avec l'Indien dans la compagnie duquel vous devez vous trouver pendant un certain temps. El Sol est un homme érudit, il vous intéressera; seulement, cher ami, ne vous laissez pas captiver par la Luna. Vincente, dit-il à son péon, va-t'en à la tente du chef Coco et demande-lui s'il veut venir boire avec nous un verre de vin de Paso. Dis-lui aussi d'amener sa sœur.

Vincente alla en toute hâte obéir aux ordres de son maître. Pendant son absence, nous devisâmes de l'habileté de tir dont le chef Coco nous avait donné un exemple.

— Je n'ai jamais vu El Sol tirer sans atteindre le but, répliqua Séguin. Il y a dans son adresse une sorte de mystère incompréhensible. Son coup est infaillible, et l'on dirait qu'il est convaincu qu'il ne peut manquer le but. Je ne connais qu'une autre personne au monde qui puisse tirer avec une pareille précision.

Séguin avait prononcé ces paroles comme s'il se parlait à lui-même. Il se tut aussitôt et sembla s'abandonner à une rêverie que je me gardai d'interrompre.

Un moment après, El Sol et sa sœur Luna pénétraient sous notre tente. Séguin me présenta à eux. La conversation s'engagea aussitôt entre les deux Indiens, le docteur et moi. Nous ne parlâmes pas de chevaux, d'armes, de chevelures, de guerre, de sang et autres sujets relatifs à notre expédition. La botanique et les rapports des espèces diverses de cactus, furent l'objet de notre causerie.

J'avais étudié cette science, mais je pus bientôt me convaincre que mes trois interlocuteurs la connaissaient beaucoup mieux que moi. Ce qui m'étonne encore en écrivant ces lignes, c'est le ton de notre conversation en un moment où tant d'autres intérêts étaient en jeu dans le camp des chasseurs.

Nous restâmes ainsi, pendant deux heures, à fumer et à causer.

Tout à coup il me sembla voir sur la toile qui formait notre tente une ombre se dessiner.

Je regardai dehors, car j'étais placé de façon à pouvoir sortir la tête de la tente, et j'aperçus bientôt un homme vêtu d'une blouse de peau de daim et portant sur la poitrine un sac à tabac bordé de bandes de porc-épic.

La Luna se tenait assise près de son frère et cousait des semelles sous une paire de mocassins. Je pus remarquer facilement que la belle enfant avait l'air distrait et que, de temps à autre, elle levait les yeux du côté de l'ouverture de notre abri. Au beau milieu de notre conversation, elle se leva en silence, sans avoir l'air cependant de se cacher, et elle sortit.

Son absence ne fut pas très-longue, et je vis ses yeux briller d'un éclat étrange, quand elle reprit son travail.

El Sol et sa sœur s'en allèrent enfin. Et peu de temps après, Séguin, le docteur et moi, roulés dans nos serapes, nous nous couchions pour attendre le sommeil.

XVI.

LE SENTIER DE LA GUERRE.

Dès les premières lueurs du jour, la troupe entière monta à cheval, au son du clairon, et bientôt après nous traversâmes la rivière à gué, car il fallait nous transporter de l'autre côté. Nous parvînmes bientôt à la lisière du bois et nous entrâmes dans la plaine sablonneuse qui longe du côté de l'ouest les montagnes des Mimbres.

Notre direction nous amenant vers le sud, il nous fallut gravir d'immenses collines de sable qui s'étendaient de l'est à l'ouest. La poussière se trouvait amoncelée dans des fossés profonds au milieu desquels nos chevaux s'enfonçaient jusqu'à mi-jambes. Nous traversâmes la section orientale de la « Jornada. »

Nous marchions à la file indienne, c'est-à-dire l'un après l'autre. Tel est l'usage des Indiens et des chasseurs en marche, car les passages étroits des bois et des montagnes de l'Amérique ne permettent pas d'autre façon de voyager. Lorsque nous nous avancions sur un terrain plat, notre cavalcade s'éparpillait sur un espace d'un quart de mille. Le convoi de mulets chargés de bagages venait à notre suite.

La première étape s'opéra sans arrêt. Du reste, il n'y avait ni eau ni herbe sur la route, et une halte en plein soleil ne nous eût pas rafraîchis.

Vers l'après-midi nous aperçûmes une ligne noire traversant la plaine d'un bout à l'autre. A mesure que nous allions de l'avant, nous pûmes distinguer un taillis vert et fourré, composé d'arbres à coton. Les chasseurs désignèrent cette forêt comme étant celle de Paloma. Peu après, nous nous vîmes à l'abri d'une voûte feuillue, et nous parvînmes sur les rives d'un courant d'eau claire comme du cristal de roche. Nous fîmes halte aussitôt pour passer la nuit en cet endroit.

Notre campement s'opéra en plein air; car nous avions laissé nos tentes et nos abris au Rio del Norte, cachés dans le bois où notre dernière station s'était faite. Une expédition pareille à la nôtre ne pouvait être opérée avec un encombrement de bagages; une couverture suffit au chasseur et lui sert, au besoin, de lit, d'abri et de manteau.

On alluma les feux et l'on prépara les grillades. Le souper achevé, chacun, harassé par cette première journée passée à cheval, s'enveloppa de son mieux dans son serape et ne tarda point à dormir.

Dès le point du jour, le lendemain matin, le clairon nous réveilla en sonnant la diane. Notre troupe, organisée militairement, obéissait à ce signal, comme cela se fait dans les villes et au camp.

On procéda au déjeuner, qui fut aussi vite avalé que préparé. Les chevaux, détachés de leurs piquets, furent sellés, et nous les montâmes pour continuer notre route.

Plusieurs journées de marche se suivirent sans qu'on eût le moindre incident à signaler. Nous traversions un territoire désert où croissaient seulement çà et là des plants de mezquite et de sauge sauvage. On rencontrait quelquefois des massifs de cactus et de créosote, dont les odeurs pénétrantes infectaient l'atmosphère, lorsque nous foulions leurs débris écrasés.

Vers le soir de notre quatrième étape, nous nous arrêtâmes à la source désignée sous le nom d'*OEil de la Vache*, et située sur la frontière est des Llanos.

C'est sur le point de séparation de cette grande prairie et de la ligne ouest que se trouve le sentier de guerre des Apaches, dans la direction de la Sonora. Non loin de là s'élève une montagne escarpée qui domine la plaine : c'est le Pinon.

Notre intention était d'atteindre cette montagne et de nous cacher au milieu de ces rochers, afin de laisser passer nos ennemis. Mais il s'agissait de traverser le sentier de guerre, sans y laisser la moindre trace qui pût indiquer notre présence aux ennemis. Séguin n'avait pas prévu cette difficulté; et cependant il n'y avait pas, dans les environs, d'autre endroit d'où nous pussions découvrir la position des Navajoes ou des Apaches. Il était donc important d'arriver jusque-là, et nous nous demandions comment il serait possible de franchir le chemin.

Séguin, dès notre arrivée à l'*OEil de la Vache*, rassembla la troupe qu'il commandait, afin de délibérer à ce sujet.

— Mon avis, dit un chasseur, est de nous étendre sur la prairie et de rester ainsi très-écartés, jusqu'à ce que nous ayons franchi le sentier de guerre des Apaches. Je ne crois pas que ces sauvages s'aperçoivent de quelques traces ainsi dispersées sur un sol sablonneux.

— Peuh! c'est insensé, riposta un autre chasseur. Il n'y a pas un Indien qui, rencontrant la piste d'un cheval, ne le trouve aussitôt. Votre projet est donc sans valeur.

— Si nous enveloppions de chiffons les pieds de nos montures? suggéra un autre homme.

— Ce serait encore pis. Un jour, j'ai voulu employer ce moyen-là, et peu s'en est fallu que je fusse scalpé. Il n'y a qu'un Indien aveugle qui puisse se laisser tromper par une pareille ruse.

— Bah! ces Indiens ne sont pas si méticuleux, quand ils sont lancés sur le sentier de la guerre. J'en sais quelque chose. Je crois donc que nous pourrions user de ce moyen-là.

La plupart des chasseurs furent d'avis que ce mode d'envelopper les pieds des chevaux était mauvais et que les Indiens s'apercevraient aussitôt du stratagème employé pour les tromper. Cette motion fut donc abandonnée.

Que fallait-il faire?

Rubé, qui jusqu'alors avait gardé le silence, demanda à exprimer son avis.

— Eh bien! l'ami, qu'avez-vous à dire? fit l'un des chasseurs.

— Je prétends que vous êtes tous des imbéciles. Je me fais fort de faire traverser la plaine et le sentier des Apaches à autant de chevaux que vous voudrez sans laisser la moindre trace; mais auparavant veuillez me dire quelle est la nécessité de nous rendre au Pinon.

— Nous voulons nous y cacher.

— Ah! mais, il nous faut de l'eau pour rester là.

— Il y a une source de l'autre côté du rocher, vers la butte de la montagne.

— C'est vrai comme la Bible! Je sais cela aussi; mais, à cette même source, les Navajoes et les Apaches qui se rendront vers le sud viendront aussi remplir leurs outres. D'ailleurs, comment prétendez-vous vous rendre à cette source, avec tous vos chevaux, sans laisser des traces près du bassin? Je ne vous comprends pas clairement sur ce point-là.

— C'est vrai, Rubé, tes arguments sont parfaits. Il est certain que le corps d'armée des Indiens doit faire halte à la source du Pinon.

— Nous n'avons donc qu'un seul parti à prendre,

celui de traverser la prairie en chassant les bisons, jusqu'à ce que les Indiens aient passé. Je suis donc d'avis qu'un certain nombre d'entre nous se rendent au Pinon pour s'y cacher et pour surveiller le passage des Peaux-Rouges. Douze chasseurs suffiront pour cela.

— Les autres resteront-ils ici?

— Non point. Ils se dirigeront vers le nord et iront se poster sur les collines des Mezquites. Il y a là un ruisseau qui serpente sur un espace de vingt mètres, et l'herbe y est abondante. Ils s'y tiendront cachés jusqu'au moment où on les préviendra qu'ils peuvent nous rejoindre.

— Mais pourquoi ne resterions-nous pas à l'*OEil de la Vache?*

— Par cette seule raison, capitaine, qu'il se pourrait que la fontaine amenât quelques Navajoes dans le même endroit, et que je suis d'avis qu'il faut faire disparaître toutes les traces de notre passage en ces lieux.

La force du raisonnement de Rubé frappa tous ses auditeurs, et plus particulièrement Séguin. Il fut donc décidé que l'on suivrait les observations judicieuses du vieux pionnier. On choisit aussitôt les hommes chargés de surveiller les Navajoes et les Apaches; cela fait, le reste de la troupe se dirigea vers le nord-ouest, après avoir pris la précaution d'effacer les traces faites au bord de la fontaine.

Il s'agissait d'atteindre les monts Mezquites, situés à la distance de dix ou douze milles au nord-ouest de la source. Il avait été convenu qu'on se cacherait en cet endroit, bien connu de la plupart d'entre nous, et qu'on attendrait la nouvelle du passage de l'ennemi.

Les hommes désignés pour faire la garde se dirigèrent vers l'ouest; j'étais du nombre de ceux-là.

Rubé, Garcy, El Sol et sa sœur, sans oublier Sanchez, un quidam qui avait exercé la profession de toréador, et une demi-douzaine d'autres cavaliers, à la tête desquels Séguin s'était placé, composaient la petite troupe.

Avant de s'éloigner de l'*OEil de la Vache*, nous avions

eu le soin de déferrer nos montures et de remplir les trois trous faits par les clous au moyen de boules d'argile, de telle sorte que les traces de nos chevaux pouvaient être prises pour celles des mustangs sauvages qui errent dans le désert. Cette précaution était indispensable, puisque nos vies dépendaient de la prudence la plus grande.

Au moment où nous arrivâmes près du sentier de guerre, à l'endroit où cette voie foulée traversait la prairie, nous nous séparâmes, à la distance d'un yard chacun. Il avait été convenu que nous décririons un cercle immense qui ne se réunirait qu'à la base du Pinon. Là nous devions, une fois réunis, nous diriger vers le nord.

Nous atteignîmes la source vers le coucher du soleil, après avoir voyagé toute la journée à travers la plaine. Cet endroit était entouré et presque caché aux passants par un bouquet de cotonniers fort touffus. Nous ne fîmes point avancer nos chevaux vers le bord de cette fontaine ; mais nous les conduisîmes dans une sorte de défilé pratiqué dans une fissure du rocher. Là se trouvait un bois de pins qui nous servit d'abri, et près duquel, du haut d'un rocher qui surplombait la route, on pouvait voir tout ce qui se présenterait à l'horizon. On n'aurait jamais su mieux choisir un endroit où placer des sentinelles.

Le matin venu, nous allâmes chercher de l'eau au moyen d'un baquet et d'outres que nous avions emportées à cet usage. Tout en remplissant nos récipients, nous prîmes garde de ne laisser aucune trace de notre passage sur le terrain détrempé.

Nous restâmes sur notre observatoire du matin au soir ; mais aucun Indien ne parut à l'horizon. Quelques cerfs, des antilopes, un petit troupeau de bisons, vinrent se désaltérer à la source, et retournèrent ensuite paître dans la prairie verdoyante. C'était là une grande tentation pour des chasseurs qui se trouvaient à portée de fusil d'un superbe gibier; mais la prudence nous conseillait de nous tenir tranquilles. Nul de nous n'ignorait que les chiens des Peaux-Rouges pourraient trouver la piste sanglante.

Vers le soir, nous retournâmes à la provision d'eau, et nous renouvelâmes ce voyage, car nos montures paraissaient souffrir de la soif. Toutefois nous prîmes les mêmes précautions.

Le lendemain matin, nos yeux sondèrent avec impatience tous les coins de l'horizon. Séguin possédait une petite lunette d'approche, au moyen de laquelle nous découvrions au loin les moindres détails du paysage. L'ennemi ne paraissait pas.

La troisième journée s'écoula de même, et nous commencions à croire que les Apaches et les Navajoes avaient dû prendre un autre chemin.

Une chose nous inquiétait encore. Nos provisions étaient presque épuisées; nous en étions réduits à manger des fruits, des pommes de pin crues; car nous n'osions allumer du feu pour les faire griller, les Indiens découvrant toujours la fumée à une grande distance.

Le quatrième jour se leva sans que rien se montrât à l'horizon, du côté du nord. Notre *tarajo* avait disparu, et nous souffrions déjà de la faim que les pignons ne suffisaient pas à apaiser. Le gibier semblait nous défier à la source et sur la prairie. L'un de nos camarades proposa de se glisser sous le taillis et d'aller tuer une antilope ou un cerf à queue noire; car il y en avait beaucoup en cet endroit.

— Non! répliqua Séguin. Je vous ai déjà dit que le sang nous trahirait.

— Peut-être; mais je puis prendre un de ces quadrupèdes au lasso, dit alors un Mexicain.

— En luttant avec l'animal, vous laisseriez des traces profondes.

— Nous les effacerons, capitaine, répliqua le chasseur.

— Soit! Allez donc, répondit le chef de la troupe.

Le Mexicain détacha un laso de sa selle, et, prenant avec lui un de ses camarades, il se dirigea vers la source, en écartant les branches. Tous les deux se couchèrent à quelques pas de l'endroit où elle sourdissait entre deux rochers.

A peine étaient-ils postés depuis un quart d'heure, qu'ils aperçurent une bande d'antilopes s'avançant du côté de la prairie, et se dirigeant vers eux à la file indienne. Ces animaux ne tardèrent pas à se trouver à portée des deux chasseurs. A cet instant ils s'arrêtèrent, levant la tête en l'air, qu'ils humaient avec force. Ils avaient deviné le danger, mais trop tard pour l'antilope placée à la tête des autres.

— Au lasso! cria l'un des deux chasseurs.

Et nous vîmes du haut de notre observatoire la corde décrire un cercle dans l'espace et venir s'enrouler autour de la tête de l'animal, tandis que le reste du troupeau prenait la fuite. L'antilope ainsi surprise fit un ou deux bonds et retomba sans mouvement sur le sol.

L'adroit chasseur se rua sur la bête, et, la chargeant sur ses épaules, reprit le chemin de notre poste d'observation, tandis que son camarade le suivait, en effaçant les traces de la lutte et du passage. Quelques instants après, tous deux étaient près de nous. On se hâta de dépouiller l'antilope, dont on mangea la chair crue, toute saignante.

. . . .

Nos chevaux, mourant de faim et de soif, maigrissaient à vue d'œil. Nous ne voulions pas renouveler trop souvent notre provision d'eau, bien que notre prudence se relâchât d'heure en heure. L'habile chasseur mexicain parvint cependant à s'emparer encore de deux antilopes avec son lasso.

Un brillant clair de lune illumina la nuit du quatrième jour. Or, il arrive souvent que les Peaux-Rouges s'aventurent pendant la nuit ainsi éclairée; quand ils vont sur le sentier de la guerre. Nos sentinelles étaient à leur poste; mais, ce soir-là, nous leur recommandâmes de faire bonne garde.

Notre attente ne fut point déçue. Il était minuit quand la sentinelle nous réveilla. Il y avait des formes noires du côté de l'horizon, vers le nord. C'était peut-être, pensions-nous, une bande de bisons; mais nous les vîmes peu à peu s'approcher.

Nous nous tînmes aux aguets. Nos yeux examinaient avec soin le tapis d'herbe argentée qui s'étendait devant nous. Certains éclairs brillaient de temps à autre. C'étaient ceux des armes d'une troupe de cavaliers. Il n'y avait pas à en douter, les Indiens s'avançaient de notre côté.

— Grand Dieu! mes amis! si nos chevaux allaient hennir! observa Séguin.

Nous nous précipitâmes, à la suite de notre chef, au bas du rocher, et nous entrâmes au milieu du ravin boisé où se tenaient nos montures. N'était-il pas trop tard? On sait que les chevaux ont l'instinct de sentir leurs congénères à de très-grandes distances.

Enfin, nous nous trouvâmes près de nos vaillants coursiers. Séguin avait déjà détaché de la selle une couverture, à l'aide de laquelle il enveloppait la tête de son cheval.

Nous suivîmes son exemple, sans prononcer une parole. C'était en effet le seul plan à suivre.

Au bout de quelques minutes nous nous sentîmes en sûreté, et nous retournâmes sur le rocher reprendre notre poste d'observation.

. . . .

Nous nous étions pris à temps pour manœuvrer de la sorte; car, lorsque nous nous fûmes courbés sur le bord, nous entendîmes distinctement les clameurs poussées par les Peaux-Rouges, le bruit des sabots de leurs mustangs retentissant sur la plaine desséchée, les hennissements des chevaux réjouis par le voisinage de l'eau.

Les Indiens qui se trouvaient en tête arrivaient vers la source, et nous pouvions voir distinctement les autres les suivre à une grande distance.

A mesure que la troupe s'avançait et se déployait, il nous fut facile de distinguer leurs banderoles et les pointes brillantes de leurs lances. Leurs corps presque nus se dessinaient aussi à l'éclat de la lune étincelante.

Peu de temps après, les Navajoes et les Apaches, qui marchaient les premiers, passèrent près de la source et firent boire leurs chevaux. Faisant ensuite volteface, ils s'éloignèrent à une petite distance, descendirent de leurs selles et déharnachèrent leurs mustangs.

Donc, ils avaient l'intention de faire halte en cet endroit.

Ils défilèrent ainsi pendant une heure environ, et nous pûmes voir deux mille guerriers, tous pourvus d'un cheval, se reposer dans la plaine qui s'étendait devant nos yeux.

Nous observions tous leurs mouvements, sans avoir la moindre appréhension d'être découverts, car nous nous tenions aplatis sur les rochers, et nos têtes étaient cachées par le feuillage épais du Pinon. De cet observatoire admirablement placé pour les voir, nous entendions distinctement tout ce qu'ils disaient, car ils se trouvaient à peine à cent mètres de notre lieu de refuge.

Leur premier soin avait été d'abord d'attacher leurs chevaux au piquet, de manière à former un grand cercle au milieu de la plaine, où le gazon était bien plus dru qu'aux abords de la source. Ils essuyèrent leurs chevaux et les débarrassèrent des couvertures, brides, robes de bisons et d'ours gris qui les recouvraient. Quelques-uns, en petit nombre, possédaient des selles; mais Séguin nous dit que, dans leurs expéditions, les Indiens se servaient peu de cet attirail.

Chacun d'entre eux, ayant planté sa lance dans le sol,

y attacha son bouclier, son arc, son carquois, et les recouvrit des pelleteries qui lui appartenaient. C'est là-dessus qu'il devait s'étendre pour se reposer.

Ces lances, alignées sur la plaine, formaient une bandière de plusieurs centaines de mètres ; si bien qu'on eût pu croire que ces sauvages connaissaient la façon de camper des chasseurs de Vincennes français.

Leur troupe se divisait en deux parties : les Apaches et les Navajoes. Ces derniers, moins nombreux, se tenaient à une grande distance de nous.

Ils coupèrent du bois à coups de tomahawks, au pied de la montagne, et nous les vîmes retourner vers la plaine, y empiler ces branches et y mettre le feu.

Un grand nombre de fagots brûlèrent instantanément, et les sauvages s'assirent tout autour. Nous pouvions voir distinctement les peintures dont ils avaient orné leurs visages et leurs poitrines, peintures rouges et noires. On eût dit que tous étaient barbouillés de sang et de suie. L'un des côtés de leur visage était vermillon, l'autre entièrement sombre. Ceux-ci avaient moucheté leur corps, comme le poil de leurs chiens, ceux-là s'étaient rayés et zébrés. Certains s'étaient fait dessiner des figures d'animaux sur le ventre et sur le dos : loups, coyotes, panthères, ours, bisons, et autres bêtes plus hideuses les unes que les autres, et la flamme prêtait à ces figures une teinte satanique. D'autres portaient à ces mêmes places une main sanglante peinte avec soin, les doigts écartés, ou bien une tête de mort et des os en sautoir. C'étaient là les armes parlantes de ces Peaux-Rouges. La vanité dans le désert ! L'orgueil chez les sauvages comme chez les civilisés !

Nous vîmes même des casques brillants de cuivre et d'acier, surmontés de plumes de nandous, et nous nous demandâmes où ils avaient pu se procurer ces couvre-chefs militaires.

Séguin nous fit comprendre qu'ils les avaient pris aux cuirassiers de Chihuahua, malheureux soldats, massacrés sans doute par les lanciers du Far-West dans une rencontre désastreuse.

Nous vîmes les tranches de viande sanglante crépiter et cuire sur les charbons, auxquels les sauvages les présentaient.

D'autres Indiens s'amusaient à faire griller des pommes de pins dans les cendres rouges. D'autres encore allumaient leurs pipes et lançaient dans l'espace des nuages de fumée.

Tous gesticulaient, en se racontant leurs sanglantes aventures. Ils criaient, ils vociféraient, ils riaient, comme de vrais saltimbanques, à l'encontre de la façon d'agir des Indiens qui vivent dans les bois.

Pendant deux heures, nous suivîmes tous leurs mouvements, écoutant avec un sentiment de curiosité ce qu'ils disaient, quoiqu'il nous fût impossible d'y rien comprendre. Enfin, ils désignèrent les hommes qui devaient veiller aux soins de la *caballada*, et nous vîmes ces sauvages s'étendre, les uns après les autres, sur leurs peaux de bêtes ou sur leurs couvertures, et se livrer au sommeil.

Les feux s'éteignirent peu à peu ; mais la lune brillait toujours, et nous distinguions parfaitement les Peaux-Rouges, couchés et immobiles. Des formes blanches se mouvaient au milieu d'eux : c'étaient des chiens, cherchant les débris du souper de leurs maîtres. Ils couraient de ci de là, grognant les uns contre les autres, et aboyant aux coyotes, qui pullulaient aux abords du campement.

Un peu plus loin, sur l'herbe de la prairie, les chevaux, toujours éveillés, frappaient le sol de leurs sabots, en dévorant à belles dents l'herbe de la prairie.

A des distances plus ou moins régulières, on apercevait des hommes debout, marchant de long en large. C'étaient les sentinelles qui veillaient au bon ordre de la *caballada*.

XVII.

TROIS JOURS DE CAPTIVITÉ.

Il nous fallut songer alors à notre propre situation. Nous courions en effet des dangers nouveaux, et nous nous demandions ce que nous allions faire, si les Indiens restaient là pour chasser.

— Cette supposition n'est pas impossible, ajouta Séguin à voix basse. Il me paraît certain qu'ils n'ont pas encore fait leur provision de viande, et vous comprenez qu'il leur en faut pour s'aventurer vers le sud. Ils vont donc chasser ici ou un peu plus loin; mais cet endroit est favorable à leurs projets.

— Dans ce cas, nous sommes dans de jolis draps, répliqua un chasseur, qui montrait à la fois l'entrée de la gorge où se trouvaient nos chevaux et le rocher sur lequel nous nous trouvions cachés. Comment allons-nous sortir d'ici?

En effet, si nous regardions du côté de l'endroit indiqué par notre camarade, nous avions l'ouverture du ravin, et, à moins de cent mètres de là, les premiers feux du camp des Indiens.

Une sentinelle peau-rouge se tenait à cet endroit-là, et, en supposant que nous eussions pu tromper sa vigilance, il nous eût été bien difficile de déjouer l'instinct des chiens qui rôdaient dans le camp.

Derrière notre poste d'observation, le mont Pinon se dressait perpendiculairement comme une muraille inaccessible. Nous étions pris comme des rats dans une souricière.

— Carraï! s'écria l'un des hommes de notre troupe, si les Indiens s'arrêtent ici pour chasser, nous allons périr de faim et de soif.

— Nous courons un péril bien plus grand encore, s'il prend à ces démons la fantaisie de pénétrer dans le défilé où nous nous cachons.

Cette hypothèse pouvait se réaliser; cependant, le défilé où nous étions acculés était un simple cul-de-sac, sans la moindre issue. Le cas seul où ils seraient venus chercher des pommes de pins pouvait leur donner l'idée de se rendre près de notre cachette. Restait le danger de la venue des chiens, qui, attirés par l'odeur des chevaux, seraient venus rôder dans cet endroit.

Hélas! ces probabilités nous donnaient le frisson.

— Si ces damnés Peaux-Rouges ne nous découvrent pas, nous pouvons demeurer ici, au risque de ne vivre que de pignons. Nous avons la possibilité de tuer un de nos chevaux, afin d'en dévorer la viande. Avons-nous encore de l'eau? ajouta Séguin.

— Nos outres sont presque pleines, capitaine, répondit un de nos camarades, c'est de la chance.

— Mais cela ne suffira pas pour abreuver nos pauvres bêtes, fit El Sol. Dans tous les cas, nous avons des cactus, dit-il en frappant du talon sur une énorme plante qui poussait dans les interstices du rocher. Et il y a des centaines de plantes de la même espèce autour de nous.

Nous connaissions tous l'emploi de ces herbes pleines d'eau, et nous pouvions bénir la Providence de cette ressource inappréciable.

— Allons ! camarades, fit Séguin, nous n'avons nul besoin de nous désoler. Libre à ceux qui voudront dormir de le faire. L'un de nous veillera en bas, tandis qu'un autre en fera autant ici. C'est vous, Sanchez, qui irez là-bas, ajouta le chef, en montrant le ravin.

Le chasseur désigné s'achemina en silence vers le lieu indiqué. Nous allâmes tous avec lui surveiller nos chevaux et leur donner leur provende; cela fait, nous remontâmes sur le rocher, où nous nous roulâmes dans nos couvertures, afin de reposer pendant la nuit.

. . . .

A peine les premières lueurs du matin parurent-elles à l'horizon, que nous allâmes voir, à travers les feuilles, ce qui se passait dans le camp des Peaux-Rouges. Tout y était fort tranquille. C'était un mauvais signe ; car, s'ils avaient eu l'intention de continuer leur route, ils eussent été debout avant l'aube. Nos alarmes redoublèrent.

Une sorte de brouillard gris s'était répandu sur la prairie, et une bande blanche bordait l'horizon. Un bruit s'éleva du milieu du camp indien, et des voix s'y joignirent. Des formes noires se promenaient entre les piques plantées dans le sol ; c'étaient des sauvages qui erraient dans le camp. Tous avaient sur leurs épaules des peaux de différents animaux, pour se préserver de l'air froid du matin, et ils apportaient des fagots pour en faire du feu.

Mes camarades se parlèrent à voix basse, étendus sur le sol, et suivant des yeux tout ce mouvement, nouveau pour nous.

— Il est évident que leur intention est de séjourner ici.

— Parbleu ! cela se voit. Qui sait combien de temps ils vont rester plantés là ?

— Trois jours au moins ; de quatre à cinq peut-être.

— Les gredins ! Nous serons morts d'ici-là.

— Que feraient-ils ici, pendant tout ce temps-là ?

Moi, je suis d'avis qu'ils vont déguerpir le plus tôt possible.

— Je le crois aussi ; mais il leur faut bien trois jours pour achever leurs préparatifs.

— Un seul jour leur suffira pour faire leur provision de viande. Il y a de nombreux bisons dans la plaine, ajouta l'interlocuteur, en désignant l'horizon où l'on voyait des points noirs à profusion. Voyez là-bas! là-bas! Ce sont des troupeaux de bisons, assurément.

— Vous avez raison. Une demi-journée de chasse, et leur provision sera faite; mais ils auront besoin de plus de trois jours pour sécher leur *tasajo*.

— Oui! oui! C'est vrai, trois jours au moins, firent les Mexicains.

— A la condition que le soleil se montre, mes amis.

Cette conversation entre quelques-uns de mes camarades avait été tenue à la portée des oreilles de nous tous; et ces paroles me révélaient une nouvelle face de la question, à laquelle nous n'avions pas encore songé. En effet, si les Peaux-Rouges restaient là pour boucaner leurs viandes, nous courions grand risque, ou de périr de soif, ou d'être découverts dans notre cachette. Nous n'ignorions pas que le procédé de séchage de la chair, à la mexicaine ou à la peau-rouge, exige au moins trois journées d'un soleil torride. Or, en ajoutant à ces trois journées la première, destinée à la chasse, cela faisait deux fois quarante-huit heures bien comptées.

Cette perspective était terrifiante, et nous éprouvions déjà, sinon les horreurs de la faim, du moins celles de la soif. Nous avions nos chevaux qui nous donneraient à manger; mais les cactus suffiraient-ils pour apaiser les tortures de la soif? C'était là une question à laquelle nul ne pouvait répondre. Le cactus a souvent désaltéré un pauvre chasseur égaré dans le désert; mais pendant plusieurs jours, la chose était impossible.

L'épreuve commença bientôt. Le jour étant venu, les Indiens se levèrent. La moitié d'entre eux allèrent chercher leurs chevaux, et, les détachant de leurs piquets, les conduisirent à l'abreuvoir. Cela fait, ils ajustèrent leurs brides, reprirent leurs lances, leurs carquois, leurs arcs, et s'élancèrent sur le dos de leurs chevaux.

Après s'être consultés pendant un certain temps, ces chasseurs se précipitèrent dans la direction de l'est. Une demi-heure après, nous les vîmes poursuivre des bisons dans la plaine, percer ces animaux de leurs lances et de leurs flèches.

Quant aux Apaches et aux Navajoes, ils avaient conduit leurs montures à la source et les avaient ramenées au pâturage. Cela fait, ils abattirent de jeunes arbres, pour en faire des perches, et nous les vîmes planter ces grandes gaules dans la terre et accrocher à chacune d'elles des cordes dans un but que nous ignorions d'abord, mais que nous ne tardâmes pas à connaître.

— Eh! eh! murmura un de nos camarades, qui remarqua le premier ce travail. Voilà les cordes à sécher la viande. C'est dit! nous sommes prisonniers pour tout de bon.

— Par tous les saints, c'est vrai.

— *Caramba! Chingaro!* dit en pestant un Mexicain qui voyait bien dans quel but les Peaux-Rouges faisaient tous ces préparatifs.

Il était évident que les Apaches et les Navajoes devaient séjourner en cet endroit pendant quelques jours. Ceux qui avaient ainsi préparé les perches attendaient le retour des chasseurs de bisons, et quelques-uns, plus impatients que les autres, montèrent à cheval, pour aller prendre part à la chasse.

Nous regardions avec précaution à travers notre abri de feuillage; car il faisait grand jour, et nos ennemis, aux yeux perçants, eussent pu nous apercevoir. Nos voix murmuraient à peine aux oreilles les uns des autres quelques paroles concises : on eût pu croire que nous avions peur d'être entendus.

Les chasseurs de bisons étaient à peine restés deux

heures hors du camp. Nous les vîmes bientôt revenir par groupes séparés, avançant au pas et transportant devant eux une charge assez lourde, composée de chairs fumantes et saignantes. Les petits morceaux étaient enroulés dans les peaux des animaux mis à mort.

Arrivés au camp, ils jetèrent leurs fardeaux sur le sol.

Alors commença une scène de bruit et de confusion. Les sauvages couraient de ci de là, criant, parlant, riant et dansant. A l'aide de leurs coutelas à scalper, ils coupaient d'énormes tranches de viande qu'ils plaçaient sur la braise incandescente. Ils mettaient de côté la graisse et les bosses des bisons, et ils préparaient des espèces de saucissons avec les boyaux nettoyés à grande eau. Quant au foie, ils le dévoraient cru, coupé en tranches minces. Les os, cassés à l'aide des tomahawks, leur fournissaient une moelle appétissante; et tout en vaquant à ces apprêts culinaires, ces démons à face humaine redoublaient de cris, de hurlements et de rires sataniques. On les aurait pris pour des fous furieux.

Cette scène se prolongea pendant une heure.

Une nouvelle troupe de chasseurs se mit alors en campagne. Ceux qui restaient au camp coupaient la chair des animaux en minces lanières, qu'ils suspendaient au-dessus des cordes attachées aux perches, et c'est ainsi qu'au moyen de la chaleur du soleil ils fabriquaient leur *tasajo*.

Nous comprîmes alors la situation qui nous était faite. Elle nous parut terrifiante. Mais les camarades du vaillant Séguin ne pouvaient pas s'abandonner au désespoir.

— Ne nous tourmentons pas, tant que nous ne sommes pas atteints en plein cœur, fit un de nos camarades.

— Soit! mais nous avons le ventre creux, répliqua un autre, et je dévorerais un âne tout cru sans prendre la peine de l'écorcher.

— Allons! compagnons, ramassons des pignons pour apaiser notre faim dévorante.

Nous allâmes en effet ramasser des pommes de pin ; mais, hélas! ces ressources extrêmes devenaient rares. A peine y avait-il assez de ces fruits sur les arbres pour notre provision de deux jours.

— Morbleu! s'écria l'un de nous, il va falloir attenter à la vie de nos pauvres chevaux.

— Nous attendrons encore un peu pour cela. Nous nous mangerons le poignet auparavant, n'est-ce pas?

On procéda à la distribution de l'eau par petites tasses. Il en restait encore un peu dans les outres, et nos pauvres chevaux souffraient de la soif.

— Allons! camarades, dit alors Séguin, en coupant des branches de cactus, il faut songer à la provende de nos bonnes bêtes.

Nous suivîmes son exemple, en ayant soin de piler ces énormes feuilles et d'en enlever les piquants, avant de les offrir à nos chevaux, qui se régalèrent de leur mieux, car nous leur donnions ainsi à boire et à manger.

Dieu merci! nous pouvions sauver ces excellents animaux, en renouvelant la provision jusqu'à ce qu'ils fussent repus.

Nos sentinelles veillaient toujours, l'une en haut, sur les rochers, l'autre à l'entrée du ravin. Quant à nous autres, nous cherchâmes encore des pommes de pin dans le défilé abrité où croissaient les arbres conifères.

C'est ainsi que s'écoula la première journée de notre blocus sur le mont Pinon.

Dans le camp des Indiens, les chasseurs amoncelaient la viande de bison recueillie par leur habileté à la course contre ces animaux. Autour des feux brillants, les Peaux-Rouges se tenaient, rôtissant et mangeant une part de leur gibier, et faisant sécher le reste. Cette ripaille dura toute la nuit.

Le jour suivant, les Apaches et les Navajoes restèrent jusqu'à une heure très-avancée de la matinée. Ils étaient harassés de fatigue; aussi se contentèrent-ils de surveiller le séchage de leur *tasajo*, d'errer dans le camp, de surveiller leurs chevaux et de fourbir leurs armes. Mais, avant toutes choses, ces démons se gorgeaient de viande.

Les chiens imitaient cet exemple et rongeaient les os qu'on leur jetait en pâture. Ils ne quittaient pas cette curée et se souciaient peu de venir du côté du ravin. Cette pensée nous apportait une certaine consolation.

Le soleil qui brilla pendant cette seconde journée était très-chaud et nous fit quelque peu souffrir. Nous avions grand'soif, mais nous prenions courage, en nous disant que cette chaleur hâterait le départ de nos ennemis. Vers le soir de cette journée torréfiante, le *tasajo* nous parut devenir noir et racorni. Encore une journée comme celle-là, pensions-nous, et la provision de ces fils du diable sera sèche et bonne à empaqueter.

L'eau nous manquant, nous fûmes réduits à sucer des feuilles de cactus, dont l'humidité trompait notre soif, sans pourtant l'apaiser D'autre part, notre faim augmentait sans cesse, et nous avions dévoré tous les pignons. Il fallait recourir à la chair de l'un de nos chevaux.

— Attendons à demain, dit Garcy. Laissons encore une chance à ces pauvres bêtes. Qui peut dire ce qui nous arrivera demain matin ?

Cette proposition fut momentanément acceptée. Il n'y a pas de chasseur qui consente à sacrifier son cheval, à moins d'y être forcé, surtout quand il traverse les prairies.

Nous attendîmes donc patiemment, malgré les tortures de la faim, l'avénement du troisième jour.

Enfin, le soleil parut, et nous nous hissâmes sur le rocher, afin de surveiller ce qui allait se passer dans le camp ennemi. Les sauvages restèrent encore endormis assez tard, comme ils l'avaient fait la veille. Enfin, cependant, ils se levèrent, et, après avoir abreuvé leurs animaux, ils procédèrent à la cuisson de leur repas.

Nous voyions, du haut de notre observatoire, les *steacks* de viande grésiller sur le feu, et les émanations appétissantes de ce déjeuner venaient frapper les parois de nos nez irrités. Notre appétit était surexcité au suprême degré; c'en était fait : un de nos chevaux était voué à la mort. Mais lequel allions-nous sacrifier? Il fallait tirer au sort, comme tel est l'usage des pionniers des déserts américains.

Nous choisîmes par terre onze pierres blanches et une noire, que l'on jeta au fond d'une écuelle vide, et, l'un après l'autre, les yeux bandés, « nous puisâmes » notre chance dans ce récipient.

J'avoue que ma main tremblait au moment où elle touchait le fond de l'écuelle. Il me semblait qu'il s'agissait de ma vie plutôt que de celle de mon cheval.

Dieu merci! *Moro* échappa à la fatale destinée réservée à un autre.

Un Mexicain avait tiré la pierre noire.

— Nous avons de la chance, murmura un chasseur de chevelures, mieux vaut un mustang bien gras qu'un pauvre cheval, même qu'un bœuf en mauvais état.

L'animal destiné au sacrifice était réellement une bête superbe, en des conditions excellentes. Après avoir placé nos vedettes, nous nous rendîmes à la ravine pour le mettre à mort. Nous avancions avec les plus grandes précautions, et nous l'attachâmes à un arbre. Cela fait, nous liâmes ses jambes de derrière avec une courroie solide, afin de l'empêcher de se débattre. Notre projet était de le saigner à blanc.

Le cibolero avait dégaîné son grand coutelas, et un de nos camarades s'était emparé d'un seau afin de recueillir ce sang précieux. Quelques-uns, parmi nous, tenaient leurs gobelets et s'apprêtaient à boire cet horrible liquide.

Tout à coup, un bruit imprévu se fit entendre. Nous jetâmes les yeux sur le taillis et nous vîmes un gros animal, à robe grise, qui se montrait sur la lisière, d'où il examinait nos mouvements. Etait-ce un loup ? Non ! Nous avions là un des chiens des Navajoes.

Chacun de nous avait tiré son coutelas, et nous allâmes près de l'animal en essayant de le surprendre. Ce fut inutile. Devinait-il le sort qu'on lui réservait ? C'était probable ; car il se mit à aboyer, et se sauva vers l'ouverture de la fissure.

Nous le suivions des yeux. Le maître du cheval voué à la mort se tenait en sentinelle à l'entrée de la fente du rocher, lance en main.

Le chien devait passer près de lui ; mais, en le voyant, il revint vers l'ouverture parfaitement gardée, en faisant un effort désespéré pour franchir le passage. Au même moment, il fut percé de part en part, et il poussa un hurlement épouvantable.

Quelques-uns de nos camarades s'élancèrent vers la cime des rochers, afin de voir si ces aboiements avaient attiré l'attention des Indiens. Aucun mouvement inusité ne s'était manifesté parmi eux : ils n'avaient rien entendu.

Nous dépeçâmes le chien et nous dévorâmes ses chairs encore palpitantes. Le cheval était sauvé.

Nous allâmes ensuite couper une nouvelle provision de feuilles de cactus, pour les donner à manger à nos montures, et cette occupation nous retint plus que nous ne le pensions dans la gorge du Pinon. Lorsque nous revînmes à notre poste d'observation, un spectacle des plus réjouissants nous surprit tous. C'était à ne pas y croire. Les guerriers, assis près de leurs feux, rajustaient leur toilette de guerre et se repeignaient le corps avec soin. Nous devinâmes aussitôt ce dont il s'agissait.

Le *tasajo* était devenu presque noir, grâce à l'ardeur du soleil, et bon à être empaqueté.

Plusieurs Indiens enduisaient de poison les pointes de leurs flèches. Il était évident que les Apaches et les Navajoes allaient se remettre en route, sinon le soir même, du moins dès le lendemain, au point du jour.

Nous nous étendîmes à plat ventre sur le rocher, afin de mieux suivre les mouvements de nos ennemis. Le soir venu, nos espérances augmentèrent encore. Un mouvement imprévu se fit aussitôt, à la suite de quelques ordres donnés par les chefs indiens.

— Regardez! firent à la fois plusieurs de nos camarades.

— Ces sauvages, que Pluton emporte, vont s'en aller à la brune.

En effet, les Peaux-Rouges faisaient leurs paquets de *tasajo* et préparaient leurs chevaux. Ils retirèrent les piquets, conduisirent leurs montures à l'abreuvoir, puis ils bridèrent les animaux et roulèrent les pelleteries, qu'ils placèrent sur le dos des mustangs en guise de selle.

Nous vîmes les guerriers ramasser leurs lances, passer leurs carquois sur leurs épaules, reprendre en main leurs boucliers, leurs javelots, et sauter sur la croupe des chevaux. Ils se formèrent aussitôt en file et reprirent le sentier de la guerre dans la direction du sud.

La troupe la plus nombreuse, celle des Apaches, prit les devants; l'autre, inférieure en nombre, celle des Navajoes, fermait la marche. Mais, au lieu de continuer dans la même direction, nous les vîmes se diriger vers la gauche, traverser la prairie du côté de l'est, vers la source de l'*OEil de la Vache*.

Que signifiait cette direction?

Nous nous le demandâmes, sans pouvoir résoudre la question.

Notre premier mouvement fut de nous précipiter au bas de la ravine pour étancher notre soif et rassasier notre faim, avec les os dépouillés de chair qui gisaient épars dans la prairie. Mais la prudence nous conseillait d'agir avec précaution.

— Il faut attendre que ces maudits chiens aient disparu tout à fait, conseilla Garcy. D'ici à un quart d'heure, ils seront hors de vue.

— Tu as raison, l'ami, ajouta un autre camarade. Qui peut dire qu'ils n'aient rien oublié, et que, dans ce cas, un ou plusieurs d'entre eux ne reviennent sur leurs pas?

C'était chose possible; et quelles que fussent nos souffrances, nous convînmes d'attendre encore un peu au fond de la ravine, où nous allâmes faire nos préparatifs de départ. Nous commençâmes par débarrasser nos chevaux de la couverture qui les aveuglait, et nous les sellâmes. Ces bonnes bêtes comprirent évidemment que nous allions les délivrer.

Tandis que nous procédions à ces arrangements, notre sentinelle était remontée vers la cime du rocher, afin de voir ce qui se passait, et nous faire savoir que les deux troupes avaient disparu à l'horizon de la prairie.

— Je me demande pour quelle raison les Navajoes se rendent dans la direction de l'*OEil de la Vache*, dit Séguin, qui éprouvait une certaine anxiété. Il est heureux que nos amis ne soient pas restés en cet endroit.

— M'est avis que les camarades ne doivent pas savoir ce qui nous retient ici, continua Garcy, mais j'espère qu'ils auront trouvé de nombreux bisons dans le territoire des Mesquites.

— *Vagal!* ajouta Sanchez. Ils auront à remercier la Vierge sainte de ne pas être venus avec nous. Je suis réduit à l'état de squelette.

Nous avions bridé et sellé nos chevaux; nos lassos étaient enroulés et suspendus à nos selles; cependant la sentinelle ne nous donnait encore aucun signal. Il va sans dire que nous brûlions d'impatience.

— Venez! venez! s'écria l'un de nous. Les Peaux-Rouges sont assez éloignés. Ils ne vont pas retourner sur leurs pas. C'est bien vu. D'ailleurs le butin n'est pas de ce côté-ci.

Nous ne pouvions plus résister à cet appel, et nous hélâmes notre sentinelle. Cet homme répondit qu'il ne voyait plus que les têtes des sauvages dans le lointain.

— Tout va bien! amis; venez et emmenez vos chevaux.

Nous obéîmes à cette injonction, en nous acheminant en toute hâte vers l'orifice du défilé. Le domestique de Séguin — un jeune homme — avait passé le premier, dans son impatience d'arriver à la source. Tout à coup nous le vîmes reculer vivement, l'air effaré, retirant son cheval, et murmurant d'une voix contenue :

— Maître, ils sont encore là.

— Qui cela? demanda Séguin, qui s'était porté en avant.

— Les Indiens, mon maître, les Indiens.

— Mais tu es fou! Où les as-tu vus?

— Dans le camp, mon maître! Regardez là-bas.

Je suivis Séguin sur les rochers qui formaient fissure à l'entrée du ravin, et nous jetâmes les yeux avec précaution sur la plaine. Un spectacle étrange s'offrit à nos yeux.

Le camp des Apaches et des Navajoes était dans le même état où ces sauvages l'avaient laissé. Les perches étaient encore debout; les peaux velues des bisons, les ossements de ces animaux restaient éparpillés sur le sol. Des centaines de coyotes rôdaient de toutes parts, grondant l'un après l'autre, ou poursuivant l'un d'eux qui avait eu la bonne chance de trouver un os ou un lambeau de chair meilleur que les autres. Les feux brûlaient encore, et les coyotes, galopant à travers ces foyers, soulevaient les cendres qui formaient en voltigeant des nuages épais.

Mais un spectacle plus étrange nous frappa de terreur. Cinq ou six formes humaines se mouvaient près d'un grand feu et ramassaient les os et les débris qu'ils disputaient aux coyotes. Cinq ou six autres, de forme similaire, s'étaient assis devant un brasier incandescent et rongeaient des côtelettes, auxquelles des lambeaux de chair étaient encore appendus.

Je restai pendant un moment stupéfait, et je contemplai avec terreur ces êtres rabougris, ratatinés, dont les bras rappelaient ceux des singes, dont les têtes me semblaient disproportionnées, et qui portaient une chevelure inculte et malpropre, pareille à la toison foulée des ours grizlys.

Un ou deux à peine étaient recouverts d'un lambeau d'étoffe. Les autres étaient nus, de la tête aux pieds, comme les animaux qui erraient au milieu d'eux.

Ce spectacle était répugnant à voir, et je restai quelques instants silencieux. A la fin je demandai à Séguin quels étaient ces malheureux.

— Ce sont des Yampericos, répondit-il.

— Qu'est-ce que cela?

— Les Indiens fouilleurs, répliqua un chasseur, qui crut se mieux faire comprendre de moi.

— Oui, ajouta Séguin. Nous n'avons rien à redouter de ces misérables spécimens de l'humanité. Avançons!

— Au contraire, nous avons tout à gagner en allant à leur rencontre. La peau du crâne d'un de ces coquins vaut celle d'un chef apache.

— Je vous défends de faire feu! s'écria Séguin d'une voix ferme. D'ailleurs, il est trop tôt. Regardez là-bas.

Il nous montra du doigt les casques brillants des Navajoes et des Apaches, que l'on apercevait encore à l'horizon.

— Mais alors, comment nous emparerons-nous de ces misérables, capitaine? demanda un des chasseurs. Ils vont se sauver dans les rochers, car ils courent plus vite que des chiens.

— Soit! laissez-les faire! Ce sont de pauvres diables, ajouta Séguin, qui paraissait désirer qu'on ne répandît pas inutilement du sang humain.

— C'est convenu. On ne brûlera pas un grain de poudre; mais nous allons chercher à les attraper. Venez, camarades, suivez-moi par ici.

L'homme qui avait ainsi parlé dirigeait déjà son cheval

à travers les rochers de la montagne, de manière à passer inaperçu entre le taillis et les Yampericos.

Mais ce brutal camarade fut trompé dans ses projets. El Sol et sa sœur s'étant montrés devant l'orifice du défilé, dans leur brillant costume, les Indiens fouilleurs les aperçurent aussitôt.

Semblables à des cerfs effarouchés, ils tressautèrent, se levèrent avec rapidité, et se mirent à courir ou plutôt à voler vers la base de la montagne Pinon. Les chasseurs se lancèrent au galop pour les surprendre au passage; mais les Yampericos, plus agiles, se jetèrent dans le bois, se glissèrent sous les rochers, et nous les vîmes bientôt gravir les pierres amoncelées, semblables à des chamois, puis enfin disparaître vers les cimes du Pinon.

Seul, parmi les chasseurs, Sanchez avait réussi à faire une capture. Un des fugitifs se glissait le long d'une sorte de corniche lorsqu'il fut saisi par le lasso de notre camarade. Il perdit pied et retomba sur les pierres éparses au-dessous du rocher.

Je m'élançai pour voir cet infortuné. Il était mort, écrasé dans sa chute. Son cadavre n'offrait plus qu'une masse informe d'un aspect repoussant, hideux à contempler.

Le chasseur sans pitié ne fut point retenu par ce spectacle. Il s'accroupit sur ce corps sanglant, trancha la peau du crâne ruisselant de sang, et arracha la chevelure, qu'il déposa brusquement dans la poche de ses *calzonaras*.

XVIII.

DACOMA.

Sans nous arrêter davantage à contempler cet affreux tableau, nous nous avançâmes rapidement vers la source, afin de donner à boire à nos chevaux altérés. Nous n'avions pas la moindre crainte de les voir prendre la fuite.

Nous-mêmes nous éprouvions une soif sans pareille, et, nous glissant sous bois, le plus près possible de la source, nous remplîmes nos gobelets à diverses reprises, sans parvenir à nous désaltérer. Mais un autre besoin aussi impérieux que le premier se fit sentir aussitôt. Nous nous dirigeâmes en courant vers l'emplacement du camp, à la recherche des débris qui pourraient satisfaire notre cruelle faim. Il nous fallut d'abord éloigner, à coups de pierre et à grands cris, les loups et les coyotes, qui s'enfuirent alors de tous les côtés.

Au moment où nous nous apprêtions à ramasser ces restes couverts de poussière, l'un des chasseurs poussa un cri étrange, qui nous fit dresser les oreilles.

— *Demonio! amigos! mira el arco.*

Et le Mexicain qui avait poussé ce cri désignait un objet qui était par terre à ses pieds.

— Regardez, ajouta-t-il, c'est un arc blanc.

— Un arc blanc! morbleu! s'écria Garcy.

— Un arc blanc! ajoutèrent les autres, qui paraissaient terrifiés.

— Oui! c'est celui d'un grand chef, j'en suis convaincu, riposta Garcy.

— J'en suis sûr comme toi, l'ami, fit un autre, et celui à qui cet arc appartient va vite revenir le chercher. Saints des saints! voyez là-bas! il revient.

Nos yeux s'étaient dirigés du côté de la prairie, dans la direction de l'est, que nous avait indiqué notre camarade. Nous aperçûmes une sorte d'étoile brillante qui se ruait de notre côté, et nous comprîmes que c'était le casque d'un Navajoe ou d'un Apache, brillant aux rayons du soleil. Celui qui le portait s'avançait de notre côté, à bride abattue.

— Aux taillis! aux taillis! camarades, vociféra Séguin. Jetez l'arc à la place où il était et montez à cheval! Vite, hâtez-vous!

Nous obéîmes à ces ordres, et, nous emparant des brides, nous conduisîmes en courant nos bêtes vers le fourré situé au pied de la montagne. Nous étions enfin à couvert.

— Faut-il faire feu sur lui quand il arrivera? demanda l'un de nous.

— Non.

— Nous nous en emparerons quand il se baissera pour prendre son arc.

— N'en faites rien, sur vos vies.

— Pourquoi cela, capitaine?

— Il faut qu'il reprenne son arc et qu'il s'éloigne, répéta Séguin.

— Mais enfin, capitaine....

— Fous que vous êtes! n'avez-vous pas compris que toute sa tribu reviendrait et que c'en serait fait de nous? Le surprendre, s'en emparer, ce serait de la démence. Il lui sera impossible d'apercevoir les pas de nos chevaux, car ils sont déferrés. Or, qu'il s'en aille comme il est venu. Je vous affirme que c'est le meilleur plan.

— Mais, capitaine, s'il aperçoit ce qui se trouve là?

Le chasseur de chevelures montrait le cadavre du Yamperico gisant au pied de la montagne.

— C'est vrai! riposta Séguin en pâlissant.

Ces restes inanimés devaient infailliblement attirer l'attention du guerrier, arrivant en cet endroit du côté de la plaine. Déjà plusieurs coyotes s'étaient rués sur ces débris humains, prêts à se jeter dessus.

— Il se peut, en effet, qu'il voie ce cadavre, fit Séguin. Dans ce cas, nous le prendrons mort ou vif, par la lance ou le lasso; mais que nul de vous ne tire un coup de feu. Les Indiens de là-bas pourraient entendre la répercussion, et, avant une heure, ils tomberaient sur nous. Allons! que ceux qui ont des lances et des lassos se tiennent prêts!

— Quand faudra-t-il se jeter sur lui, capitaine?

— Je vous donnerai le signal. Peut-être descendra-t-il de sa monture pour ramasser son arc, ou bien ira-t-il à la source afin de faire boire son cheval. Dans tous les cas, nous nous précipiterons sur lui. S'il aperçoit le cadavre du Yamperico fouilleur, il voudra sans doute le voir de plus près; alors rien ne sera plus facile que de nous emparer de sa personne. Seulement, soyez patients! Je vous donnerai le signal, comme c'est convenu.

Tandis que les chasseurs de chevelures causaient ainsi entre eux, le chef Navajoe arrivait sur nous au galop. Il parvint même à environ trois cents mètres de l'endroit où nous étions cachés, près de la source. Il pressa de nouveau son allure, et nous ne perdions de vue ni l'homme, ni le cheval.

C'était un très-beau spectacle que celui-là. La monture de l'Indien, un mustang noir comme l'ébène, aux yeux flamboyants, aux naseaux rouges et grands ouverts, écumait et ruisselait, épuisée par la rapidité de sa course.

Le cavalier, la poitrine entièrement nue, sauf quelques ornements qui entouraient son cou et ses épaules, portait un casque brillant surmonté d'une plume de nandou ; et une sorte de jupon court, de couleur rouge, couvert de broderies, couvrait ses hanches et ses cuisses. Ses jambes étaient nues, et il portait aux pieds des mocassins formant bottines sur la cheville.

A l'encontre des usages apaches, cet homme ne s'était pas peint le corps ; la teinte rouge de sa peau brillait seule, comme s'il se fût enduit d'un corps gras.

Son aspect guerrier, plein de noblesse, ses yeux fiers et scintillants, sa longue chevelure, flottant sur ses épaules et allant se mêler à la crinière de son cheval, tout attirait l'attention sur cet Indien robuste. Il était assis sur une selle à l'espagnole, tenant sa lance à l'étrier, et la laissant se balancer à son bras droit. De son bras gauche il tenait un bouclier blanc, et sur son épaule se déployait un carquois rempli de flèches empennées.

Le cavalier et le cheval offraient un coup d'œil splendide à mesure qu'ils s'avançaient sur le gazon de la prairie. Ils représentaient un tableau d'Homère plutôt qu'une peinture de mœurs sauvages.

— Ah ! s'écria l'un des chasseurs, comme il brille ! Regardez son casque ; on s'y verrait comme dans un miroir.

— C'est vrai, répliqua Garcy. Il faut rendre grâces à ce morceau de cuivre. Nous serions à cette heure dans de très-mauvais draps, si nous ne l'avions pas vu de loin. Mais je reconnais l'homme, continua le chasseur, en paraissant s'étonner de ce qu'il voyait : c'est Dacoma, morbleu ! le second chef des Navajoes.

Je me retournai, afin de me rendre compte de l'effet que ce nom allait produire sur Séguin.

El sol se penchait à ce moment à son oreille, lui adressant la parole dans une langue inconnue et gesticulant avec énergie. Je n'entendis que le nom de

Dacoma; mais je devinai, à l'expression des yeux du chef des chasseurs, qu'une haine implacable remplissait son cœur.

— C'est dit, s'écria Séguin, qui parut acquiescer au désir de son interlocuteur; l'occasion est belle; nous ne la laisserons point échapper, qu'il nous voie ou ne nous voie pas! Mais surtout, pas de détonation de fusil : sa tribu n'est pas à dix milles d'ici. Elle est à peine parvenue de l'autre côté de la montagne. Nous allons facilement l'entourer. Si nous ne réussissons pas de cette façon, je me charge de lui; s'il m'échappe, voici un cheval qui saura bien le rattraper.

Séguin, en prononçant ces derniers mots, avait désigné *Moro*.

— Silence! dit-il encore. Chut! chut!

Chacun se tut, comme s'il était mort. Nous pressions nos chevaux entre nos genoux, afin de leur commander l'immobilité.

Le Navajoe était parvenu aux abords du campement abandonné et il galopait sur la bordure, en écartant les coyotes qui prenaient la fuite. Penché de côté, il regardait le sol. Lorsqu'il parvint en face de notre embuscade, il découvrit l'arc qu'il venait chercher, et dégagea son pied de l'étrier. Nous l'aperçûmes dirigeant sa monture de façon à passer près de l'objet qu'il voulait prendre. Sans retenir les rênes, sans ralentir son allure, il se baissa jusqu'à ce que les plumes de son casque touchassent le sol, et ramassa son arc.

Cela fait, il se remit en selle.

Un murmure d'admiration se fit entendre au milieu de nous tous.

— Quelle adresse! s'écria le toréador.

— Je me ferais un scrupule de tuer cet homme, murmura un chasseur.

Après quelques sauts opérés par son cheval, l'Indien tourna rapidement sur lui-même. Il allait se lancer au galop, quand ses regards tombèrent sur le cadavre étendu le long du rocher.

Il retira les rênes à lui, et le cheval fit un bond qui le ramena au repos. Le Peau-Rouge examina avec surprise les restes ensanglantés du Yamperico.

— Quelle voltige ! s'écria de nouveau le toréador, c'est admirable !

C'était, en effet, un des plus beaux tableaux qu'on pût voir. Le cheval, la queue flottant au vent, la crinière hérissée, les naseaux fumants, frémissait sous l'effort de son habile dompteur. Celui-ci, coiffé d'un casque étincelant et richement empanaché, la poitrine bronzée, le corps assis avec grâce sur sa selle mexicaine, semblait être le modèle d'une magnifique statue.

Tous nous admirions ce spectacle, et aucun de nous, sauf un, n'eût voulu jeter à terre un être si noble et si beau, véritable type de la perfection humaine.

L'homme et le cheval demeurèrent dans cette attitude pendant quelques instants. Tout à coup l'expression du visage du Peau-Rouge changea ; ses yeux exprimèrent une certaine appréhension, en se dirigeant vers les bords de la source que les pas de nos chevaux venaient de rendre bourbeuse.

Il avait deviné notre présence, et, faisant volte-face, il lança son cheval sur la prairie.

Notre chef avait donné en même temps le signal de charger. Nous nous jetâmes en avant, sortant du fourré comme un tourbillon. Il nous fallut traverser un petit ruisseau. Séguin avait pris les devants, je vis tout à coup son cheval faire un faux pas et tomber dans l'eau. Tous nos compagnons avaient franchi l'obstacle ; je ne m'arrêtai pas pour regarder en arrière, car je comprenais que la prise de l'Indien était pour nous une question de vie ou de mort. J'enfonçai rapidement mes éperons dans les flancs de mon cheval et je continuai la poursuite.

Pendant un certain temps nous galopâmes en groupe

serré ; mais quand nous parvînmes au milieu de la prairie, l'Indien ne se trouvait plus qu'à quelques mètres devant nous. Nous voyions bien qu'il se maintenait à la même distance sans vouloir la dépasser. Nous avions oublié, en entreprenant cette lutte, la condition fâcheuse dans laquelle se trouvaient nos chevaux, que la diète avait affaiblis, qui n'avaient pas pris d'exercice depuis plusieurs jours, et qui, en outre, venaient de boire avec excès.

Par bonheur la rapidité de la course de *Moro* me permit de prendre la tête. El Sol seul se trouvait devant moi. Je le vis préparer son lasso et le lancer ; mais le nœud revint frapper les flancs de son cheval. Il avait manqué le but.

Au moment où je le dépassai, il rassemblait sa corde, et je pus lire sur son visage le désappointement qu'il avait éprouvé en ne réussissant pas.

Mon cheval arabe s'échauffait à la poursuite de l'Indien. Je me vis bientôt loin de mes compagnons, lancé à bride abattue et rejoignant rapidement Dacoma, le chef Navajoe. Chaque saut me rapprochait de lui, et je ne me trouvais plus qu'à quelques longueurs de cheval de celui que je poursuivais.

Je ne savais quel parti prendre. Je tenais ma carabine dans ma main gauche, et rien ne m'eût été plus facile que de tirer sur l'Indien par derrière ; mais je me rappelais les observations de Séguin, et nous étions trop près des Indiens pour les oublier. J'ignorais même si nous n'étions pas rapprochés de la bande dont il faisait partie.

Au moment où je cherchais à part moi quel parti je devais prendre, le chef Navajoe se retourna et vit que j'étais seul. Il saisit sa lance et arriva au galop sur moi. Son cheval obéissait à sa voix et à la pression des genoux, car j'eus à peine le temps de parer avec mon fusil le coup qui allait m'atteindre en pleine poitrine.

Le fer, déviant de la ligne voulue, vint m'atteindre

au bras; je laissai tomber mon arme, et ma bride s'échappa de l'autre main. Une ou deux secondes après, mon ennemi, ayant fait volte-face, me jetait une flèche qui passait entre mes cheveux au-dessus de l'oreille droite. A peine avais-je eu le temps de me remettre, qu'une seconde flèche m'atteignait au bras droit.

Saisi d'une rage folle, je pris un pistolet dans mes fontes et je me disposais à faire feu sur l'Indien, qui s'élançait vers moi, la lance en avant.

Mais, à ce moment suprême, un nœud coulant vint enrouler Dacoma, qui, ainsi happé, se vit dans l'impossibilité de nuire. Sa lance était tombée de ses mains; il resta sans mouvement sur le sol. Son cheval heurta le mien avec une telle violence, que les deux animaux roulèrent sur le gazon; mais je me relevai aussitôt.

Tout ce que je viens de raconter s'était passé avec plus de rapidité que je n'en ai mis à l'écrire.

Lorsque je fus sur pied, je vis El Sol debout près du Navajoe, le coutelas en main, et tenant son ennemi garrotté par le lasso.

— Le cheval! le cheval! emparez-vous de son cheval! nous cria Séguin, en galopant à la poursuite de l'animal.

Tous les chasseurs se précipitèrent sur le mustang, qui, la bride sur le cou, fuyait à travers la prairie.

Quelques instants suffirent pour saisir la bête au moyen d'un lasso. On la conduisit vers l'endroit où j'avais failli périr et où j'aurais été enterré.

J'ai dit que El Sol se tenait près du Peau-Rouge étendu par terre. On pouvait voir sur son visage deux sentiments bien distincts : la haine et l'orgueil du triomphe.

A ce moment, sa sœur arriva près de lui au galop, descendit de sa selle et vint se placer près du chef Coco.

— Tiens! Luna, regarde! voici le meurtrier de notre mère.

La jeune Squaw poussa une exclamation aiguë,

rapide, et, tirant de sa ceinture un coutelas, elle se jeta sur le captif.

— Non! Luna, non! s'écria El Sol en retenant sa sœur. Nous ne sommes pas des assassins, nous. Cette vengeance d'ailleurs ne nous satisferait pas. Dacoma ne doit pas mourir à cette heure. Il faut que nous le conduisions en vie aux Squaws Maricopas. Elles danseront autour du grand chef Navajoe, ce guerrier dont je me suis emparé sans coup férir.

El Sol avait prononcé ces dernières paroles d'un ton de mépris. Un frémissement se produisit immédiatement sur tout le corps du Navajoe.

— Chien de Coco! s'écria-t-il, en faisant un effort involontaire pour se débarrasser de ses liens, toi qui frayes avec des chasseurs au visage pâle. Chien! chien!

— Ah! tu me reconnais, Dacoma. C'est bien!

— Chien! chien! répéta le vaincu en l'interrompant

Ses paroles sifflaient à travers ses lèvres serrées et son regard lançait des éclairs.

— C'est lui! c'est lui! s'écria Rubé, qui arrivait au galop, ce misérable assassin plus cruel qu'un couperet à hacher la viande. Assommez-le! maudit soit-il! Echarpez-le à coups de lassos, car il mérite toutes les morts et tous les supplices de l'enfer.

— Montrez-moi vos blessures, Haller, me dit alors Séguin, qui descendit de cheval et s'approcha de moi avec une certaine inquiétude. Ah! une flèche qui vous a percé le bras. Pourvu qu'elle ne soit pas empoisonnée! Je crains cela! El Sol, venez ici, vite, ami, vite! Dites-moi si ce fer a été trempé dans le poison.

— Il faut d'abord retirer le projectile, répliqua le Maricopa, en venant à nous. Hâtons-nous surtout.

La flèche avait traversé mon bras de part en part, le fer était sorti de la plaie de l'autre côté, si bien que le roseau se tenait debout.

El Sol prit d'une main le bout emplumé, et de l'autre,

armé du fer, rompit le projectile. Cela fait, il retira doucement les deux morceaux.

— Laissez saigner la plaie, fit-il, je vais examiner la pointe. Je ne pense pas que ce soit une flèche de guerre. Mais les Navajoes emploient un poison très-subtil. Qu'importe! je possède les secrets nécessaires pour reconnaître sa présence, et j'ai l'antidote pour guérir les blessures faites par ces redoutables flèches.

Tout en parlant de la sorte, El Sol avait pris dans son sac un peu de coton et il essuya avec soin le sang qui tachait le fer. Il déboucha une petite fiole de pierre rouge et fit couler quelques gouttes du liquide qu'elle contenait sur le métal. Cela fait, il resta silencieux et attentif.

J'attendais ce qu'il allait dire, avec une anxiété poignante. Séguin était lui-même très-inquiet. Je savais qu'il avait souvent été témoin des effets d'une flèche empoisonnée; aussi je me sentais fort mal à l'aise. S'il redoutait un danger, c'est que ce danger existait.

— Monsieur Haller, me dit enfin El Sol, vous avez de la chance, et je vous en félicite. Il n'y a pas à en douter, votre ennemi possède dans son carquois des flèches moins inoffensives que celle-là.

Et, prenant aussitôt un autre projectile du même genre dans le carquois de Dacoma, il fit subir au fer la même expérience.

— Je l'avais deviné, dit-il. Regardez celle-ci : elle est verte comme de la poussière de cuivre. Mais il a tiré deux flèches. Où est l'autre? Mes amis, aidez-moi à la retrouver. Il est important de ne pas laisser un pareil témoin derrière nous.

Plusieurs de nos camarades descendirent de cheval et se mirent à rechercher l'arme, qu'ils découvrirent bientôt sur le sol.

El Sol renouvela l'épreuve. Le fer devint aussi vert que celui qui avait été essayé auparavant.

— Vous pouvez remercier Dieu, monsieur Haller, dit alors le chef Coco, que ce ne soit pas celui-ci qui vous ait percé le bras. Le docteur Reichter et moi, nous aurions eu grand'peine à vous tirer d'affaire. Mais que vois-je ? une autre blessure ! Laissez-moi voir.

— Oh ! je crois que ce n'est qu'une égratignure.

— Nous sommes ici, monsieur Haller, dans un pays dont le climat est dangereux. J'ai vu de pareilles égratignures amener la mort de celui qui les avait reçues. Luna, donne-moi du coton ; je vais panser votre plaie, monsieur, et j'espère que tout ira bien. Je vous dois de grands soins ; car, sans vous, mon ennemi mortel allait m'échapper.

— C'est possible ; mais, sans vous, il m'aurait tué.

— Ma foi ! répliqua le chef Coco, je conviens que vous ne vous en seriez pas tiré à si bon marché. Votre arme vous a trahi. Du reste, je ne crois pas qu'il soit facile de parer un coup de lance avec une crosse de fusil. J'ai bien cru que vous alliez faire feu avec votre pistolet. J'en aurais fait autant, je l'avoue, si j'avais manqué mon coup avec le lasso. Allons ! nous avons eu de la chance, vous et moi. Il vous faudra porter le bras en écharpe, pendant quelques jours. Luna, viens, donne-moi ton grand mouchoir.

— Non ! merci, dis-je à la belle Squaw, qui détachait une magnifique ceinture de tore, enroulée autour de sa taille. Ne vous privez pas de cet ornement. Nous allons trouver autre chose pour le remplacer.

— Prenez ceci, monsieur, me dit alors le jeune Garcy : je suis heureux de pouvoir vous l'offrir.

Et le chasseur me présenta un mouchoir de couleur qu'il portait sous sa blouse de chasse.

— Merci ! merci ! répondis-je, — car je comprenais en faveur de qui Garcy m'offrait son mouchoir. — Laissez-moi, à mon tour, vous faire un cadeau.

Je lui offris un de mes petits revolvers, qui, en de telles circonstances, valait son poids en perles ou en diamants.

Le pionnier appréciait la valeur de ce présent : il

l'accepta avec reconnaissance ; mais je m'aperçus qu'il était plus sensible encore au sourire affectueux que lui adressait la jeune fille, et je me dis que l'écharpe que j'avais refusée prendrait bientôt la place occupée par le mouchoir qu'il m'avait donné. J'observai la physionomie d'El Sol, afin de savoir s'il approuvait ou désapprouvait ce qui venait de se passer. Son visage ne trahissait pas la moindre émotion. Il s'occupait seulement à panser mes blessures, et il s'acquittait de ce devoir avec l'habileté d'un docteur de la Faculté.

— Et maintenant, dit-il quand il eut terminé, vous serez dans quelques jours à même de vous défendre aussi bien qu'avant votre rencontre avec Dacoma. Votre mors est mauvais, ajouta-t-il, mais votre cheval est de race. Vous avez eu bien raison de refuser de le vendre.

Toute cette conversation avait eu lieu en anglais ; le chef Coco parlait cette langue avec une pureté remarquable. D'ailleurs El Sol s'exprimait en français avec autant de facilité qu'un Parisien, et c'était habituellement dans cette langue agréable qu'il causait avec Séguin. Tout cela m'étonnait grandement.

Les hommes de notre compagnie étaient remontés à cheval, avec l'intention de retourner vers notre campement. Nous nous sentions tous mourir de faim et nous songions à aller reprendre notre repas interrompu.

A peu de distance de l'endroit où nous nous étions reposés, nous mîmes pied à terre, afin de retrouver les os et les restes dont nous avions vu le sol jonché. Hélas ! un nouveau chagrin nous était réservé. Il n'y restait plus rien. Les coyotes, profitant de notre absence, avaient tout dévoré. Le cadavre du Yamperico fouilleur lui-même était presque réduit à l'état de squelette.

— Allons ! s'écria alors un chasseur, il faut nous sucer le pouce ou manger du loup. Justement en voici un.

Le chasseur avait mis son fusil en joue.

— Etes-vous fou, l'ami ? s'écria Séguin.

— Non pas, que je sache, fit celui-ci en abaissant

son arme. Morbleu ! il faut que nous mangions, et je ne vois pas d'autre bête que celle-là. Nous ne pouvons donc faire autrement que de tuer un ou deux coyotes à coups de fusil.

— Vous oubliez les flèches du sauvage, répliqua Séguin, en désignant du doigt le carquois de Dacoma, qu'El Sol avait pris sur les épaules de son ennemi.

— Parbleu, capitaine, vous avez raison. Pardonnez-moi, répliqua le chasseur. Je n'avais pas songé à cela.

L'Indien Coco avait pris une flèche ; il se mit à en essayer la pointe, à l'aide de sa liqueur. Par bonheur, cette arme n'était pas trempée dans le poison, elle pouvait donc servir à la chasse. El Sol la prit, et, à l'aide de l'arc, il la décocha sur un coyote qui fut percé de part en part. Cela fait, il retira la même flèche et s'en servit pour tuer en quelques instants cinq ou six de ces carnassiers.

— Tuez donc aussi un loup blanc, pendant que vous y êtes, s'écria l'un des chasseurs. Des caballeros comme nous doivent avoir deux services à leur repas.

Les auditeurs éclatèrent de rire à cette plaisanterie. El Sol, se rendant au désir de son camarade, saisit une flèche et ne tarda pas à jeter par terre un des grands carnassiers qui rôdaient sur le campement des Navajoes.

— Voilà qui suffira de toute façon pour un de nos repas, dit alors l'Indien, en ramassant de nouveau sa flèche et en la replaçant dans le carquois.

— C'est vrai ! Du reste, ajouta un des chasseurs, s'il faut encore de la viande, le garde-manger n'est pas loin. C'est là un gibier qu'il est bon de manger frais.

— Bravo ! Vive une grillade de loup blanc ! J'aime ça, moi.... quand je ne trouve rien de mieux à me mettre sous la dent.

Les chasseurs de chevelures, tout en riant des saillies de leurs camarades, avaient procédé à l'écorchement des animaux. Cette opération ne fut pas longue ; et quand elle fut terminée, chacun s'empara d'un morceau de la bête et le fit rôtir sur le foyer.

XIX.

LE VIEUX TRAPPEUR.

— Eh bien! les amis, est-ce là du bœuf ou du mouton? demanda un des hommes, en mordant dans son « steak. »

— Ma foi! c'est du mouton-loup, à mon avis, répliqua un autre.

— Mon avis est que c'est du chien bon à grignoter. On dirait qu'on mange de l'écureuil.

— Je croirais plutôt que c'est de la chèvre.

— Ou du terre-neuve.

— Qu'importe! ce n'est pas mauvais; je préfère cela à du bœuf étique.

— Cette viande me plairait davantage, si je ne soupçonnais pas que le loup a pris sa part du Yamperico qui est là, dévoré, sur ce rocher.

Cette pensée était horrible, et la vue des restes pantelants du fouilleur était bien faite pour dégoûter l'homme le plus aguerri contre les nausées.

— Pouah! s'écria un chasseur. Vous allez me soulever le cœur. J'allais manger un peu de coyote, et je ne puis maintenant m'y résoudre.

— Bah! ce sont là des simagrées, camarade, fit Rubé, qui rongeait un os. Histoire de femmelettes! Moi qui vous parle, j'ai mangé....

— Quoi donc! de la chair humaine peut-être?

— Parbleu! ça se pourrait bien. Quel est celui de vous qui n'a pas été forcé de mordre à quelque chose de plus malpropre et de moins ragoûtant?

— Voulez-vous parler de la viande de rat?

— Ou de la viande de lièvre nourri de sauges, amère comme chicotin?

— Moi, j'ai mangé du *skunk*, et j'avoue qu'il y a des plats que je préfère à celui-là.

— *Carajo!* s'écria un Mexicain, vous oubliez le singe. Moi j'ai été forcé, dans mes excursions vers le sud, d'en manger plus que je ne l'aurais voulu.

— Je croirais assez que le singe ne vaut pas grand'-chose; mais que diriez-vous du cuir de bison qu'il m'a fallu grignoter? Ce n'était certes pas de la première « tendreté. »

— L'enfant, dit alors Rubé, qui n'avait plus parlé jusque-là, a mangé de tout ce dont vous avez parlé, sauf de la viande de singe, et cela par cette seule raison qu'il n'y en avait pas où il est allé; mais, une fois dans sa vie, il lui a fallu se repaître d'une vermine qui ne valait pas mieux.

— De quel oiseau? de quel animal parlez-vous, Rubé? dirent à la fois plusieurs trappeurs.

— Il s'agit du vautour au cou pelé.

— Pouah! du vautour!

— Oh! c'est la pire chose que l'on puisse avaler, que je sache.

— Et dans quelle circonstance, l'ami, avez-vous mordu à cette charogne-là? demanda un de nos camarades, se doutant bien que le vieux pionnier joindrait quelque histoire à la narration de ce repas.

— Oui, oui, contez-nous cela, Rubé, dirent-ils tous à l'unisson.

— Volontiers ! Il y a environ dix ans, j'avais été mis à pied par les Rapahoes, dans l'Arkansas, à deux milles environ du « Big Timmeï. » Ces maudits Peaux-Rouges m'avaient volé mon cheval, mes fourrures et tout ce que je possédais. Mieux encore, en m'abandonnant seul, sans ressources, ils s'imaginaient s'être débarrassés du vieux Rubé.

— Parbleu ! l'ami, en agissant ainsi, ils se croyaient délivrés d'un mortel ennemi. Passons au vautour.

— J'étais donc dépouillé comme un saint Jean, à l'exception d'un pantalon de peau de daim, et je me trouvais à deux cents milles de tout pays habité. La Station de Bent était l'endroit le plus rapproché. Je m'avançai dans cette direction. Tous les animaux emplumés ou poilus que je trouvais le long de mon chemin étaient d'une sauvagerie sans pareille. Par malheur je n'avais plus de piéges à ma disposition. Je passai deux interminables journées sans prendre autre chose que des lézards, et encore ce ne fut pas sans de grandes difficultés.

— C'est un mauvais manger, cela, fit observer un des camarades de Rubé.

— Oh ! oui, on peut le dire. Je préfère les steaks d'une vache grasse.

Tout en parlant de la sorte, Rubé attaquait à grands coups de dents le morceau de loup qu'il tenait dans sa main.

— J'avalai avec peine la peau de mon pantalon, et je me vis bientôt aussi nu que la Roche de Chimley.

— Dieu du ciel ! cela se passait-il en hiver ?

— Non ! heureusement. C'était à la saison des chasses, et la chaleur était suffisante pour me permettre de ne pas craindre un rhume. Je me souciais fort peu de mes pantalons de chasse, je dirai même que j'aurais voulu en avoir plus encore pour ma nourriture. Le troisième jour de cette situation pénible, je rencontrai sur ma route un terrier de rats de sable. Mes cheveux, alors

Voyons, dites-nous comment vous avez pu vous tirer des mains des Philistins.

noirs, étaient plus longs qu'ils ne le sont aujourd'hui. Je m'en servis pour fabriquer des piéges, et j'attrapai bon nombre de rats; mais ces animaux sont très-rusés; ils prirent peur et devinrent très-farouches. Il me fallut renoncer à cette chasse. Il me sembla alors que ce que j'avais de mieux à faire c'était de dire adieu à la vie. Le soleil venait de se montrer à l'horizon, et je me tenais assis sur le bord du fleuve, quand tout à coup je crus apercevoir quelque chose sur les eaux. J'allai voir ce que c'était, et je vis bientôt un petit bison sur le dos duquel deux vautours faisaient ripaille. La bête commençait à se corrompre; cependant je songeai que je pouvais l'amener à terre. Il ne me fallut pas longtemps pour me débarrasser de mes vêtements, comme vous pouvez le supposer.

Un éclat de rire universel interrompit le récit du vieux Rubé.

— Je me jetai à l'eau, fit-il en continuant d'une façon très-sérieuse, et je nageai vers l'épave. Avant d'avoir franchi la moitié du terrain, je sentis une odeur nauséabonde; et quand j'arrivai, je fus richement écœuré. Le bison était pourri au suprême degré.

— Quel malheur pour vous! s'écrièrent les chasseurs.

— Or, je ne voulais pas avoir nagé jusque-là pour ne rien rapporter. Je pris donc la bête par la queue, que je mordis entre mes dents, et je revins vers la rive. A peine avais-je franchi trois brasses, que cette queue se détacha. Je contournai l'épave, et je la poussai sur un banc de sable, où elle alla échouer. Là, elle s'esclaffa sur les cailloux, et je compris que ce n'était pas mangeable.

Rubé s'arrêta dans son récit, pour dévorer une autre bouchée de loup rôti, et il ne parla plus jusqu'au moment où il l'eut avalée. Ses auditeurs, prenant grand intérêt à cette aventure, attendaient avec impatience qu'il reprît la parole. Enfin, il continua en ces termes :

— Les deux oiseaux de proie voltigeaient au-dessus de ma tête, et j'en voyais d'autres accourir. Une idée me passa par la cervelle, celle de goûter à la viande de ces mangeurs de cadavres. Je m'aplatis près de la carcasse, et je restai immobile comme un opossum qui se cache. Peu de moments après, les oiseaux vinrent s'abattre sur le banc de sable, et un énorme busard, un mâle, se jeta sur le bison pourri. Avant qu'il eût pu reprendre son vol, je l'attrapai par les pattes.

— Hurrah! hurrah! c'était bien joué!

— Ce maudit vautour sentait aussi mauvais que l'animal corrompu; mais peu m'importait que ce fût du chien mort, du vautour ou du veau; donc je me hâtai d'écorcher l'oiseau de proie.

— Et de le manger.

— Oh! pour cela, non, c'est lui qui m'a mangé.

Le rire de tous les chasseurs de chevelures raviva la bonne humeur du vieux Rubé.

— Voyons! l'ami, avez-vous dévoré la bête toute crue? demanda un des hommes de la troupe.

— Parbleu! il ne pouvait pas faire autrement, puisqu'il n'avait pas de feu et qu'il lui était impossible d'en allumer.

— Grand imbécile! s'écria Rubé en se retournant hardiment du côté de celui qui venait de parler. Je pouvais et j'aurais pu faire du feu, n'y en eût-il plus en enfer.

Les éclats de rire redoublèrent, et un certain temps s'écoula avant que le trappeur pût reprendre le cours de sa narration.

— Les autres oiseaux du même plumage, voyant leur vieux coq surpris et mis à la torture, devinrent excessivement sauvages et s'envolèrent de l'autre côté du fleuve. Il n'était plus possible de recommencer le même jeu. Un moment après, j'aperçus un coyote qui venait clopin-clopant, le long de la rive, suivi par un second animal de même espèce, et par quelques autres qui trottaient à la queue leu leu. Je me dis qu'il ne serait pas facile d'en attraper un par la patte, et cependant je voulus tenter l'affaire. Je me couchai donc par terre comme je l'avais déjà fait, près du bison; mais ce jeu-là ne prenait pas. Les rusés animaux avaient aperçu le bâton et en redoutaient sans doute les effets. Je songeai à me cacher sous quelque hallier; mais, au moment où je me dirigeais du côté des buissons, je me dis qu'il y avait un autre moyen à employer. J'avais vu un amas de bois mort près du rivage du fleuve, j'allai en chercher un faix et je bâtis une sorte de trappe autour de la charogne. En moins de temps qu'il n'en faut pour le dire, je m'emparai de six de ces vermines.

— Hurrah! C'était la vie pour vous, vieux gourmand!

— Je pris alors quelques pierres, et je me mis à assommer les animaux. Dieu de Dieu! je n'avais pas encore vu, dans ma vie aventureuse, plus de sauts que ceux que firent ces damnés coyotes; ils hurlaient et sautaient comme des fous. On eût dit qu'ils étaient au milieu d'un nuage de poivre en poudre. Hé! hé! hé! oh! oh! oh!

Le vieux pêcheur du désert gloussait avec une joie indicible, au souvenir de cette aventure, qui lui rappelait ses jeunes années.

— Et enfin, l'ami Rubé parvint sain et sauf au fort de Bent?

— Parbleu! j'écorchai mes victimes au moyen du tranchant d'un silex, de manière à me faire avec leurs peaux un pantalon et une blouse de chasse. Je me souciais peu d'arriver au fort dans l'état de nudité du père Adam. Je fis donc provision de chair de coyote, et j'arrivai à destination en moins d'une semaine. Bill Bent — vous le connaissez tous — se trouvait là. Nous nous connaissions de longue date. Une demi-heure après mon entrée à la Station, j'étais équipé de pied en cap, et l'on m'avait offert même une carabine. La voici, c'est mon *targutts* qui ne m'a plus quitté.

— Ah! ah! c'est là que vous avez trouvé votre fusil à la Robin des bois?

— Oui, camarades! une arme à nulle autre pareille. Hé! hé! hé! Je ne me mis pas seulement à la contempler comme un joujou. J'en fis bientôt usage. Hi! hi! hi! ho! ho! ho!

— Qu'est-ce qui te fait rire ainsi, l'ami? Dis-nous encore cela.

— Parbleu, volontiers! ajouta Rubé, qui reprit sa gravité. J'étais à peine depuis trois jours au fort de Bent, lorsque.... devinez qui arriva devant la forteresse.

— Qui? Parbleu! les Rapahoes.

— Vous parlez d'or! ces mêmes Indiens maudits qui m'avaient volé mon cheval et abandonné en plein désert. Ils venaient là pour trafiquer avec Bill, et ils avaient encore avec eux ma jument et ma carabine.

— Que vous vous êtes hâté de reprendre, bien entendu?

— Cela va de soi. Il y avait avec moi des compagnons qui n'étaient point disposés à voir un de leurs amis ainsi bafoué et abandonné au milieu de la prairie, sans tenter de venger cette offense. Nous nous payâmes donc de nos mains, et voici encore ma vieille jument, qui me fit fête en me retrouvant. Quant à ma carabine, je la donnai à Bill, et je gardai en échange mon targutts qui me parut meilleur.

— Ainsi, cher ami, vous étiez quitte avec les Rapahoes.

— Quitte! Cela dépend de la manière dont on entend ce mot-là. Voyez-vous ces coches faites sur la crosse de mon fusil? ajouta Rubé en montrant des coups de couteau entaillés sur le bois de son arme.

— Oui! oui! répliquèrent ses camarades.

— Il y en a cinq, n'est-ce pas?

— Ce sont autant de Rapahoes morts.

Rubé avait achevé sa narration.

XX.

LA RUSE DU TRAPPEUR.

Le repas des chasseurs était terminé, et la plupart d'entre eux entouraient Séguin, à qui ils demandaient quel parti il fallait prendre. Celui-ci avait déjà dépêché sur les rochers une sentinelle chargée de découvrir ce qui se passait à l'horizon, et de nous avertir au cas où les Peaux-Rouges reviendraient dans la prairie.

Chacun d'entre nous se croyait en péril, car les compagnons du Navajoe pouvaient revenir sur leurs pas, pour nous le reprendre. Dacoma, second chef de la nation, était un personnage trop important pour que son absence ne fût pas remarquée. Tout nous portait à croire que la moitié de la tribu au moins allait revenir vers la fontaine pour le retrouver. Si on ne le découvrait pas en cet endroit, et que nos traces ne fussent pas reconnues, les Indiens retourneraient dans leur pays, en reprenant le sentier de la guerre.

Nous nous disions tout cela, et nous ajoutions que dès lors notre expédition devenait impraticable, la troupe de Dacoma étant bien plus nombreuse que la nôtre. D'autre part, si nous nous trouvions en présence des Indiens, au milieu des défilés des montagnes, nous n'avions pas la moindre chance de leur échapper.

Séguin avait jusque-là gardé le silence. Les yeux baissés vers la terre, il songeait indubitablement à quelque plan d'action, et aucun de nous ne voulait interrompre sa rêverie.

— Camarades, dit-il enfin, nous avons fait un mauvais coup, mais nous y avons été forcés. Par bonheur, tout n'est pas perdu; mais nous devons modifier nos plans. Il est certain que les Peaux-Rouges vont revenir sur leurs pas, et qu'ils reprendront la route de leurs villages. Eh bien! notre troupe ne peut ni gravir les cimes du Pinon ni traverser la piste de guerre. Nos ennemis découvriraient notre passage.

— Pourquoi ne retournerions-nous pas aussitôt rejoindre nos camarades à l'endroit où ils sont cachés? Cela fait, nous contournerions la vieille mine, sans piétiner le chemin de guerre des Navajoes.

Cette proposition était faite par un des chasseurs de chevelures.

— *Vaga!* ajouta un Mexicain. De cette façon, nous nous verrions face à face avec nos ennemis, au moment où ils parviendraient chez eux. *Carraï!* c'est un plan impossible à suivre, *amigo*. Peu d'entre nous échapperaient au massacre. Non, non, ce n'est pas une proposition acceptable.

— Rien ne nous force à nous mesurer avec ces gens-là, répliqua le premier interlocuteur. Les Peaux-Rouges ne s'arrêteront pas à leurs villages quand ils n'y retrouveront pas Dacoma.

— C'est vrai, répondit Séguin; mais, comme chez eux le gibier est rare, nous ne trouverons rien à manger de ce côté.

— Impossible alors d'aller là-bas.

— Nous serions morts avant de sortir des Mimbres.

— On dit que l'eau manque dans ces parages.

— Un rat des sables y mourrait de soif.

— Il faut cependant trouver un moyen de sortir d'embarras, ajouta Séguin, qui se mit à méditer avec anxiété. Allons! fit-il enfin. Nous traverserons le sentier de guerre, afin de gagner le Prieto. Sinon, nous devrons renoncer à l'entreprise.

Le nom de *Prieto*, opposé à cette phrase, *renoncer à l'expédition*, intrigua au plus haut degré tous les auditeurs. Ils proposèrent plan sur plan; mais tous leurs projets ne pouvaient soutenir un examen sérieux ; car, en les adoptant, on serait infailliblement poursuivi et rejoint par l'ennemi, avant d'avoir regagné le Del Norte.

Tous ces plans furent donc rejetés les uns après les autres.

Tandis que tout ceci se passait, le vieux Rubé n'avait pas dit une parole.

Le bon trappeur, privé de ses oreilles et de son petit doigt, s'était assis sur l'herbe de la prairie; il se tenait accroupi sur ses jarrets, et, à l'aide d'un arc, il traçait sur le sable un plan de fortifications.

— Eh! camarade, que fais-tu donc là? lui demanda un des chasseurs.

— Je n'entends plus avec autant de justesse qu'autrefois; mais il me semble qu'on dit là-bas que nous ne pourrons traverser le sentier des Apaches sans que ces maudits corbeaux nous rejoignent avant deux jours. C'est faux, archifaux, voyez-vous!

— Soit! mais sur quoi vous fondez-vous pour affirmer cela, l'ami?

— Silence! vous qui m'interrompez. Votre langue me fait l'effet de la queue d'un castor, appendice qui lui est inutile en temps d'inondation.

— Expliquez-vous, Rubé. Avez-vous un moyen pour éviter notre perte? Je n'en vois pas, moi.

Séguin, en parlant ainsi, avait attiré tous les regards de ses camarades sur le vieux trappeur.

— Eh bien! capitaine, je vais vous expliquer la

façon dont je comprends la chose. Je puis avoir raison, ou bien me tromper ; mais, si vous écoutez ma proposition, je suis certain que ni les Apaches ni les Navajoes ne sauront, d'ici à une semaine, par où nous avons passé. Je parie mes deux oreilles, ajouta le vieillard, qui se plaisait à plaisanter de la sorte pour faire rire les trappeurs.

Séguin se laissa aller à sourire, et il pria Rubé de s'expliquer.

— D'abord, nous n'avons pas à craindre qu'on se mette à la recherche de Dacoma avant deux jours d'ici.

— Explique-nous cela, camarade.

— Ecoutez-moi. Dacoma n'est que le second chef, et rien ne les empêchera de se passer de sa présence. Mais il y a autre chose encore. L'Indien a oublié son arc blanc, et vous savez tous, aussi bien que moi, que cet oubli est une honte pour un homme rouge.

— C'est vrai, vieux renard, riposta un des auditeurs.

— Le raccoon que voilà le sait aussi bien que vous. Il est donc certain, comme la cime du Pike est visible à tous les yeux, que ce sauvage a rebroussé chemin, sans rien dire à ses compagnons, et que s'il a pu leur laisser ignorer la cause de son absence, il l'a fait.

— C'est bien dit, cela, fit Séguin. Continuez, Rubé.

— Je parierais, ajouta le trappeur, qu'il a défendu à ses soldats de le suivre, afin que nul ne sût ce qu'il venait chercher ici. S'il avait eu la pensée d'être soupçonné, il eût envoyé encore un de ses intimes à sa place. Voilà ce qu'il aurait fait.

Cela paraissait fort probable, et la connaissance des usages des Navajoes persuadait à chacun que Rubé parlait d'or.

— Maintenant, je suis certain que la moitié de la troupe rebroussera chemin, j'entends par là les Indiens que Dacoma guide à la guerre ; mais il leur faudra trois journées entières, peut-être quatre, avant qu'il leur soit donné de se désaltérer à la source du Peenyan.

— Soit; mais ils courront sur nos traces le jour suivant.

— Il faudrait pour cela que nous fussions assez bêtes pour laisser des traces derrière nous.

— Comment faire pour qu'ils n'en trouvent point sur notre passage?

— C'est moins difficile que vous ne le pensez. Mais quoi! c'est vous, capitaine, qui me demandez cela?

— Oui, Rubé, car je ne vois pas comment....

— Eh bien! moi qui ne suis qu'un vieux radoteur, je vais vous indiquer un moyen de mettre ces coquins sur une piste qui les mènera à tous les diables de l'enfer.

— Bravo, camarade! Bravo! parlez.

— Le carquois de l'Indien est plein de flèches....

— Oui!

— L'un de nous va monter sur le mustang de l'Indien; ce sera qui vous voudrez; cela n'a pas d'importance. Il traversera le sentier des Apaches; il jettera les flèches et le dard dans la direction du sud. Je veux bien vous abandonner mon scalp si les Apaches ne se jettent pas tous sur cette piste, jusqu'à ce qu'ils aient rejoint les Navajoes.

— Vivat! il a raison! Il est très-fort, le vieux Rubé. Hurrah pour lui! s'écrièrent les chasseurs.

— Ils ne devineront pas d'abord pourquoi Dacoma a pris ce chemin; il leur suffira de trouver ses flèches; ce sera le principal. Or, pendant qu'ils retourneront là-bas, nous aurons tout le temps nécessaire pour fourrager leur garde-manger et revenir de l'enfer à Hackensock.

— C'est cela! c'est bien cela! morbleu!

— Notre troupe n'a pas besoin, continua Rubé, de revenir à la source du Pinon; nous traverserons le sentier de guerre plus haut, du côté du Heely, et nous nous rejoindrons derrière les montagnes où il y a des masses de gibier, des bisons par troupes, entre autres. Tout le

14

territoire de la vieille mission en est couvert, je le sais. De toutes façons, il est urgent que nous passions par là, car nous ne trouverions rien à manger ailleurs, après la chasse que les Peaux-Rouges viennent de faire aux bisons.

— Tout cela est exact, répliqua Séguin. Nous ne rencontrerons ces bêtes que de l'autre côté de la montagne. La chasse des Indiens a renvoyé les troupeaux de l'autre côté des Llanos. En avant, les amis ! Mettons-nous à l'œuvre sur-le-champ. Il nous reste deux heures de jour. Voyons ! Rubé, qu'allons-nous d'abord faire ? Vous nous proposez un plan, nous l'acceptons. Expliquez-nous les détails de votre projet.

— Je suis d'avis, capitaine, qu'il faut expédier l'un de nous au grandissime galop jusqu'à l'endroit où nos camarades se tiennent cachés ; il leur dira où ils devront traverser le sentier de la guerre.

— Bien ! mais à quel endroit ?

— A vingt milles vers le nord. Là se trouve un terrain sec et sablonneux, où ils ne laisseront pas la moindre trace. Avec quelques précautions, ils passeront sans qu'on s'en aperçoive jamais. Je me ferais fort, moi qui vous parle, d'y faire glisser un convoi de wagons de Bent, sans que le sourd Smith pût en apercevoir les sillons.

— Je vais sur-le-champ expédier un des nôtres. Écoutez-moi, Sanchez. Vous montez un cheval rapide, et la route vous est familière. Nos amis sont cachés à vingt milles d'ici, tout au plus. Vous les conduirez le long de la bordure, comme Rubé vous l'a expliqué, et vous nous retrouverez vers la partie nord de la montagne. Il est convenu que vous voyagerez toute la nuit, afin de nous rejoindre demain à la première heure. Allons ! en route ! en route !

Le torero, sans faire la moindre observation, détacha sa monture du piquet où elle était retenue, sauta sur la selle et se lança dans la direction du nord-ouest.

— Par bonheur, fit Séguin, en suivant Sanchez des yeux, les chevaux des Indiens ont piétiné le sol de façon à empêcher ceux qui passeront par ici de découvrir nos traces, au milieu de celles des Peaux-Rouges.

— Oh! cela n'est pas à craindre! ajouta Rubé. Lorsque nous nous mettrons en chemin, capitaine, nous nous éloignerons de la route que les Indiens ont suivie; sans cela ils retrouveraient notre piste. Nous passerons au milieu des broussailles.

Rubé montrait le sentier couvert de buissons qui contournait la base de la montagne.

— C'est dit : je crois cette idée excellente. Et après?...

— Après, ou plutôt avant, nous nous débarrasserons de ce cadavre du Yamperico, en l'enterrant, ou, mieux encore, en le brûlant, afin qu'on ne le retrouve pas.

Les trappeurs procédèrent sans retard à cette incinération. Ils décrochèrent les restes sanglants du malheureux fouilleur, lavèrent avec soin le sang qui couvrait le rocher; puis, après avoir brisé le crâne d'un coup de tomahawk, et les os par le milieu, ils jetèrent ces débris informes dans un feu sur lequel ils amoncelèrent les carcasses des bisons à demi consumées.

Un anatomiste aurait eu peine à séparer les ossements du Yamperico de ceux des quadrupèdes de la prairie.

— Maintenant, Rubé, que ferons-nous des flèches?

— Je m'en charge, répondit-il. Billy Garcy viendra avec moi, et je suis certain que nous tromperons les Indiens comme pas un ne l'a jamais été. Nous courrons l'espace de cinq milles environ, et nous serons revenus avant que vous ayez rempli d'eau vos gourdes, vos outres, et fait vos derniers préparatifs de départ.

— C'est convenu. Voici les flèches.

— Quatre suffiront pour attraper les Peaux-Rouges. Gardez les autres. Nous aurons besoin de viande de loup pour notre route, car nous ne rencontrerons pas la queue d'une autre bête, avant d'avoir contourné la montagne. Viens, Billy; enfourche la monture de ce Navajoe. C'est un joli mustang, après tout. Cependant, je ne donnerais pas ma vieille jument pour une « manade » de ses pareils. Prends une de ces plumes noires.

Le vieux Rubé arracha un de ces ornements du casque de Dacoma, et il ajouta :

— Camarades, gardez-moi soigneusement ma monture jusqu'à ce que je sois de retour. Ne la laissez pas échapper, surtout. Il me faut une couverture. Bien ! Là ! là ! ne parlez pas tous à la fois, dit-il à ses amis, qui lui criaient : Tenez ! voilà ! prenez celle-ci, celle-là....

— C'est bon ! c'est bon ! Une seule couverture, c'est assez pour moi. Ajoutez-en deux autres : une pour Billy, puis une troisième. Camarade, mets cela devant toi. Maintenant tu vas suivre le sentier des Apaches, et tu le traverseras après. Aie soin de ne pas marcher dans le chemin frayé. Tiens-toi à côté, et fais de grandes traces sur le sol. Au galop ! au galop !

Le jeune chasseur obéit à cet ordre, et, enfonçant ses talons dans les flancs du mustang, il partit avec une rapidité vertigineuse le long du sentier des Apaches.

Parvenu à trois cents mètres environ, il fit halte, afin d'attendre les nouvelles indications de Rubé.

Le vieux chasseur avait pris une flèche, à la pointe de laquelle il fixa quelques barbes de la plume noire, et qu'il vint ficher à l'une des billes de bois laissées par les Indiens sur leur campement. Cette flèche était enfoncée dans le bois de façon à être tournée vers le sud du sentier des Apaches. On la voyait si bien, que nul ne pouvait passer par là, sans être frappé par la vue de cet engin de guerre.

Cela fait, Rubé suivit à pied son compagnon en se tenant à distance du sentier, et en s'avançant avec précaution. Lorsqu'il atteignit l'endroit où Garcy se tenait arrêté, il piqua une seconde flèche sur le sol, dans la direction du sud, et de façon qu'elle fût aussi bien en vue que la première.

Garcy se mit à galoper encore en avant, le long du

sentier de la guerre, tandis que Rubé courait sur la prairie ouverte en ligne parallèle.

Après avoir fait de la sorte une course de deux ou trois milles, Garcy ralentit son allure et mit son mustang au pas. Un peu plus loin, il s'arrêta tout à fait et fit entrer son cheval dans le sentier de la guerre.

Rubé, qui l'avait rejoint, se mit à étendre les trois couvertures par terre, bout à bout, dans la direction de l'ouest, en s'éloignant du sentier. Garcy avait mis pied à terre, et passait avec sa monture sur les couvertures. Or, comme ses pieds ne portaient que sur deux à la fois, à mesure que la dernière couverture était libre, Rubé l'enlevait et venait la placer par devant. Il répéta ce manége jusqu'à ce que le mustang fût parvenu à la distance de cinquante fois la longueur de ces trois couvertures dans le milieu de la prairie. Toute cette manœuvre fut exécutée avec adresse.

Garcy ramassa alors les couvertures, et, remontant à cheval, il se dirigea vers la base de la montagne. Rubé avait repassé sur le sentier pour ficher une flèche à l'endroit où le mustang était sorti, et il continua à marcher dans la direction du sud avec la quatrième.

Lorsqu'il eut franchi la distance d'un mille, il s'arrêta sur le sentier, se coucha par terre, se releva, se dirigea enfin vers la base de la montagne, et suivit la route prise par son camarade. L'opération était terminée, le travail de la ruse était complet.

El Sol, pendant ce temps-là, n'était point demeuré les bras croisés. Il avait tué un certain nombre de loups, qu'il avait écorchés, et dont il avait placé les membres coupés avec soin dans leurs peaux, en forme de paquets. Les gourdes avaient été remplies d'eau, ainsi que les outres. Les chasseurs avaient ensuite attaché Dacoma sur un mulet, et tous attendaient le retour de Rubé.

Séguin avait pris la résolution de laisser deux hommes à la source, pour voir ce qui se passerait. Ils avaient ordre de cacher leurs chevaux dans la fissure du rocher et de ne point piétiner les abords de la source. Ils pouvaient remplir des tonnelets d'eau, afin d'étancher leur soif.

Ces deux hommes, chacun à leur tour, devaient se tenir sur la cime du rocher, afin de découvrir, à l'aide d'une lunette d'approche, les mouvements des Indiens. Il leur devait être facile, de cette façon, de voir tout ce qui se passerait autour d'eux, jusqu'à dix milles vers le nord, et de se rendre compte de la direction que prendraient les Navajoes, après avoir quitté les abords de la source. Dès que la voie serait libre, ces deux hommes devaient se lancer au galop, pour en avertir leurs amis.

Tous les arrangements étaient pris au moment où Garcy et Rubé revinrent près des chasseurs. Nous remontâmes à cheval et nous rejoignîmes la montagne, en décrivant un grand circuit.

Il y avait à la base des rochers un chemin pierreux, où les sabots des chevaux ne laissaient pas la moindre trace. C'est là que nous passâmes en avançant vers le nord, et en suivant une ligne parallèle au sentier de la guerre.

XXI.

UNE CHASSE AUX BISONS.

Nous franchîmes vingt milles sur le territoire indien, pour atteindre un défilé où nous devions rejoindre le gros de notre troupe, et nous fîmes halte le long d'un cours d'eau qui partait du centre de la chaîne du Pinon et fuyait du côté de San Pedro. Tout le long de ses rives, des cotonniers, des saules pleureurs et une herbe touffue nous offraient un abri confortable, et à nos chevaux une nourriture abondante. Ce fut en cet endroit que l'on dressa le campement. Nous allumâmes du feu et nous fîmes rôtir nos viandes de loup, en guise de mouton; puis, après avoir soupé, nous nous étendîmes par terre pour prendre du repos.

Nos camarades nous rejoignirent le lendemain matin, après avoir voyagé toute la nuit. Leurs provisions étaient épuisées, aussi bien que les nôtres; en conséquence, au lieu de laisser reposer nos montures harassées, nous poussâmes en avant, afin d'atteindre une passe de la sierra où nous espérions trouver du gibier.

Vers l'après-midi, nous avions franchi le défilé et nous débouchions sur une plaine composée de prairies entrecoupées de bosquets groupés par îlots. Il y avait là un pâturage épais où les traces du passage des bisons se montraient de toutes parts : sentiers, débris de sabots et de cornes, et couches creusées dans les alfas. Là, également, croissait le « bois de vache, » nourriture favorite des antilopes et des autres animaux de l'espèce cervine.

Nous étions encore là, sur les bords du ruisseau où nous avions campé la veille; nous fîmes donc une halte méridienne, afin de laisser nos montures se rafraîchir et reprendre haleine.

Tout autour de nous se dressaient des cactus géants, couverts de fruits rouges et jaunes, et nous cueillîmes là des poires de « pitahaya » que nous mangeâmes avec plaisir. Il y avait aussi des cormiers, des gampus et des racines de pommes blanches. Notre repas se composa de fruits et de légumes de diverses espèces, que l'on trouve à l'état sauvage dans ces régions américaines.

Mais nos estomacs demandaient impérieusement une nourriture plus substantielle; nous voulions des bosses et des boudins de sang de bison; donc, après deux heures de repos, nous nous avançâmes du côté de la prairie et du bois.

Il y avait environ une heure que nous arpentions ce chapparal, lorsque Rubé, qui marchait en éclaireur et nous servait de guide, se retourna sur sa selle, et nous désigna de la main l'horizon qui s'ouvrait devant nous.

— Qu'y a-t-il, Rubé? demanda Séguin à voix basse.

— Une piste fraîche de bisons, capitaine.

— Sont-ils nombreux, l'ami?

— Une cinquantaine environ, si je compte bien. Ils viennent de traverser un petit bois, là-bas. J'aperçois le ciel et une clairière ouverte non loin d'ici. Je suis certain qu'il y a un « tas » de bisons dans cet endroit-là. M'est avis que c'est une petite prairie qui s'ouvre devant nous.

— Halte! mes amis, halte! s'écria Séguin, et surtout

que personne ne fasse de bruit. Rubé, tu vas aller en avant, et vous, Haller, qui aimez la chasse, vous viendrez avec moi.

Je suivis mes deux compagnons à travers le fourré, en observant le plus grand silence et en allant au pas.

Il nous fallut peu de temps pour atteindre la lisière de la prairie, où poussaient des herbes très-hautes. En passant nos têtes à travers le feuillage d'un *prosopis*, nous aperçûmes le vaste terrain qui s'étendait devant nous.

Les bisons étaient au milieu de la plaine.

Ce site de la prairie était une sorte de petit parc, d'un mille et demi de circonférence, autour duquel une immense forêt étalait son feuillage. Au milieu de cette prairie une touffe d'arbres se dressait comme un parasol. Une ligne de saules courait du nord au sud et trahissait la présence d'un ruisseau.

— Il y a là une source, murmura Rubé ; les bisons s'y rafraîchissent en ce moment.

C'était exact. Nous distinguions facilement, de l'endroit où nous étions, quelques animaux émergeant de la place où devait se trouver le cours d'eau. Ils avaient des plaques de boue le long des flancs, et la salive découlait de leurs gueules.

— Comment arriverons-nous à portée de ces bisons, Rubé ? demanda Séguin. Est-ce chose possible ?

— Parbleu, capitaine ! L'herbe est haute, et nous allons nous glisser le long des buissons.

— Mais comment cela ? Il ne nous sera pas possible de les poursuivre : nous n'avons pas assez d'espace. Au moindre bruit ils se jetteront dans le fourré, et nous les perdrons infailliblement.

— C'est vrai.

— Que faut-il faire, alors ?

— Je ne vois qu'un seul moyen à prendre.

— Lequel ?

— Celui de les entourer.

— Soit! mais comment? D'où vient le vent d'abord?

— Il n'y en a pas, répondit le trappeur, qui essaya de s'en rendre compte au moyen d'une plume, décrochée de son bonnet et lancée en l'air. Regardez, capitaine, elle retombe d'aplomb.

— C'est vrai!

— Rien ne nous empêche donc de contourner les bisons avant qu'ils nous éventent. Nos camarades sont assez nombreux pour cette manœuvre; mais il faut nous dépêcher, car il y a une certaine distance d'ici là-bas.

— Oui! nous diviserons nos camarades, fit Séguin, en retournant son cheval. Vous en guiderez la moitié au poste qu'elle devra occuper. Je me charge de l'autre. Vous, Haller, restez à l'endroit où vous vous trouvez. La place est bonne. Soyez patient, car il nous faudra une heure avant que chacun soit à son poste. Lorsque vous entendrez la trompette, vous pourrez vous lancer en avant et faire de votre mieux. Si nous réussissons, je vous promets un plaisir extrême et un souper délicieux, dont, à mon avis, vous et moi, comme tous nos amis, avons réellement besoin.

En parlant de la sorte, Séguin me dit au revoir, et retourna du côté de ses hommes, suivi par le vieux Rubé.

Leur projet, comme on l'a vu, était de diviser la troupe en deux et de prendre ensuite chacun une direction différente, afin de tourner et d'entourer les bisons, en laissant çà et là des chasseurs postés autour de la prairie. Tous devaient rester masqués par les halliers et ne se montrer que lorsque le signal serait donné. De cette façon, si les bisons nous laissaient le temps d'exécuter cette manœuvre stratégique, nous étions presque certains de nous emparer de tout le troupeau.

Dès que Séguin m'eut quitté, j'examinai ma carabine, mon pistolet, et j'en renouvelai les capsules; puis, n'ayant plus rien à craindre, je me tins debout sur mes étriers, examinant les agissements du troupeau de bisons, qui paissaient sans soupçonner le danger. Ce que je redoutais le plus, c'était de voir quelqu'un des nôtres se montrer avant le signal et troubler ainsi toute notre chasse si bien préparée.

A un moment donné, j'aperçus quelques oiseaux qui s'envolaient du milieu du bois ; les cris des geais bleus m'indiquaient les progrès de la battue tournante.

De temps à autre, un vieux bison, qui paissait en avant du troupeau, secouait sa crinière, aspirait l'air et frappait hardiment le sol de son sabot. Je comprenais que l'animal avait l'intuition qu'il se passait quelque chose d'insolite autour du pâturage. Quant à ses congénères, ils ne prenaient pas garde à ces démonstrations et ils continuaient à paître, comme si de rien n'était.

Je me disais que nous allions faire une excellente chasse, lorsque mes yeux furent attirés par un point noir qui sortait de la forêt. C'était un jeune bison, qui se dirigeait lentement du côté du troupeau. Je songeais que c'était chose étrange de le voir ainsi séparé du troupeau, car d'ordinaire les « jeunes » animaux ont appris par leur mère à redouter les loups et ils se tiennent toujours au milieu du troupeau.

— Il se sera attardé à la source, me dis-je. Sans doute, les autres l'auront empêché de boire, et il aura attendu, pour étancher sa soif, que les mâles se soient éloignés.

Je fis la remarque que la bête marchait avec une certaine difficulté, comme si elle était blessée ; mais elle s'avançait au milieu des hautes herbes, et je ne distinguais pas très-bien ses mouvements.

Par exemple, j'apercevais des coyotes en certain nombre, — il y en a toujours dans le voisinage des bisons, — qui attendaient l'occasion propice. Dès qu'ils eurent aperçu le jeune, ils se ruèrent sur lui d'un commun accord. Il me semblait entendre leurs hurlements féroces ; je les voyais sauter, mais le veau passait hardiment au milieu d'eux, et peu d'instants après je le vis tout à fait à côté des gros bisons.

— C'est un excellent gibier que le bison jeune, pensais-je tout en examinant la lisière du « chapparal », afin de voir si les chasseurs étaient enfin à leur poste. Je ne distinguais que les ailes brillantes des geais bleus, tourbillonnant au-dessus des arbres, et je comprenais, à ces signes, que les camarades avançaient avec difficulté. Il y avait plus d'une demi-heure que Séguin et Rubé m'avaient quitté ; pourtant ils n'avaient pas encore accompli la moitié du tour.

Je me mis à calculer combien de temps j'avais encore à attendre et je me livrai au soliloque suivant :

— La prairie a un mille et demi de diamètre, ce qui fait trois fois autant en ligne courbe, soit quatre milles et demi. Il me faudra attendre encore une heure le signal convenu. Bien, patientons, il le faut. Mais que vois-je ! les animaux qui se couchent ! Bravo ! Ils ne se sauveront pas. Nous ferons bonne chasse. Un, deux, trois, six par terre. Allons ! c'est la chaleur qui les oblige à se coucher. Ces animaux auront trop bu. Encore un ! Sont-ils heureux, ces démons-là ! Ils n'ont que cela à faire : manger, boire et dormir, tandis que nous autres.... Bon ! en voilà huit à terre. Cela va parfaitement bien. Plaise à Dieu que nous dînions bientôt, nous autres ! C'est égal, ces bêtes-là s'y prennent de toute autre façon que les autres pour se coucher. Je n'avais jamais vu, jusqu'à ce jour, des bisons procéder de la sorte pour se reposer. On pourrait croire qu'ils tombent blessés à mort. Bravo ! deux encore sont étendus ; les autres ne tarderont pas sans doute. Nous les surprendrons en galopant, avant qu'ils aient pu se relever. Quand donc le signal me sera-t-il donné ?

Tout en grommelant ainsi et en attendant le coup de trompette qui devait indiquer le départ, je prêtais l'oreille dans une profonde anxiété.

Les bisons qui étaient restés debout s'avançaient doucement, puis graduellement ils se couchaient l'un après l'autre dans l'herbe. Cela me parut étrange ; mais je réfléchis que j'avais vu les bœufs et les vaches agir de même dans les pâtis des fermes; d'ailleurs, j'étais, à cette époque, peu familiarisé avec les mœurs des bisons. Quelques-uns me parurent se débattre sur le sol et le frapper avec force de leurs pieds.

Comme on m'avait dit que ces animaux se vautraient par goût, je pensais qu'ils se livraient à cet exercice. J'aurais voulu pouvoir examiner à loisir ces passe-temps excentriques, mais la hauteur de l'herbe m'empêchait de bien voir. Je distinguais à peine leurs épaules velues et parfois leurs jambes, qui gigotaient en l'air.

Je suivais des yeux ces mouvements avec une grande attention, tout en me disant que l'entourage opéré par les chasseurs serait sans doute complet avant que les bêtes songeassent à se lever. Enfin, le dernier bison du troupeau tomba à son tour. Tous se trouvaient étendus sur la litière épaisse de la prairie, et cependant le veau restait toujours debout. A ce même instant, le son de la trompette se fit entendre, et des cris simultanés retentirent de tous les côtés.

Je pressai les flancs de ma monture et m'élançai dans la plaine. Cinquante autres chasseurs avaient suivi cet exemple, en poussant des cris stridents, à mesure qu'ils émergeaient des halliers. La bride dans la main gauche, ma carabine dans la droite, reposant sur le pommeau de ma selle, je courais en avant, entraîné par l'ardeur de la chasse. J'avais armé ma carabine et je m'étais juré de tirer le premier. Je me trouvais d'ailleurs à une toute petite distance du premier bison que j'avais aperçu, et je parvins bientôt devant l'animal, qui ne remua pas. Etait-il endormi? Fallait-il tirer la bête au gîte? Je voulus faire feu, et au moment où j'allais presser la détente, il me sembla voir couler du sang.

J'abaissai mon arme, en réprimant un mouvement de terreur; mais avant d'avoir pu ralentir ma course, je me sentis porté au milieu du troupeau abattu. Tout à coup mon cheval s'arrêta court, et je restai cloué sur ma selle, comme terrassé.

Il y avait du sang tout autour de moi. J'avais beau regarder, à droite, à gauche ; la couleur rouge couvrait les herbes et le sol.

Mes camarades arrivaient en poussant des cris, mais tout à coup ils se turent, et, l'un après l'autre, ils retinrent leurs chevaux comme je l'avais fait et jetèrent autour d'eux des regards consternés.

Un spectacle semblable à celui que nous avions sous les yeux était bien fait pour étonner. Tous les bisons couchés dans la prairie étaient morts, ou en proie aux dernières convulsions de l'agonie. Chacun d'eux portait au poitrail une large blessure de laquelle le sang coulait à flots. La sève de la vie, leur sortant par les naseaux et par la bouche, se répandait sur la terre et couvrait de sa teinte rouge toute la végétation.

— Dieu du ciel ! qu'est-ce que cela ?

— Sainte Vierge de la Guadeloupe ! s'écriaient certains chasseurs, tandis que d'autres proféraient des blasphèmes.

— Ce n'est pas assurément la main d'un homme qui a suffi pour commettre ce massacre ?

— Moi, j'affirme que c'est un Indien ; et tenez ! voyez là-bas ce maudit Peau-Rouge.

J'entendis le craquement d'un chien de carabine que l'on armait. Je me retournai : Rubé mettait son arme en joue. Je suivis machinalement la direction du canon ; le vieux pionnier visait un objet qui se mouvait dans le gazon.

— C'est un bison encore en vie qui se débat, me dis-je, en apercevant une masse velue de couleur sombre. Le trappeur veut l'achever. Ah ! c'est le jeune bison.

J'avais à peine achevé cette remarque, que je vis l'animal se lever sur ses pieds de derrière, en poussant un cri humain d'une étrange sauvagerie. La fourrure, qui recouvrait un Peau-Rouge, tomba par terre, et celui-ci se plaça devant nous, en tendant des mains suppliantes.

Il m'eût été impossible de sauver cet homme : la balle avait atteint son but. Le projectile venait de percer sa poitrine complétement nue, et il tomba lourdement sur la carcasse d'un bison.

— Bravo, Rubé! s'écria l'un des nôtres; cependant tu aurais bien fait de laisser ce pauvre malheureux prendre le soin d'écorcher le gibier. Pendant qu'il y était, il se serait très-bien acquitté de la besogne.

Le chasseur riait en parlant de la sorte.

— Attention! camarades, répliqua le vieux trappeur. Vous devez, en ouvrant les yeux, apercevoir un autre veau du même genre dans le bosquet. Je vais, moi, « tailler les cheveux » à ce drôle-là.

Les camarades de Rubé s'étaient précipités pour entourer le fourré. J'éprouvai un sentiment de répulsion à voir ainsi répandre le sang froidement. Je tirai la bride de mon cheval et je m'éloignai de l'endroit où gisait le Peau-Rouge, qui, couché sur le dos, se débattait encore dans les convulsions de la mort. La balle lui avait traversé l'épaule gauche, et le sang coulait à flots sur ses bras et le long de ses côtes.

La peau de bison dont il s'était revêtu, afin de se déguiser, était tombée près de lui, et, tout à côté, on pouvait voir le carquois, l'arc et les flèches, celles-ci couvertes de sang jusqu'à l'encoche, et les plumes collées au bois. Ces flèches avaient percé de part en part le corps des bisons, et la même avait par conséquent servi à plusieurs reprises.

Le vieux trappeur poussa son cheval près du cadavre et descendit lentement de sa selle.

— Cinquante dollars par scalp! murmura-t-il, en tirant son coutelas de sa gaîne et en se courbant sur le corps de l'Indien. C'est plus qu'on ne m'eût donné de ma chevelure, à moi. Cela vaut mieux, après tout, qu'une peau de castor. Au diable les amphibies! C'est un mauvais métier que celui de trappeur, à moins que le gibier ne soit aussi nombreux que les sauterelles du désert. Allons, mon bonhomme, ajouta Rubé, en saisissant la longue chevelure du Peau-Rouge, et en examinant son visage, je veux te voir de près. Hurrah! c'est un Indien Apache, un Coyote! Hurrah!

Un éclair de triomphe illumina les yeux de Rubé, tandis qu'il prononçait ces paroles.

— Est-ce vraiment un Apache? demanda l'un des chasseurs qui se trouvaient devant le vieux trappeur.

— Parbleu, c'est bien un de ces maudits qui m'ont coupé les oreilles. Que Dieu les damne à tout jamais. Je reconnais ces chiens-là partout où je les rencontre. Vieux loup! Je te tiens enfin. Est-il laid, grand Dieu! Je m'y connais, moi....

En s'exprimant de la sorte, Rubé avait pris entre ses doigts toute la chevelure du Peau-Rouge. En deux coups de la lame tranchante de son coutelas, il découpa la peau et arracha prestement la chevelure.

— Cela fait six! murmura-t-il entre ses lèvres, en plaçant le scalp à sa ceinture. Six à cinquante dollars la pièce. Trois cents dollars pour les chevelures apaches. J'envoie à tous les diables mes trappes à castor.

Après avoir assuré à sa ceinture la dépouille sanglante de l'Indien, Rubé essuya son couteau à la fourrure de l'un des bisons et se mit à pratiquer dans la crosse de son fusil une nouvelle entaille à la suite des cinq autres qu'on y voyait déjà.

Ces six coches avaient trait à autant d'Apaches mis à mort par lui. Mais, en examinant le bois de l'arme de Rubé, je m'aperçus qu'il y avait encore d'autres colonnes à additionner sur ce compte ouvert de vies humaines.

Un coup de fusil tiré à quelques pas de moi détourna mon attention des agissements du vieux trappeur. Je vis une fumée légère s'élever sur l'herbe de la prairie, mais il me fut impossible de comprendre d'où le coup était parti.

Une quarantaine de chasseurs entouraient le bosquet et restaient à cheval, en formant un cercle irrégulier, tout en se tenant à une certaine distance des arbres. Ils portaient leurs fusils prêts à mettre en joue et ils s'adressaient les uns aux autres des cris multipliés.

Tout leur indiquait que l'Indien mis à mort par Rubé n'était pas seul ; ils se disaient que ses camarades étaient cachés dans le fourré, et leurs yeux cherchaient à en pénétrer l'obscurité.

Il me semblait avoir devant moi une compagnie de chasseurs attendant la sortie du gibier. Mais, hélas ! en cette circonstance le gibier était de race humaine.

Terrible spectacle en effet ! Je regardai Séguin, avec l'espérance qu'il allait intervenir afin d'arrêter cette battue barbare. Selon toute probabilité, celui-ci comprit ce que j'attendais de lui ; car il détourna la tête comme s'il avait honte de l'œuvre infernale dans laquelle ses compagnons étaient engagés. Par malheur, le meurtre ou la capture de tout Indien caché dans le fourré devenait une nécessité impérieuse, et je savais que toute remontrance de ma part serait mal accueillie.

J'arrêtai mon cheval et je me tins à distance, attendant le dénoûment de ce drame sauvage.

— Qu'avez-vous vu? demanda l'un des Mexicains à Barney.

— Un Peau-Rouge ! répliqua celui-ci.

— N'est-ce pas plutôt votre ombre qui se reflétait sur l'eau? ajouta un autre, qui voulait plaisanter.

— Peuh ! s'écria un trappeur, qui poussait son cheval vers le fourré, l'idiot n'a rien vu. Il a tiré au jugé. Je parie que c'est ainsi, et je vais m'en assurer.

— Arrêtez, l'ami, dit Garcy. Agissons avec prudence. Il est certain qu'il y a des Peaux-Rouges dans le bois. Cette fouine que voici, morte et écorchée par Rubé, n'était pas seule. Allons voir là-dedans.

Le jeune chasseur descendit de sa selle, et, plaçant son cheval de flanc à la forêt, il se servit de la bête comme d'un bouclier, passant seulement sa tête au-dessus de la croupe et tenant, sur sa selle, son fusil armé, prêt à faire feu.

Certains chasseurs, observant la manière d'agir de Garcy, suivirent cet exemple. Le plus grand silence régnait parmi eux, à mesure qu'ils s'avançaient du côté du bois.

Je surveillais tous ces mouvements, et je commençais à croire qu'il n'y avait personne dans le bois. Je prêtais l'oreille à tous les sons ; j'entendais le craquement des branches et les murmures des hommes. Il y eut un moment de silence, quand tout ce monde se fit jour en avant.

Tout à coup retentirent ces exclamations :

— Un Peau-Rouge ! Bravo, Barney ! bravo !

— Sa balle l'a percé de part en part ! s'écria un autre. Allons ! vieux démon, viens contempler ton gibier.

Les autres chasseurs se dirigèrent vers le cadavre. J'aperçus bientôt quelques hommes qui traînaient le corps d'un Indien hors du fourré. Cet infortuné, victime de la balle d'un de nos compagnons, était complètement nu comme le premier. Les chasseurs se disposaient à le scalper.

— Allons ! Barney, la chevelure vous appartient.

— Ah ! elle est à moi ? fit celui-ci en s'adressant au chasseur qui l'avait interpellé. Qui veut cueillir ce scalp pour moi ?

— Moi, répliqua le chasseur. Je le ferai avec plaisir pour vous obliger.

Tout en parlant ainsi, il procéda à l'opération, coupa la peau autour du crâne et enleva prestement la chevelure, qu'il tendit à Barney.

Ce dernier s'empara de ce hideux trophée, dont il n'avait pas l'air de faire très-grand cas.

Les chasseurs avaient mis pied à terre ; je les vis fouiller le hallier de tous côtés. Leur recherche fut très-minutieuse. Ils avaient découvert un troisième arc, avec un carquois rempli de flèches. Il s'agissait de découvrir le propriétaire de ces armes.

— Eh! là-bas! regardez donc près de l'eau, au pied des saules.

Nous apercevions une mare à l'endroit indiqué. L'eau en était trouble. Quelques-uns de nos camarades se rendirent de ce côté, pour sonder le fourré avec leurs lances et le canon de leurs carabines.

Le vieux Rubé avait suivi ses amis. Je le vis enlever, avec ses dents, le bouchon de sa poire à poudre, pour recharger son arme. Ses yeux noirs brillaient comme des éclairs.

Une pensée soudain jaillit de son cerveau. Je le vis saisir brusquement sa carabine, la tendre à l'Irlandais, qui se tenait à ses côtés, et lui dire d'une voix contenue :

— Paddy! Paddy! donne-moi ton fusil. Vite! vite!

Rubé saisit vivement le fusil et le mit en joue, comme s'il voulait tirer du côté de la mare. Mais je le vis tout à coup faire volte-face, et, levant son arme, il pressa la détente dans la direction de la cime d'un arbre.

Un cri se fit entendre, un corps pesant dégringola des branches et vint tomber devant moi. Eclaboussé par le sang, je fermai les yeux; mais j'entendis les chasseurs se précipiter de tous côtés, autour de moi; et quand je recouvrai l'usage de la vue, j'entrevis un sauvage nu qui fuyait à travers le bois.

— Je l'ai manqué! s'écria le trappeur.

Il jeta à terre le mousquet de l'Irlandais; puis nous le vîmes s'élancer en avant, le coutelas à la main.

Je suivis la piste comme les autres et j'entendis des détonations multiples au milieu du bois.

Lorsque je parvins de l'autre côté du bosquet, j'aperçus l'Indien qui courait avec la rapidité d'une antilope. Ce malheureux zigzaguait, afin d'éviter les coups de feu de ses ennemis. Jusqu'à ce moment aucune balle ne l'ayant atteint, il continuait sa course éperdue. Une longue trace de sang s'écoulait pourtant le long de son corps, mais la blessure était invisible.

Je compris qu'il n'avait aucune chance d'échapper à la mort.

Quelques chasseurs le poursuivaient à pied, tandis que d'autres, plus rusés, couraient à leurs chevaux, qui se trouvaient de l'autre côté du fourré. Un seul était plus proche ; c'était la jument de Rubé, qui broutait près des bisons mis à mort par le Peau-Rouge, c'est-à-dire précisément dans la direction de la chasse.

Le sauvage s'approcha de l'animal, arracha rapidement le piquet, reprit le lasso qui se trouvait par terre, et sauta sur la croupe de la bête.

L'idée était bonne en elle-même, mais l'Indien eut à s'en repentir. A peine se trouvait-il en selle, qu'un cri strident se fit entendre, poussé par le trappeur aux oreilles coupées. Le mustang reconnut la voix de son maître : au lieu de s'élancer en avant, il tourna sur lui-même, et, malgré les efforts de l'Indien, revint dans la direction de Rubé. Un coup de feu, qui retentit un instant après, vint effleurer la peau du mustang vers la hanche. La brave bête baissa les oreilles et se cabra ; puis elle rua avec une telle rapidité, qu'on eût pu croire que ses quatre fers ne touchaient plus la terre.

Le sauvage faisait de vains efforts pour se jeter au bas de la selle, mais le mouvement d'avant et d'arrière produit par sa monture lui imprimait des secousses épouvantables. A la fin il fut désarçonné et tomba par terre, sur le dos. Il allait se relever ; un Mexicain, lancé au galop, le cloua sur le sol d'un coup de lance.

Il ne devait plus y avoir le moindre Indien dans ces parages; aussi les chasseurs songèrent-ils à apaiser leur faim dévorante. Ils allumèrent les feux, et la viande savoureuse des bisons grilla bientôt sur les charbons ardents.

Lorsque le repas fut terminé, on tint conseil, et il fut décidé que nous allions nous diriger du côté de la Vieille-Mission, située à dix milles de distance au plus.

XXII.

LA VILLE FANTÔME. — LA MONTAGNE D'OR.

Vers le soir, nous atteignîmes les ruines de la Mission. Nos chevaux furent mis au piquet sur les pelouses abandonnées et au milieu des vergers, où les fruits mûrs jonchaient la terre. Nous allumâmes nos feux, dont les reflets brillants éclairèrent les ruines du couvent.

Il y avait de l'eau en quantité dans la Mission. Un bras du San-Pedro traversait toute la station. Nous trouvâmes dans le potager des ignames, des raisins, des grenades, des coings, des melons, des poires, des pêches et des pommes, qui suffirent à notre repas du matin.

Nous eûmes bientôt achevé de nous rassasier, et nous plaçâmes des vedettes sur les sentiers qui aboutissaient aux ruines. Ces hommes, comme nous tous, étaient harassés et exténués, ce qui ne les empêcha pas de veiller, tandis que nous nous endormions, la tête appuyée sur nos selles.

C'est ainsi que s'écoula notre première nuit au couvent de San-Pedro. Nous devions y séjourner trois jours, afin de faire sécher la chair de bisons, pour l'empêcher de se corrompre.

Nos camarades laissés en observation revinrent le quatrième jour et nous apprirent que les Navajoes avaient continué leur route dans la direction du sud.

Il ne nous restait plus d'autre parti à prendre que de lever le camp le plus tôt possible, et de continuer notre chemin vers le nord.

Une heure après nous montions tous à cheval, et nous suivions les rivages du San-Pedro couverts de rochers. Une longue journée de marche nous amena aux abords de la vallée aride de la Gila, et nous campâmes sur la rive du fleuve, au milieu des ruines célèbres, reste de la seconde étape de la race aztèque à l'époque de sa migration.

Le jour suivant, nous remontâmes la Gila jusqu'à l'embouchure de la rivière San-Carlos. Nous fîmes en cet endroit halte pour la nuit. Séguin voulait remonter cette rivière vers le nord sur une étendue de cent milles, puis se détourner à l'est, vers le pays des Navajoes.

Lorsque la troupe connut cette détermination, tous les hommes manifestèrent leur mécontentement.

On fit halte quelques minutes après ce commencement de révolte, et un certain nombre de nos camarades, entrant dans l'eau, recueillirent quelques pépites d'or au fond du courant. Au milieu du rocher se trouvait le *grixa*, autrement dit ce que les Mexicains appellent la « mère de l'or, » preuve irrécusable de la présence du métal dans le San-Carlos. Plusieurs mineurs, qui faisaient partie de notre troupe, furent enchantés de cette découverte. Il ne fut plus dès lors question de reprendre le Prieto ; le San-Carlos était ou devait être aussi riche en précieux minerai. D'ailleurs, en se dirigeant vers l'est, on devait forcément traverser le Prieto vers sa pointe. Cette perspective suffit pour calmer les mutins, pendant quelque temps du moins.

Une seconde considération dans cet apaisement, c'était le caractère de Séguin. Pas un seul des chasseurs n'eût osé le contrecarrer. Tous se sentaient, en outre, attirés vers les villages navajoes par des mobiles semblables à ceux qui y poussaient leur chef.

Dès le point du jour nous nous remîmes en marche, en remontant le long des rives du San-Carlos.

Nous pénétrions ainsi dans le grand désert qui s'étend de la Gila jusqu'aux sources du Colorado. Nous étions sans guide ; car nul parmi nous n'avait jamais osé traverser ces régions inconnues. Rubé lui-même ignorait ces parages. Nous étions sans boussole ; mais, à la rigueur, nous pouvions nous en passer.

Nous avions un guide aussi sûr que la boussole aimantée : c'était la plante polaire, qui pousse dans ces parages, et qui nous montrait notre route vers le nord. Cette herbe bizarre se dressait partout sous nos pas et sous ceux de nos chevaux.

Nous nous avançâmes vers le nord pendant plusieurs jours, à travers un pays couvert de montagnes d'un aspect étrange, dont les cimes de formes fantastiques se dressaient vers le ciel.

Ici nous apercevions des rochers dont la configuration était celle d'une église ; plus loin, ils présentaient la bizarre construction de tours gothiques, ou d'aiguilles géantes. Nous rencontrions des colonnades, supportant une architrave, également surmontée de fûts droits ou tronqués, revêtus d'une teinte dorée ou de couleurs éclatantes, qu'on aurait pu attribuer à un habile artiste. Il y avait aussi des pierres rougeâtres, blanchâtres, vertes, jaunes, qui semblaient enluminées de la veille. Aucune fumée ne les avait ternies depuis le moment où elles avaient émergé de leurs lits souterrains. Les nuages ne voilaient point la netteté de leurs couleurs.

La contemplation de ces rochers éblouissants nous empêchait de faire attention à l'aspect désolé de la nature qui nous entourait. A certains moments, nous ne pouvions nous empêcher de croire que nous nous trouvions au milieu d'un pays très-peuplé, d'une région civilisée, riche en chefs-d'œuvre d'architecture. Hélas !

en réalité, nous passions sur le terrain le plus désolé du globe terrestre ; aucun pas humain n'en avait foulé l'herbe et les cailloux, sauf celui des sauvages chaussés de mocassins.

Nous remontâmes les bords du fleuve, nous arrêtant de place en place, à la recherche du précieux métal. Nous ne le trouvions qu'en petite quantité ; aussi les chasseurs de chevelures parlèrent-ils de se rendre au Prieto, où, selon eux, se rencontraient de grosses pépites.

Le quatrième jour après avoir quitté la Gila, nous parvînmes à un endroit où le San-Carlos se frayait passage à travers un défilé creusé entre deux monts élevés. Nous fîmes halte pour la nuit ; le lendemain, dès l'aube, nous explorâmes les environs, et nous reconnûmes que, pour suivre le cours de la rivière, il nous fallait gravir une des montagnes. Séguin déclara à ses compagnons qu'il entendait s'éloigner du courant d'eau et s'avancer dans la direction de l'est. Tous accueillirent cette déclaration avec un sentiment de joie inexprimable.

Nous restâmes campés le long du San-Carlos jusque vers l'après-midi, afin de permettre à nos montures de se reposer suffisamment. Vers trois heures, chacun remonta à cheval. Nous avions l'intention de voyager toute la nuit, et de ne faire halte que lorsque nous trouverions de l'eau.

A peine avions-nous franchi quelques milles, que nous nous trouvâmes devant une *jornada* terrible, autrement dit une plaine déserte, où ne croissent ni plantes ni arbres, et d'où l'eau est tout à fait absente. Nous apercevions devant nous une chaîne de collines s'étendant du nord au sud, à la suite desquelles s'élevait une seconde chaîne plus élevée, et dont les pics paraissaient couverts de neige. Il était facile de deviner que ces deux chaînes étaient distinctes l'une de l'autre, et tout nous portait à croire que vers la base de ces montagnes devait couler une rivière ; mais, hélas ! la distance était immense ; et si nous ne rencontrions pas un courant d'eau ou des sources en avant des premières collines, il fallait nous résigner à mourir de soif.

Nous marchions sur un sol aride, couvert de couches de lave et de pierres brisées, qui blessaient les pieds de nos chevaux et les faisaient boiter. La seule végétation qui poussait entre ces rochers se composait d'artémises rabougries et de plantes de créosote aux émanations fétides.

— De l'eau ! de l'eau ! s'écriait chacun de nous.

Et l'eau ne paraissait nulle part à nos yeux.

Nous étions à peine à vingt milles loin du San-Carlos, que déjà nos outres et nos gourdes étaient à sec. La poussière de la plaine et la chaleur de la température provoquaient une soif intense et inusitée dans la gorge de tous les chasseurs de chevelures.

J'ai déjà dit que nous étions partis dans l'après-midi. Quand le soleil se fut couché, les montagnes, dont nous apercevions toujours les cimes, semblaient être toujours très-éloignées. Nous avançâmes ainsi toute la nuit; et quand le jour revint, la distance ne paraissait pas diminuée.

Mes camarades mâchonnaient de petites balles de plomb ou des cailloux d'obsidienne, afin de tromper leur soif. Lorsque nous atteignîmes la base des montagnes, le soleil était au niveau de l'horizon, et notre désespoir fut immense en ne trouvant pas d'eau en cet endroit.

Les chasseurs de chevelures se répandirent de tous les côtés, et revinrent sans avoir rien trouvé.

Il y avait un passage apparent à travers ces montagnes ; mais, lorsque nous nous aventurâmes entre les roches, de tristes pensées nous réduisirent au silence. Un spectacle étrange nous frappa quand nous arrivâmes de l'autre côté.

Devant nous s'étendait une vaste plaine, entourée par

des roches à pic de plus de mille pieds de hauteur, et chargées de neige à leurs cimes.

Je me sentis saisi d'épouvante à l'aspect de ce chaos de rochers et de la plaine immense qu'il nous fallait traverser. Tout paraissait mort autour de nous, et la nature me semblait ensevelie dans un linceul. Mes camarades éprouvaient les mêmes sentiments de terreur; mais ni les uns ni les autres ne disaient mot.

Aussi loin que notre vue pouvait s'étendre, nous n'apercevions aucune trace d'eau ; cependant il fallait passer outre. A l'extrémité la plus reculée, nous remarquâmes une ligne noire, qui nous parut être une rangée d'arbres, et nous avançâmes vers ce point.

En arrivant du côté de la plaine, cette nappe blanche que nous avions prise pour de la neige fut reconnue pour de la soude naturelle.

Trois ou quatre rochers, en forme de pyramide, s'élevaient au débouché de la passe. Au moment où nous parvînmes en cet endroit, nos regards se portèrent vers une large ouverture, à travers les montagnes placées devant nous. Les rayons du soleil brillaient au travers et coupaient l'extrémité de la vallée par une masse de rayons dorés, au milieu desquels des cristaux de soude, entraînés par un vent léger, se balançaient dans l'espace.

A mesure que nous descendions, les objets prenaient une forme toute différente que celle que nous leur avions attribuée de loin. La surface neigeuse disparut comme par enchantement. Nous vîmes des champs de verdure du milieu desquels s'élevaient des arbres géants, couverts d'un feuillage plantureux.

— Ce sont des cotonniers ! s'écria un chasseur.

— Moi je déclare que ce sont des sapins ! dit un autre.

— Nous allons trouver infailliblement de l'eau, camarades, fit un troisième.

— Je ne fais pas erreur. Je vois une maison.

— Non pas une seule, mais deux, trois, c'est une ville entière.

Je m'avançais à la tête de la caravane, en compagnie de Séguin, et les autres chasseurs venaient à la suite. Jusque-là mes regards s'étaient portés vers le sol, et je me demandais ce qui pouvait avoir amoncelé en cet endroit la poussière blanche de la soude. J'écoutais le craquement des sabots de mon cheval sur cette croûte amoncelée du désert américain, quand les cris poussés par mes compagnons me firent relever la tête.

Ce qui frappa mes regards m'impressionna tellement, que je tirai les rênes de ma monture. Séguin avait fait comme moi, et toute la troupe avait imité cet exemple.

Nous venions de contourner un des grands rochers qui nous avaient jusque-là obstrué la vue de la grande vallée, dévoilée en cet instant à nos yeux ébahis. Nous apercevions devant nous une ville immense, autant qu'on en pouvait juger, du point où nous étions placés, par son architecture et par les monuments qui s'élevaient de tous côtés. Il y avait des temples à colonnes, des portes, des fenêtres, des balcons, des parapets, des clochetons, des tours, etc. Au centre, on voyait un grand édifice, une sorte de temple, dont le dôme se dressait au-dessus de toutes les autres constructions.

Je crus rêver, en examinant ce spectacle inimaginable. Je me dis que c'était un mirage, une illusion qui allait s'évanouir; mais je me trompais, un mirage ne pouvait pas avoir une conséquence pareille. Il n'y avait pas à s'y méprendre : je voyais des toits, des cheminées, des murailles, des fenêtres, des créneaux espacés sur les maisons fortifiées. Tout était bien réel! Il y avait là-bas une ville.

Séguin se montrait aussi surpris, aussi embarrassé que je l'étais moi-même. Il ignorait complétement ce pays. Bien souvent des mirages avaient passé devant ses yeux, mais aucun n'avait ressemblé à celui-ci.

Nous restâmes un certain temps sur nos selles, immobiles, nous abandonnant à nos émotions. Allions-nous pousser en avant? Certes oui! Nous avions besoin d'eau, car nous mourions de soif. Nous éperonnâmes nos montures ; mais à peine avions-nous franchi une courte distance, que tous les chasseurs poussèrent une exclamation simultanée. Un sujet d'alarme interrompait l'élan de notre joie. Vers la base de la montagne, une ligne de formes sombres se montrait à nos yeux. Il y avait là-bas des hommes à cheval.

Nous arrêtâmes à l'instant nos montures et nous fîmes halte.

— Ce sont des Indiens! s'écrièrent certains d'entre nous.

— Parbleu! ce sont des Peaux-Rouges. Il n'y a pas d'autres peuplades de ce côté-ci, murmura Séguin. Mais non! nous nous trompons. Ce ne sont pas des hommes. Examinez mieux leurs chevaux monstrueux, leurs fusils énormes.... Ce sont des géants, camarades. Ces hommes n'ont pas de corps.... Ce sont des fantômes.

Pendant un moment, j'éprouvai comme tous les autres un sentiment de terreur ; mais il fut de courte durée. Un souvenir inopiné me vint à l'esprit. Je me rappelai les montagnes du Hartz et les démons qui les hantent, et je me dis que le phénomène qui se montrait à nos yeux devait être le même : une illusion d'optique, le résultat d'un mirage.

Je levai ma main au-dessus de ma tête, la plupart des géants répétèrent ce mouvement. J'éperonnai mon cheval et le lançai au galop ; les cavaliers fantômes imitèrent cette course. Après quelque temps de galop, j'avais dépassé l'angle réflecteur, et, plus rapides que la pensée, les géants avaient disparu.

Tous mes camarades, parvenus au même point, et dépassant ce même angle, n'apercevaient plus rien.

La ville elle-même s'évanouit, mais nous retrouvâmes les contours de plusieurs formes singulières, au milieu des rochers stratifiés qui bordaient la vallée.

Nous perdîmes de vue les hautes futaies ; mais une

ceinture de saules se montra devant nous au pied de la montagne. Sous leur feuillage passaient des éclairs dus à la réverbération du soleil. Il y avait de l'eau. Nous étions devant une des branches du Prieto. Nos chevaux poussèrent des hennissements joyeux, et quelques instants après on eût pu nous voir tous agenouillés près du courant.

Chacun de nous éprouvait le besoin de se reposer et de faire une halte prolongée, après la marche pénible que nous venions de subir. Nous nous arrêtâmes donc près de l'*arroyo*, pendant toute la journée et la nuit qui la suivit; mais les chasseurs voulaient boire le plus tôt possible dans les eaux du Prieto lui-même; et dès le lendemain matin, nous arrachions les piquets qui retenaient nos chevaux, afin de reprendre la direction de ce fleuve. Vers l'après-midi, nous parvînmes sur ses rives.

Ce fut seulement après avoir longé ses bords pendant un certain temps, que nous pûmes trouver un endroit où il nous fut permis d'approcher. Les chasseurs, sans s'occuper d'autre chose, franchirent rapidement les obstacles, et se dirigèrent vers l'eau en prenant à peine le temps de boire.

Cela fait, ils gravirent, avec de grandes difficultés, les roches pointues, fendues, plates, glissantes; ils ramassaient, par ci par là, de la boue, qu'ils lavaient dans leurs écuelles; ils brisaient des pierres, à l'aide de leurs tomahawks, et en écrasaient les fragments entre de gros cailloux. Fait curieux à mentionner, ils ne rencontraient pas la moindre parcelle d'or.

Ils commencèrent à murmurer, en disant que là contrée aurifère se trouvait plus loin en aval, cela leur paraissait certain. Le chef les avait conduits vers le San-Carlos, ajoutaient-ils, afin de les empêcher de devenir riches et de retarder la marche en recueillant des pépites. Aussi l'accusaient-ils de se soucier fort peu de leurs intérêts. Il n'avait, lui, qu'un but dans cette expédition. Peu lui importait que ses camarades revinssent au point de départ, pauvres comme devant.

Séguin n'entendait rien, ou du moins ne voulait rien entendre. Il était doué d'un de ces caractères qui supportent tout avec patience, jusqu'au moment où ils ont l'occasion d'agir.

Nous nous mîmes en route bien avant le lever du soleil, dans la direction du haut Prieto. Pendant la nuit qui venait de s'écouler, nous avions aperçu des feux à une certaine distance, et nous savions qu'ils étaient allumés dans des villages Apaches. Il était important de traverser le territoire sans être aperçu de ces gens-là ; aussi fut-il décidé que l'on se cacherait dans les rochers pendant la journée.

Dès que l'aube parut, nous fîmes halte dans un profond ravin. Au lieu de rester là cachés inutilement, nous continuâmes notre route à travers une plaine tapissée de sauges et hérissée de cactus. Nous avions à notre droite et à notre gauche des monts taillés à pic, qui se dressaient avec des apparences fantastiques ; des précipices effrayants s'ouvraient à leurs bases, et la crête de ces roches géantes formait des plateaux arides.

Peu de temps après le coucher du soleil, nous parvînmes à une route pratiquée par les Indiens.

Nous traversâmes donc la rivière avec l'intention de cesser d'en suivre le cours, pour marcher dans la direction de l'est.

Nous conduisîmes d'abord nos chevaux au milieu de l'eau, afin de les baigner et de leur permettre de boire à leur soif. Quelques-uns des chasseurs, s'avançant plus avant sur la route projetée, avaient gravi la berge élevée. Nous les entendîmes bientôt pousser des cris extraordinaires. Nos yeux, tournés de leur côté, les virent arrêtés sur la crête d'un mamelon, montrant la direction du nord avec obstination, et faisant des gestes très-animés.

— Qu'est-ce que cela ? leur cria Séguin.

— Une montagne d'or ! une montagne d'or ! répondirent-ils.

Nous éperonnâmes nos montures, et, en arrivant au sommet de la colline, nous vîmes en effet, bien loin, dans la direction du nord, une montagne dont les flancs étaient dorés, ou paraissaient l'être. Des rayons lumineux, s'élançant de tous côtés, forçaient la paupière à s'abaisser sur les yeux éblouis.

Était-ce là réellement une montagne d'or ?

Je me retournai et j'examinai la contenance de Séguin. Il avait le regard baissé vers la terre, et paraissait anxieux ; car il avait compris l'illusion, aussi bien que ses camarades Maricopa et Ritcher. J'avais moi-même deviné : nous avions devant nous une roche de sélénite.

Séguin comprit qu'il avait une grande difficulté à vaincre. Cette masse éblouissante se trouvait à une distance énorme de la route que nous avions à suivre. Il y avait à redouter que les chasseurs ne voulussent écouter ni les menaces ni les prières, et qu'ils ne cherchassent, à toute force, à se rendre du côté de la montagne d'or. Déjà quelques-uns d'entre eux avaient tourné la tête de leurs chevaux dans cette direction.

Séguin voulut inutilement leur faire comprendre l'urgence qu'il y avait à se rendre à la ville des Indiens, car on courait le danger de voir revenir la troupe de Dacoma, qui avait dû rebrousser chemin. Tous paraissaient obstinés ; cette vue qui causait leurs espérances les plus chères les avait enivrés au point de leur faire perdre la raison.

— Soit ! En avant ! s'écria Séguin, en s'efforçant de contenir sa fureur. Allons ! en route ! insensés.

Le soir, après une pénible journée de marche, nous atteignîmes enfin la base de la montagne. Presque tous les chasseurs descendirent de leurs montures et grimpèrent sur les rochers brillants. Ils brisèrent des morceaux de cette pierre, avec leur hachette ou la crosse de leurs pistolets, puis ils la grattèrent avec leur couteau. Hélas ! ce n'était que du mica et de la sélénite transparente, qu'ils jetèrent aussitôt, avec un sentiment de honte et de mortification. L'un après l'autre, ils revinrent vers le chef, en laissant voir un profond abattement. Aucun d'eux ne prononça une parole ; mais tous remontèrent à cheval et suivirent leur chef.

Nous nous dirigeâmes alors vers le sud-ouest et nous fîmes halte pour la nuit, près d'une source, au bas des montagnes.

Le lendemain, après avoir voyagé dans la direction du sud-est, jusqu'au soir, Rubé nous assura que nous approchions de la grande cité des Navajoes.

XXIII.

NAVAJOA. — ADÈLE.

Nous n'atteignîmes la base de la sierra que vers le soir, à la fin de la journée suivante, vers l'embouchure du défilé. Il nous était impossible d'avancer davantage le long du bord de la rivière, car il n'y avait là ni route, ni gué. Il fallait donc indispensablement passer par-dessus la cime qui formait la face méridionale de l'abîme. Là, se trouvait un sentier tracé sous des pins rabougris. Nous suivîmes Rubé et nous gravîmes les déclivités de la montagne.

Cette ascension dura près d'une heure : nous suivions une route vertigineuse, le long des flancs des rochers, au-dessus du précipice. Enfin, nous arrivâmes sur la cime du pic audacieux. Nous étions près du but. La ville des Navajoes se trouvait devant nos yeux.

Un splendide panorama s'étendait devant nous ; mais l'intérêt que nous éprouvions à cet aspect était redoublé par les circonstances particulières où nous étions placés.

Nos yeux se portaient avec anxiété du côté de cette cité, sise à dix milles de distance encore. Les habitations, d'une architecture bizarre, avaient, pour la plupart, des toits en terrasse, au-dessus desquels flottaient des bannières. Une de ces constructions, plus vaste que les autres, semblait être un temple, et s'élevait sur cette plaine ouverte. Au moyen d'une lunette d'approche, nous pûmes voir des formes humaines qui s'agitaient sur le sommet. D'autres formes étaient placées sur la cime des autres maisons, et nous distinguions également, plus près dans la plaine, des habitants qui allaient de ci et de là, conduisant, les uns des troupeaux, les autres des mules et des mustangs. Quelques-uns se tenaient sur les bords de la rivière, dans les eaux de laquelle d'autres se baignaient.

Des groupes de chevaux de race, très-bien entretenus, mangeaient l'herbe de la prairie ; des troupes de cygnes sauvages, d'oies et de grues s'ébattaient dans la rivière.

Le soleil allait descendre vers l'horizon, et les monts se teignaient de couleur d'ambre. Les cristaux de quartz resplendissaient sur toutes les facettes des pierres de la sierra du sud. Nous avions devant les yeux un tableau d'une beauté imposante, et je me disais que bientôt ce séjour tranquille allait retentir du bruit des meurtres et du pillage.

Nous restâmes pendant un certain temps absorbés par la contemplation de cette vallée, sans nous communiquer nos pensées.

L'amour paternel était le sentiment le plus profond dans la foule de nos compagnons. Mais, hélas ! autour de ceux qui avaient l'espérance de retrouver leurs filles, on pouvait remarquer des hommes guidés seulement par la vengeance, la soif du pillage, le besoin du crime. Ceux qui avaient subi la déconvenue des pépites d'or ne songeaient plus qu'à la valeur des chevelures de leurs victimes.

Par ordre de Séguin, les chasseurs se glissèrent sous les arbres et tinrent rapidement conseil. Il s'agissait de savoir comment on allait s'emparer de Navajoa. Il était impossible de réussir en plein jour. Les habitants nous auraient vus bien avant que nous fussions arrivés à portée de leurs maisons, et ils auraient fui aussitôt vers la forêt de pins.

Il fut décidé que l'on surprendrait la ville pendant la nuit : c'était la seule manière de réussir, et tous se rangèrent à cette proposition.

L'intention de Séguin n'était point de se ruer sur les habitants à la faveur de la nuit, mais bien d'entourer la ville et de rester en embuscade jusqu'à ce que la lumière permît d'agir avec sécurité. En coupant ainsi la retraite aux habitants, nous pourrions retrouver nos prisonnières et les reconnaître plus aisément.

Ce point bien décidé, nos camarades s'étendirent sur le sol, et, tenant en main la bride de leurs chevaux, ils attendirent patiemment le coucher du soleil.

Une heure s'écoula de la sorte. Le globe incandescent disparut derrière nous. Nous descendîmes la pente rapide des collines, et, en tournant sur la gauche, nous suivîmes la base des rochers. Nous avancions avec la plus grande prudence, en parlant à voix basse. Après avoir contourné de nombreux contreforts, nous nous arrêtâmes pour prendre conseil.

Nous franchîmes ainsi une quinzaine de milles, pour arriver de l'autre côté de la ville indienne, d'où nous étions à peine éloignés d'un mille. Nous pouvions voir les feux allumés et entendre les voix de ceux qui circulaient alentour.

Notre troupe se partagea en deux : un des détachements se réfugia au milieu des rochers, dans une sorte de défilé. Il avait pour mission de faire bonne garde sur le chef prisonnier et de veiller aux mules des bagages.

L'autre troupe, conduite par Rubé, suivit la bordure de la forêt, en laissant de distance en distance un ou deux hommes pour opérer l'entourage complet.

Tous devaient attendre, en silence, le signal que la trompette donnerait aux premières lueurs du crépuscule.

La nuit s'écoula lente et silencieuse : les feux s'étaient éteints les uns après les autres, et la plaine demeura bientôt ensevelie dans une obscurité profonde. La lune était voilée par des nuages sombres, qui menaçaient de répandre sur nous des torrents de pluie, phénomène très-rare dans ces régions américaines.

La fraîcheur de l'atmosphère réveilla peu à peu les chasseurs de chevelures.

Chacun tira de son bissac un morceau de *tasajo* (viande desséchée), et le mangea sur le pouce, devant son cheval, prêt à monter en selle au premier signal. Le moment n'était pas encore venu.

La lumière envahissait la vallée, le brouillard bleuâtre qui courait au-dessus de la rivière se dissipait graduellement, et nous apercevions distinctement la ville, les contours des maisons, vraiment fort étranges dans leur construction : celles-ci de grandes dimensions, celles-là plus basses, les premières à un, deux, quatre étages, en forme de pyramides, dont les appartements allaient en diminuant de grandeur. Les toits des étages les plus bas servaient d'accès à l'étage supérieur, de façon à former des terrasses superposées. La couleur des murs avait la teinte jaunâtre de la boue dont ils se composaient, comme le pisé en Europe. Nulle fenêtre n'y avait été pratiquée; des portes seulement servaient d'entrée et laissaient pénétrer la lumière. Nous distinguions aussi des échelles posées contre les murs, et servant d'escaliers pour grimper de terrasse en terrasse. Sur la cime de ces demeures primitives, des mâts fichés solidement supportaient des bannières.

Les maisons ainsi pavoisées étaient probablement celles des chefs et des grands personnages de la nation.

Nous pouvions examiner attentivement le temple de Navajoa, dont la forme était bien la même que celle des autres habitations, mais dont la capacité était fort grande.

Près des maisons nous apercevions les *corrals*, remplis de mulets et de chevaux, le bétail de la ville.

Au moyen de la lunette d'approche, nous distinguions facilement le sexe et l'âge des habitants. Des femmes de toutes les tailles portaient des cheveux flottants sur leurs épaules. Il y avait également des enfants en grand nombre. Nous remarquions aussi des vieillards à la barbe blanche, au dos incliné. Quelques autres hommes se montraient aussi ; mais, quoiqu'ils fussent jeunes, nous voyions bien que ce n'étaient pas des guerriers. Ceux-ci étaient absents.

Tous descendaient de terrasse en terrasse par les échelles, se dirigeant vers la plaine, pour y rallumer leurs feux, portant des vases de terre ou des outres sur leurs têtes, et marchant vers les bords de la rivière. Ces gens-là étaient presque nus, et nous pouvions suivre des yeux les mouvements souples de leurs corps à peau rougeâtre. C'étaient des esclaves, se rendant à leurs travaux.

Pendant ce temps, les vieillards gravissaient les étages du temple, suivis par les femmes et les enfants, revêtus les uns de costumes entièrement blancs, les autres de couleurs voyantes. Ceux-là, au nombre d'une centaine environ, étaient les enfants des chefs ; ils gravirent la partie la plus élevée du bâtiment. Au pied de la hampe du drapeau, un autel était élevé : ils y allumèrent un feu et se mirent à chanter, tandis que d'autres battaient du tambour.

Bientôt le bruit cessa, et tous demeurèrent immobiles et silencieux, le visage tourné dans la direction de l'est. Nous nous demandions ce que cela voulait dire ; mais nous comprîmes qu'ils attendaient le lever du soleil, auquel ils adressaient leurs prières.

Les chasseurs, excités par un sentiment de curiosité, ouvraient de grands yeux, en observant cette intéressante cérémonie.

Enfin la cime de la montagne de quartz s'illumina, comme si elle eût été le foyer d'un volcan. Les premiers rayons du soleil se manifestaient là-haut. La teinte dorée s'élargit et l'éclat de l'astre brillant vint frapper les yeux des fidèles. Tout à coup un cri contenu s'échappa de nos poitrines : nous remarquions des visages blancs parmi ces adorateurs du soleil. Une, deux, trois, quatre, un certain nombre de femmes et de petites filles.

— Grand Dieu ! faites que mon enfant soit là ! s'écria Séguin, en rejetant sa lunette d'approche, et en portant l'embouchure de la trompette à ses lèvres.

Les sons stridents retentirent dans la vallée et furent entendus par tous les chasseurs. Sauter sur leurs montures, s'élancer hors des défilés et des bois, tout cela fut l'affaire d'un moment : ils galopaient à travers la plaine, se déployant à mesure qu'ils avançaient, formant le cercle et entourant la ville, de façon à la cerner.

. . . .

Nous avions laissé le chef Dacoma dans le défilé à la garde de quelques hommes.

Les sons de la trompette avaient attiré l'attention des habitants, qui restaient éperdus, atterrés, sur leurs maisons, se demandant ce que signifiaient ces hommes armés, déployés en ligne et s'avançant de toutes parts.

La consternation les empêcha d'agir sur le moment ; ils demeurèrent immobiles, jusqu'au moment où nous arrivâmes plus près d'eux. Alors, en apercevant nos équipements étranges, nos armes, nos chevaux caparaçonnés, ils se dirent qu'il n'y avait pas à s'y méprendre. C'était l'ennemi implacable qui arrivait près d'eux.

Nous les vîmes courir de ci, de là, de rue en rue. Ceux qui transportaient de l'eau jetèrent leurs récipients à terre et se mirent à courir du côté des maisons ; ils s'élançaient sur les échelles pour atteindre les étages les plus élevés ; les femmes, les jeunes filles, les enfants criaient et s'appelaient. La terreur était peinte sur tous les visages et se manifestait dans tous les mouvements.

Nous resserrions de plus en plus nos rangs ; nous parvînmes ainsi à deux cents mètres des murailles. Là, on fit halte. Par ordre de Séguin, vingt hommes s'arrêtèrent pour former l'arrière-garde. Les autres chasseurs, au nombre desquels j'étais, se groupèrent en corps et chevauchèrent sur les pas du chef de l'expédition.

Nous nous dirigeâmes aussitôt vers le grand monument, et nous l'entourâmes. Tous les vieillards étaient restés sur la cime du temple et garnissaient le parapet. Ils tremblaient comme des enfants. Un d'entre eux se distinguait dans la foule par des cheveux blancs qui lui retombaient jusqu'au milieu des épaules. Des ornements brillants étaient appendus à ses oreilles et recouvraient sa poitrine. Le vêtement qu'il portait était complétement blanc. C'était celui d'un chef, et les autres lui obéissaient. Il fit un signe de la main, et les cris cessèrent.

— Que désirez-vous? Parlez, fit-il en langue espagnole.

— Nous sommes venus à la recherche de nos parentes captives parmi vous. Il y a ici des femmes, des filles volées à notre affection.

— Des captives blanches, c'est une erreur. Les Apaches en ont, mais pas nous, et ils habitent là-bas, loin, bien loin vers le sud.

— Non! Celles que nous cherchons sont ici, et nous ne quitterons pas le pays sans elles.

Le vieillard s'était tourné du côté de ses compagnons; il leur parlait à voix basse, en échangeant des signes. Il revint ensuite vers l'endroit où se tenait Séguin.

— Croyez-moi, chef blanc, vous avez été mal renseigné. Il n'y a pas d'esclaves blanches parmi nous.

— Tu veux nous tromper, vieillard, s'écria Séguin. Nous savons pertinemment que vous avez des captives blanches : ce sont nos filles. Amenez-les sur-le-champ, si vous voulez avoir la vie sauve.

— Patience, *amigo*, vous verrez nos femmes blanches qui ne sont point soumises à la servitude. Ce sont des filles issues, comme nous, de la race de Montézuma.

Tout en prononçant ces paroles, le Peau-Rouge était descendu du sommet du temple. Il s'arrêta à l'étage supérieur, y pénétra et revint un moment après, ramenant cinq femmes vêtues du costume navajoe. Les chasseurs, au premier coup d'œil, virent qu'elles appartenaient à la race hispano-mexicaine.

Il y avait dans le nombre de nos camarades des hommes pour qui ces prisonnières n'étaient pas des inconnues. Trois, parmi elles, furent aussitôt reconnues par autant de chasseurs.

— Faites-les descendre, gredins! s'écria Garcy en menaçant de faire feu. Sinon, c'est vous qui allez rouler à nos pieds.

— Hâtez-vous! vite! vite! vociféraient les autres camarades.

Les Peaux-Rouges furent forcés d'obéir. Les jeunes filles se hâtèrent de descendre, et nous les vîmes se jeter dans les bras de leurs amis.

Deux autres restaient encore là-haut, parmi les cinq que nous avions découvertes. Séguin s'élance vers l'échelle, suivi par plusieurs de ses compagnons.

Parvenu à la première terrasse, il se hissa sur la seconde, les yeux hagards, cherchant les deux autres captives : on l'eût pris pour un fou. Celles-ci, se méprenant sur ses intentions, reculaient et jetaient des cris de terreur. Séguin les regardait d'un œil perçant; il interrogea ses souvenirs et ne trouva rien. L'une de ces femmes était déjà vieille; l'autre, ressemblant à une esclave, était commune de visage et d'apparences.

— Rien! Il n'y a rien! dit-il. Ce n'est pas elle. Toutes ne sont pas là, ajouta-t-il, en se retournant du côté du vieillard indien, qui recula épouvanté. Il y a d'autres prisonnières; amène-les; sinon, je t'écrase à cette même place.

— Nous n'avons pas d'autres femmes blanches, répliqua le Peau-Rouge d'un ton solennel et résolu.

— Camarades, s'écria Séguin, en s'élançant vers la maison, prenez des échelles et fouillez toutes ces demeures. Amenez ici les jeunes et les vieilles. Je veux retrouver mon enfant.

Les chasseurs se précipitèrent vers les échelles, s'emparèrent de celle du grand temple et des autres en même temps. Ils coururent de maisons en maisons, et firent sortir les habitants, qui poussaient des cris d'effroi.

Ceux qui ne se soumirent pas au premier ordre furent impitoyablement massacrés et scalpés.

La foule des prisonnières fut amenée et gardée sur le devant du temple. Séguin les examinait les unes après les autres, le cœur oppressé ; il découvrait de force leurs visages, quand elles les tenaient cachés. Hélas ! il ne trouvait rien de ce qu'il cherchait.

J'aperçus trois captives mexicaines, se tenant près des amis qu'elles avaient retrouvés, et je me dis qu'elles pourraient sans doute indiquer le lieu où la fille de Séguin était cachée.

Nous descendîmes au moyen des échelles et nous nous avançâmes vers ces jeunes filles. Séguin et moi, nous leur donnâmes à entendre qu'elles devaient guider nos recherches.

— Il s'agit, peut-être, de la reine mystérieuse, répondit l'une d'elles.

— Oui ! oui ! répliqua Séguin, plein d'anxiété.

— Elle est dans la ville, n'est-ce pas? ajoutai-je.

— Je l'ai vue ce matin, peu de temps avant votre arrivée, dit une Mexicaine.

— Cet Indien la pressait de rentrer, ajouta une autre. Il l'a cachée.

— Malédiction ! Il l'a enfermée sans doute dans l'*Estafa*.

— Qu'est-ce que c'est que cela ?

— La place où l'on brûle le feu sacré, où l'on prépare les médicaments.

— Où est-ce ? Montrez-moi cette cachette.

— Hélas ! nous ne savons pas où elle se trouve. C'est l'endroit où l'on brûle les prisonniers.

— Parbleu! ce doit être sous le temple. Ce vieillard seul connaît l'entrée de cette salle souterraine, lui seul a le droit d'y pénétrer. C'est un endroit terrible, à ce que l'on raconte.

Séguin s'était imaginé que sa fille courait un danger; peut-être l'avait-on sacrifiée. Il fut frappé comme nous de l'expression de cruelle méchanceté qui se manifesta sur le visage du chef de la médecine des Peaux-Rouges. C'était de l'obstination, car il paraissait prêt à mourir plutôt que de trahir son secret. Mais sans s'attacher à ces considérations, Séguin se lança vers les échelles, les gravit, et parvint devant le prêtre, qu'il saisit par ses longs cheveux.

— Conduis-moi vers la reine mystérieuse, s'écria-t-il. C'est ma fille!

— C'est impossible! la reine mystérieuse ne peut être la fille d'un blanc, répliqua le prêtre. C'est l'enfant du Soleil, un chef Navajoe.

— Malheur à toi, si tu refuses, vieillard! Conduis-moi vers elle. Allons! à l'*Estafa!*

— A l'*Estafa!* vociférèrent nos compagnons.

Le vieil Indien avait été saisi par des mains vigoureuses.

Jeté en bas de l'échelle, plutôt que conduit, le vieux Peau-Rouge n'opposa plus de résistance et nous mena vers la partie basse du monument. Il pénétra alors dans un passage dont l'entrée était cachée par une peau de bison; Séguin le suivait, en le retenant par la main, et nous marchions en foule derrière eux.

Nous passâmes dans un corridor sombre, formant un labyrinthe inextricable, et nous parvînmes dans une vaste salle, faiblement éclairée, aux parois de laquelle étaient suspendues des formes hideuses; des peaux de bêtes, des têtes desséchées d'ours gris, de buffles, de carcajous, de panthères, de loups, des massacres d'élans et d'antilopes, des idoles sculptées, en bois et en pierres rouges du désert. Une lampe y brûlait, en répandant une faible lueur. Au centre de la salle, dans un brasier, on apercevait une flamme bleuâtre.

Le feu sacré, qui brûle depuis des siècles, pour honorer le dieu Quetzalcoatl, s'élevait en spirales vers la voûte. Une fumée suffocante nous étouffait presque; mais, sans nous arrêter, nous fouillâmes dans tous les coins, renversant les idoles.

Nous cherchions Séguin. Où était-il passé?

Tout à coup nous vîmes notre chef tenant par la main une belle jeune fille, dont le costume était couvert d'ornements d'or et de plumes aux teintes brillantes.

Cette jeune fille cherchait à s'échapper, mais Séguin la tenait d'une main ferme et avait relevé, avec rapidité, la manche de peau de faon dont sa tunique était faite.

Il examina son bras gauche, et il s'écria d'une voix tremblante d'émotion:

— C'est elle! c'est elle! Merci, mon Dieu! Adèle, mon enfant, ne me reconnais-tu pas? Je suis ton père!

Celle-ci poussait des clameurs effrayantes, elle repoussait Séguin et appelait à l'aide l'Indien qui devait la protéger.

— Elle ne me reconnaît pas, s'écriait Séguin. Mon Dieu! ma fille!

Et il s'adressait à elle dans la langue des Indiens, en la suppliant de le regarder.

— Adèle! Adèle! je suis ton père....

— Vous? Vous êtes le chef des blancs, nos ennemis! Ne me touchez point. Arrière! arrière!

— Chère Adèle! ne me repousse pas, moi qui suis ton père.

— Mon père! Mon père était un grand chef; il est mort. Mon père actuel, le voici: c'est le Soleil. Je suis la reine des Navajoes.

En proférant ces paroles, un changement s'était opéré chez la jeune fille; elle s'était relevée; ses cris avaient cessé, son attitude était celle de la fierté et de l'indignation.

— Oh! Adèle, ajouta Séguin, plus anxieux que jamais, regarde-moi; ne te souviens-tu pas? Tiens! voici ta mère, Adèle! regarde son portrait; ta mère, ta bonne mère!

Séguin, tout en parlant de la sorte, montrait à sa fille une miniature qu'il portait sur sa poitrine. L'enfant l'examina avec un étonnement visible; mais elle ne la reconnut point. C'était tout simplement pour elle un objet de curiosité. Les ardentes supplications de son père la frappaient sans la convaincre, et elle continuait à le repousser.

Je ne pus m'empêcher de verser des larmes, en examinant la contenance désespérée de mon excellent ami, de celui que j'avais appris à aimer. Je comprenais sans peine le terrible combat qui se livrait dans son cœur.

— Emmenez-la! murmura-t-il enfin d'une voix brisée, emmenez-la.... Si Dieu le veut, elle pourra plus tard rassembler ses idées.

XXIV.

LE SCALP BLANC.

Nous repassâmes à travers l'horrible salle souterraine, pour remonter dans la partie inférieure du monument.

Au moment où je m'avançais sur le parapet, je fus témoin d'une scène qui me fit éprouver une sensation d'horreur inexprimable.

Les femmes de la ville, réunies devant le temple, tenaient près d'elles les jeunes filles et les enfants, au nombre de deux cents environ. Toutes portaient des costumes bizarres, les unes enveloppées dans des couvertures blanches et noires, les autres vêtues de peaux de daim tanné, brodées, couvertes de plumes, et teintes de nuances diverses.

Tout ce monde-là appartenait à la race indienne, quoique la teinte de leur peau fût plus pâle, l'expression de leur visage moins rude. Il y avait au milieu d'elles des femmes âgées, ridées, courbées par les travaux, et d'autres, en grand nombre, jeunes, d'un aspect noble et de formes admirables. Groupées dans des attitudes diverses, ces femmes et ces jeunes filles ne criaient plus, mais on les entendait pousser des exclamations plaintives.

Le sang sortait de leurs oreilles, coulait le long de leur cou, souillant leurs vêtements.

Je compris aussitôt qu'on leur avait arraché leurs boucles d'oreilles. Les chasseurs de chevelures, descendus de cheval, les entouraient; ils causaient à voix basse, et je vis sortir de leurs poches ou de leurs sacs des ornements de toilette divers, des colliers, des bijoux d'or, qu'ils avaient violemment dérobés à ces malheureuses.

D'autres objets attirèrent aussi mes regards : c'étaient des scalps saignants, attachés à la ceinture des chasseurs. Les lames de leurs coutelas et leurs mains étaient couvertes de sang; leurs yeux jetaient des effluves sinistres.

— Amenez ici l'*atajo*, cria Séguin, en descendant de l'échelle avec sa fille.

Les camarades du chef donnèrent le signal convenu, et nous vîmes bientôt arriver les *arrieros* conduisant les mules.

— Ramassez le plus tôt possible toute la viande sèche que vous trouverez ici, et empaquetez-la, dit le capitaine.

Devant toutes les maisons de la ville, il y avait des cordes tendues, auxquelles le *Tasajo* était appendu. Nous apercevions également des fruits et des légumes secs, du *chilé*, des racines de kamas et des sacs de peau remplis de noix, de pignons et de baies.

— Nous aurons à peine assez avec ces provisions, reprit Séguin. Ohé! Rubé, fais un choix parmi les prisonniers; nous ne pouvons pas en emmener plus de vingt. Il faut donc prendre ceux que nous pourrons échanger dans les meilleures conditions.

En prononçant ces paroles, le chef se dirigea vers l'*atajo* avec sa fille, dans l'intention de la faire monter sur une des mules.

Rubé exécutait, de son côté, l'ordre qu'il avait reçu. En peu de temps il avait réuni un certain nombre de captifs, qu'il plaça hors de la foule. Ces prisonniers étaient des jeunes filles, des garçons, tous appartenant à la noblesse de la nation.

Cette opération excita le murmure des chasseurs de chevelures.

— Vaga! s'écria Kirker, — un brutal de la pire espèce, — pourquoi ne prendrions-nous pas aussi une femme pour chacun de nous?

— Il a raison! il a raison! s'écrièrent les chasseurs.

— C'est celui qui a parlé le premier qui a le choix, continua Kirker. Aussi bien, la vieille fille, je te prends. Allons, viens avec moi.

Il prit brutalement par la main une grosse matrone de bonne mine, et s'efforça de l'entraîner vers les mulets de l'escorte. Celle-ci se mit à crier et à se débattre, terrifiée par l'expression féroce du visage de cet homme.

— Allons! allons! pas de manières. Tais-toi, te dis-je, vieille folle, et obéis. Sinon, je serai forcé de t'attacher avec mon lasso.

Une scène horrible eut lieu en ce moment : bon nombre d'autres chasseurs avaient suivi l'exemple de ce bandit et s'étaient rués sur les femmes indiennes, afin d'emmener celles qu'ils préféraient. Les malheureuses poussaient des cris atroces. Les chasseurs se disputaient telle femme ou telle jeune fille, se querellant, tirant leurs couteaux, armant leurs pistolets.

Tout à coup l'un de ces hommes sanguinaires s'écria :

— J'emmènerai cette femme, ou j'aurai sa chevelure.

— *Vaga!* il a raison! A quoi bon emmener celle-là ou une autre? Ce serait nous embarrasser inutilement. Aucune d'elles ne vaut la prime que l'on offre pour leurs chevelures.

— Oui! oui! prenons les cheveux et laissons les mauresques.

Séguin, qui n'avait pas encore pris la parole, s'écria alors :

— Camarades, je veux vous rappeler votre promesse.

Faites le compte de vos prisonniers, je réponds du paiement pour tous.

— Pouvez-vous régler immédiatement? demanda un des hommes.

— Vous savez bien que c'est impossible.

— L'argent, ou nous allons scalper ces dames.

— *Carajo!* le capitaine ne trouvera pas l'argent lorsqu'il sera revenu à El Paso. Il n'est ni juif, ni banquier. Le *Cabildo* ne lui donnera rien sur sa parole.

— Tandis que nous pouvons être payés, si nous apportons les chevelures. Ne l'écoutons pas. Il a retrouvé ce qu'il cherchait et se moque de nous.

Je crus devoir intervenir à ce moment-là. L'argent paraissait être le seul mobile de ces bandits déchaînés.

— Gentlemen, *caballeros*, m'écriai-je, j'ai envoyé une pacotille à Chihuahua par la dernière caravane. Lorsque nous serons de retour à El Paso, je retrouverai une somme double de celle qui vous sera due. Je vous donne ma parole d'honneur que je vous paierai tous intégralement.

— Un oiseau dans la main vaut deux oiseaux dans les bois.

— L'argent ou les scalps, voilà mon avis, s'écria Kirker.

Ces hommes avaient déjà goûté au sang, et, pareils au tigre, ils se sentaient plus altérés encore. L'autorité du chef était méconnue; mais celui-ci, qui avait, jusque-là, présidé à l'installation des femmes sur les mules, s'avança vers Kirker, en face des révoltés.

— Je vous certifie, s'écria-t-il, que le premier qui se servira de son couteau ou de son fusil périra.

Un profond silence suivit ces paroles.

— J'ai fait vœu, continua Séguin, de ne plus verser une goutte de sang du jour où j'aurais retrouvé mon enfant. Le premier qui me forcera à manquer à ce serment est un homme mort.

Un murmure de vengeance se manifesta au milieu de la foule, mais aucun ne répondit.

La révolte n'était cependant point apaisée.

Je m'étais placé à côté de Séguin, mes deux revolvers armés, prêt à le défendre jusqu'à la mort. D'autres avaient suivi mon exemple ; c'étaient Rubé, Garcy, le toreador et le Maricopa. Les deux partis en présence se trouvaient d'un nombre à peu près égal. Si nous nous étions rués les uns sur les autres, un combat terrible aurait eu lieu.

A ce moment suprême, l'approche de l'ennemi fit cesser tout ressentiment.

Bien que les Navajoes fussent à une grande distance, mes camarades et moi, habitués à ces spectacles terribles, nous avions reconnu nos ennemis implacables. Ils accouraient au grand galop.

— Voyez là-bas, vous aurez des scalps à en revendre. Mais prenez garde à vos chevelures. Allons ! en avant l'*atajo !* Je tiendrai ma parole. A cheval ! compagnons ! s'écria Séguin.

Ceux-ci n'ignoraient pas le danger qu'ils couraient s'ils restaient dans la ville ; aussi personne ne songeait à prendre ce parti. L'*atajo*, chargé de captifs et de provisions, se dirigea du côté de la forêt.

Il s'agissait de traverser le défilé de l'est, puisque notre retraite était coupée par les cavaliers indiens.

Séguin s'était placé à la tête du corps d'armée, tenant en laisse la mule sur laquelle sa fille était montée. Le reste des cavaliers suivait, galopant sans ordre à travers la plaine.

Je fus l'un des derniers à quitter la ville. J'étais ainsi resté en arrière, avec l'intention formelle d'empêcher toute mauvaise action.

— Enfin, me dis-je, ils sont tous partis.

J'enfonçai les éperons dans les flancs de mon cheval et je me précipitai, pour regagner l'arrière-garde de mes compagnons.

A peine avais-je franchi environ cent mètres, qu'un cri terrible se fit entendre derrière moi. J'arrêtai mon cheval, et, me retournant sur ma selle, je regardai.

17

Sur le sommet du temple deux hommes se livraient un combat à outrance. L'un était le prêtre des Navajoes, et l'autre était Rubé, le chasseur sans oreilles.

La bataille fut de courte durée ; si je n'avais pas assisté au début, je fus témoin du dénoûment. Au moment où je tournais la tête, le trappeur avait acculé son adversaire contre le parapet, le tenant en dehors d'une main ferme, tandis que de l'autre il brandissait son coutelas.

L'éclair de la lame me fit fermer les yeux ; je les rouvris aussitôt et je vis un flot de sang jaillir et couler sur les vêtements de l'Indien. Son corps tomba bientôt dans le vide, sur la terrasse située en dessous. Un autre cri de triomphe retentit à cet instant, et Rubé disparut du toit où il se trouvait.

Je continuai ma route, persuadé qu'il s'agissait d'une vieille dette réclamée par le trappeur. Quelques instants après, le bruit d'un cheval lancé au galop m'annonça que j'étais suivi par un cavalier. Je devinai que c'était Rubé.

— Un prêté vaut un rendu, dit-il. Cela ne remplacera pas ce que j'ai perdu ; mais qu'importe ! je me sens plus à mon aise.

Ces paroles me paraissant incompréhensibles, j'allais en demander l'explication ; mais en regardant le trappeur, j'éprouvai un saisissement qui arrêta toute question sur mes lèvres.

Quelque chose pendait à sa ceinture. C'était une chevelure....

Des gouttes de sang coulaient le long des fils argentés. En travers, près du milieu, je vis une large marque rouge : c'était l'endroit où Rubé avait essuyé la lame de son coutelas....

XXV.

LE COMBAT DANS LA PASSE. — LA BARRANCA.

Nous pénétrâmes au milieu des bois et nous suivîmes aussi rapidement que possible le chemin de guerre des Indiens, jusqu'au fleuve. Nous parcourûmes ainsi cinq milles, avant d'atteindre la partie orientale de la vallée. A cet endroit, deux montagnes rapprochées formaient une sorte de gorge. C'était une passe étroite.

Enfin, nous parvînmes hors du défilé.

— Et maintenant, capitaine, s'écria notre guide, retenant les rênes de son cheval et désignant l'entrée de la passe, c'est ici que nous devons faire halte.

— Bien! il faut donc défendre cette issue. Mettez pied à terre, mes amis, et allez vous cacher derrière les rochers.

— Si mon avis est bon à quelque chose, ajouta le vieux Rubé, je crois qu'il est opportun d'emmener plus loin les femmes et les mules que nos camarades ont voulu entraîner à leur suite. Un petit détachement les accompagnera à travers la prairie, et nous les rattraperons dès que nous aurons vaincu nos ennemis.

Séguin choisit dans la troupe une vingtaine d'hommes, parmi ceux qui avaient les plus mauvais chevaux. Ce fut à eux que l'on confia l'*atajo* et les captifs, qu'ils emmenèrent aussitôt du côté de la montagne au blanc sommet. El Sol prit le commandement de ces hommes et se chargea de veiller sur Dacoma et sur la fille de Séguin.

Nous autres, nous nous préparâmes à défendre le défilé.

Nous attachâmes nos chevaux au fond de la gorge, et nous allâmes nous poster de façon à dominer l'entrée du défilé. Nous attendions en silence l'approche de nos ennemis.

Sur le commandement de notre chef, nous nous étions jetés au milieu des rochers. A ce moment même, le tonnerre grondait au-dessus de nos têtes; de larges gouttes de pluie tombaient sur la pierre.

Séguin m'avait averti que la pluie, le tonnerre et les éclairs se manifestaient rarement dans ces régions, mais que, quand ces phénomènes atmosphériques se présentaient, c'était avec une violence qui rappelait celle des tropiques. Les éléments se livraient alors des batailles de géants.

Au loin, du côté de l'est, vers l'amont de la rivière, on pouvait voir la tempête faisant rage et la pluie tombant à torrents. Nous allions bientôt être atteints par l'orage.

— Qu'est-ce qui arrête donc ces maudits chiens? demanda une voix.

— Je pense qu'ils se sont arrêtés chez eux, afin de se repeindre à neuf.

— La pluie leur enlèvera cette poudre de riz. Quant à nous, attention aux amorces de nos carabines.

— Oui, car nous allons être mouillés comme des chiens sortant de l'eau.

— Qu'importe! ajouta Rubé. Si la pluie continue seulement pendant deux heures, notre présence ici ne sera plus nécessaire. Moi qui vous parle, j'ai vu ici un orage qui a rendu ce passage impraticable pour longtemps. Voici l'ouragan! Il arrive, il est sur nous!

Tous les chasseurs, recouvrant d'un pan de leurs vêtements les platines de leurs carabines, s'abritèrent comme ils purent.

Un bruit attira bientôt notre attention au milieu des éclats de la tempête. C'était le passage des chevaux sur les cailloux du défilé. Les Navajoes nous poursuivaient.

Quelques instants après, un grand nombre de formes sombres se glissèrent le long des rochers et s'avancèrent dans le défilé. Les sauvages avaient quitté leurs montures et venaient à pied à notre rencontre.

Nous nous étions abrités derrière les mousses dont les roches étaient couvertes, et les Indiens cherchaient à deviner si nous étions partis. L'un d'eux parvint à l'endroit où le défilé se resserrait le plus, vers une grosse roche, au détour de laquelle sa tête apparut. Il reçut aussitôt une demi-douzaine de coups de fusil, et tomba pour ne plus se relever.

Nos ennemis, qui venaient de perdre un des leurs, savaient donc que nous étions là, prêts à nous défendre; aussi se retirèrent-ils avec autant de précaution qu'ils en avaient mis pour s'avancer.

Mes camarades et moi, nous avions rechargé nos armes et repris nos places, le doigt sur la détente, prêts à faire feu.

Nous demeurâmes ainsi, exposés à la pluie, pendant près d'une heure, en ayant soin de ne pas laisser mouiller nos amorces.

Nous attendions avec une fiévreuse agitation que les Indiens se montrassent de nouveau.

Ils ne tardèrent pas à reparaître, mais cette fois à cheval, obstruant, pour ainsi dire, le lit de la rivière. Nous devinâmes que leur intention était d'exécuter une charge. Ils s'étaient groupés en deux corps et tenaient leurs arcs bandés, de façon à jeter sur nous une grêle de flèches, lorsqu'ils se lanceraient en avant.

— Attention! mes amis, s'écria Rubé. Tenons-nous bien!

Au même moment, plus de deux cents clameurs humaines se firent entendre. C'était le cri de guerre des Navajoes. Ils firent halte un instant à l'entrée du défilé, puis ils se précipitèrent de nouveau. Nous n'avions pas encore fait feu ; mais on entendit alors la pétarade des tromblons et des rifles, mêlée au sifflement des flèches. Les cris de haine et de défi se croisaient avec les imprécations des hommes atteints par le plomb ou par le fer.

Quelques Indiens avaient été frappés à notre première décharge ; d'autres s'étaient avancés au milieu de notre embuscade, et tiraient sur nous à coups de flèches. Nous leur répondions avec nos fusils, et chaque balle atteignait le but. Le groupe le plus important des Indiens, garé par les rochers, se reformait pour nous attaquer de nouveau. L'instant était critique : nos fusils étaient vides, et nous voyions arriver l'heure fatale où nous serions forcés de les laisser pénétrer dans la plaine.

Séguin tira son pistolet de sa ceinture et s'élança en avant, suivi de tous ceux qui portaient les mêmes armes. J'étais du nombre, et nous parvînmes à l'entrée du défilé, prêts à repousser la charge.

Cette attaque ne tarda pas à se produire. L'ennemi, décidé à tout, s'élança pour nous exterminer.

— A nous ! camarades, s'écria une voix. Feu !

La détonation de cinquante pistolets fut simultanée. Les chevaux les plus avancés bondirent et tombèrent, en se ruant et en se débattant. Leurs cadavres obstruaient le canal. D'autres Navajoes à cheval se présentèrent alors ; ils furent repoussés à coups de crosses et de masses. Le courant refoula, encombré par les cadavres des hommes et des chevaux. Nous combattions au milieu de l'eau.

A un moment donné, nous pensâmes que les Peaux-Rouges allaient nous écraser. Ils se réunissaient pour nous attaquer. Nous nous crûmes perdus ; mais à ce moment un bruit terrible éclata près de nous : les arbres déracinés tombaient, et les Indiens, pêle-mêle, étaient entraînés par les eaux mugissantes.

Je faillis subir le même sort ; mais, par un hasard providentiel, je pus gravir la montagne ; et quand je m'arrêtai, je pus apercevoir la ravine, au milieu de laquelle les Peaux-Rouges se débattaient, sans pouvoir s'arracher aux étreintes de l'élément destructeur.

— Nous avons perdu trois camarades, hélas! dis-je à Séguin.

— Les Indiens auront eu à repêcher d'autres morts, observa Rubé; car le torrent a fait parmi eux de nombreuses victimes.

Pendant que le trappeur s'exprimait ainsi, les corps de nos trois camarades disparaissaient, emportés par le torrent, en dehors du défilé. Les eaux bourbeuses battaient les pentes des rochers et se précipitaient avec fureur contre les parois. Le lit du courant était devenu impraticable. Après avoir contemplé cet horrible tableau pendant quelques instants, nous nous dirigeâmes, en proie à une profonde terreur, vers l'endroit où nous avions laissé nos montures.

Nous nous empressâmes de conduire nos chevaux hors de l'ouverture du défilé et de les attacher au piquet, puis nous revînmes vers le fourré pour couper du bois et allumer nos feux. Cela fait, nous nous sentîmes en sûreté.

Nous restâmes ainsi quelques heures près du défilé. La tempête continuait à faire rage et les eaux s'élevaient de plus en plus. C'était tout ce qui pouvait nous arriver de plus heureux. Rubé nous affirmait que la rivière resterait en cet état pendant plusieurs heures encore. Nous nous décidâmes, en conséquence, à continuer notre voyage. Minuit allait sonner quand nous montâmes à cheval. La pluie avait presque effacé les traces du passage de l'*atajo* et de son conducteur El Sol; mais nous comptions dans nos rangs des hommes capables de retrouver la piste. Rubé se mit à leur tête.

Nous courûmes ainsi toute la nuit. Une heure avant le lever du soleil, nous avions rejoint notre petite troupe, non loin de la base de la montagne au pic couvert de neige. Nous fîmes halte dans un défilé de cette chaîne rocheuse, et l'on prépara le repas avant de reprendre la route à travers les passes du pays. Nous aboutîmes enfin, en suivant une rivière desséchée, devant une grande plaine ouverte et nue.

Je crois inutile de raconter ici les événements qui se passèrent pendant notre traversée dans ce pays aride.

Nous courûmes ainsi pendant trois jours dans la direction du sud-est. Vers le soir de la troisième journée, nous découvrîmes les altitudes des Mimbres, dressées vers la bordure est de ce désert.

Notre intention était de traverser la sierra, en suivant le chemin de la vieille mine où avait été autrefois l'établissement si prospère de notre chef.

Vers le coucher du soleil, nous parvînmes à la tête de la *Barranca del Oro*, sorte de crevasse immense, qui coupait la plaine en deux et au fond de laquelle gisait la mine abandonnée. Ce gouffre, que l'on eût dit formé par un tremblement de terre, présentait une ouverture de vingt milles environ. Une route passait des deux côtés, le long de l'abîme. A mi-chemin de la mine, notre guide connaissait, sur la rive gauche, une source vers laquelle nous dirigeâmes notre marche, avec l'intention d'y établir notre campement.

Nous avancions difficilement, et minuit allait sonner lorsque nous parvînmes près de la source.

Séguin avait résolu de se reposer en cet endroit.

Il y avait un bosquet de cotonniers et de saules tout autour de la *hacienda* en ruines.

Ce fut au milieu que l'on alluma le foyer. Cela fait, on sacrifia une autre mule pour apaiser la faim générale; puis, chacun s'étendit sur le sol et s'abandonna au sommeil. Celui qui devait garder les chevaux resta seul debout, observant le plus grand silence et regardant de tous côtés.

Je m'étais couché, la tête appuyée sur le creux de ma selle, à peu de distance du feu, ayant à mes côtés Séguin et sa fille. Les jeunes Mexicaines et les Indiennes captives reposaient, couchées sur le sol, recouvertes de leurs « tilmas » et de leurs châles de laine à raies.

Harassé de fatigue, je ne sommeillais point cependant,

et, m'abandonnant à mes pensées, je rêvais un avenir riant et paisible ; je me disais que je serais bientôt délivré de ces scènes de meurtre et de carnage, et que je respirerais à l'aise, en compagnie de ma chère Zoé.

Je croyais Séguin endormi, je me trompais. Je m'aperçus qu'il examinait sa fille avec un grand intérêt, prêtant l'oreille aux mots entrecoupés qu'elle prononçait. Il y avait dans le regard de mon ami une expression de tristesse et d'anxiété qui me déchirait le cœur.

Pendant que j'examinais de la sorte celui qui devai être mon second père, j'entendis des mots entrecoupés que prononçait Adèle, le nom de notre prisonnier Dacoma.

Séguin avait tressailli.

— Pauvre enfant! murmura-t-il, en voyant que j'étais éveillé, elle rêve, et ses songes sont très-agités ; je devrais peut-être la réveiller. Écoutez : elle vient de répéter encore le nom de Dacoma. Elle devait l'épouser, d'après les lois du pays indien. C'est Raleigh qui me l'a dit. On lui en avait parlé à l'époque où il était prisonnier des Navajoes.

— Allons! allons! dans deux jours ses épreuves seront terminées. Elle sera dans les bras de sa mère, dans votre maison, et le temps lui rendra le souvenir.

Je parlais de la sorte avec l'intention de consoler ce pauvre père ; il ne me répondit plus, et je remarquai sur ses traits la même expression d'anxiété.

— Dans combien de temps, lui demandai-je, atteindrons-nous votre habitation du Del Norte?

— Après-demain, répliqua Séguin. Nous arriverons vers le soir. Fasse le ciel que nous *les* retrouvions tous sains et saufs!

Ces paroles me firent tressaillir.

— Avez-vous des craintes? demandai-je brusquement à Séguin.

— Oui, hélas!

— A quel sujet?

— Du côté des Navajoes. Je crains qu'ils n'aient attaqué El Paso. S'ils ne l'ont pas fait, c'est que l'abandon de la troupe de Dacoma les aura rendus trop faibles; mais le danger aura doublé pour les fermes placées le long de la route. Je suis à peu près certain que les habitants du Paso auront pu se défendre. J'espère que les sauvages auront été repoussés et qu'ils n'auront pas pu pénétrer dans la *jornada*, au nord de la ville. Dans ce cas, les nôtres auront échappé au danger.

— Puissiez-vous dire la vérité! murmurai-je.

— Tâchons de dormir, reprit Séguin. Demain nous pousserons en avant, sans faire halte, si nos animaux peuvent suffire à la tâche.

Tout en parlant ainsi, Séguin avait replacé sa tête sur sa selle et se disposait à dormir. Quelques instants après, comme si sa volonté eût forcé la nature, il parut plongé dans un profond sommeil.

Quant à moi, le sommeil fuyait mes paupières; je me représentais ma fiancée entraînée par les sauvages.

Je me dressai tout à coup sur mes pieds et je m'élançai vers la prairie, à moitié fou, sans savoir où j'allais. J'errai de la sorte pendant plusieurs heures, sans me rendre compte du temps.

Je m'arrêtai enfin sur les bords de l'abîme. A une distance immense j'apercevais le campement et les chevaux attachés à leurs piquets. A ce moment-là mes forces me parurent épuisées, je m'abandonnai à ma profonde douleur et je m'assis sur le bord de la fissure. Le sommeil triomphant de la douleur, je m'endormis.

Mes yeux restèrent clos à la lumière pendant plus d'une heure. A la fin, le froid du matin me réveilla, et je sentis un frisson parcourir tout mon corps.

Je savais que Séguin avait l'intention de partir dès la première heure, et je me disposais à me lever lorsque des voix frappèrent mes oreilles. C'étaient des phrases courtes, pareilles à des exclamations, et le bruit des pas de plusieurs chevaux retentissait sur le sol de la prairie.

— Les voilà debout et prêts à partir, me dis-je, en me hâtant de regagner le campement.

J'avais à peine franchi dix à douze mètres, que je

compris que ceux qui parlaient venaient derrière moi.

Je m'arrêtai donc et je prêtai l'oreille. Je devinai alors que ceux qui parlaient n'appartenaient pas à notre compagnie, et, après avoir hélé sans recevoir de réponse, je me cachai pour les observer. Il y avait une centaine d'hommes qu'à leurs lances pointues, à leurs têtes empanachées, à la nudité presque absolue de leur corps, je reconnus pour des Indiens.

N'ayant plus rien à apprendre, je m'élançai de toutes mes forces du côté du camp.

Lorsque je parvins à la source, les chasseurs, tout en émoi, sautaient rapidement en selle. Séguin et quelques-uns de nos camarades se tenaient sur le bord de la *Barranca* et examinaient l'ennemi.

Quoique nous fussions séparés par une distance infranchissable de trois cents mètres, il fallait que notre troupe et celle des Indiens parcourussent plus de vingt milles pour se rencontrer. Il fut alors décidé que l'on resterait à l'endroit précis où nous étions, jusqu'à ce que nous pussions savoir contre quel nombre nous avions à lutter.

Les Indiens s'étaient arrêtés sur l'autre bord, et, se dressant sur leurs selles, ils cherchaient à deviner qui nous étions. Cette découverte ne se fit pas attendre, et le cri de guerre des Navajoes retentit à nos oreilles.

— C'est la bande de Dacoma, s'écria un des chasseurs.

— Ces Indiens sont moins nombreux que ceux de notre prisonnier. Tout au plus y a-t-il là cent hommes.

— Mon avis à moi, fit alors Rubé, c'est que c'est le premier corps d'armée que nous avons vu.

— Mais alors où sont les autres? La bande de ces coquins n'est pas au complet.

— Voyez là-bas! mes amis! ils arrivent, je les vois!

A travers la brume, nous apercevions, en effet, un corps nombreux de cavaliers, accourant à la rencontre du premier.

Nous ne nous étions pas trompés dans cette dernière conjecture. Lorsque le brouillard se fut dissipé, nous vîmes une grande quantité de chevaux, de bêtes à cornes, de moutons, couvrant la plaine sur un vaste espace. Derrière eux galopaient des Indiens à cheval.

— Juste ciel ! quel butin ! s'écria l'un des chasseurs.

— Ces misérables n'ont pas perdu leur temps, ajouta un autre, tandis que nous revenons les mains vides.

Je venais de seller mon cheval et je m'avançais, quand ces derniers mots furent prononcés. Je ne me mis point à examiner le butin des Peaux-Rouges ; je ne me rendis pas compte de leur nombre ; mes regards se portèrent plus loin, vers un groupe dont l'aspect fit bondir mon cœur.

Là-bas, là-bas, dans le lointain, je voyais s'avancer une petite troupe séparée du reste. C'étaient des femmes captives.

La distance était trop grande pour qu'il me fût possible de les bien voir. Je me tournai vers Séguin, qui examinait aussi ce groupe, à l'aide de la lunette d'approche. Je le vis tressaillir ; son visage pâlit tout à coup ; ses lèvres s'agitèrent comme s'il eût voulu parler, et l'instrument tomba de ses mains. Il sauta à bas de sa monture, et je l'entendis murmurer :

— Mon Dieu ! vous m'avez frappé de nouveau.

Je m'emparai vivement de la lunette, afin de voir par moi-même ce dont il s'agissait. Je reconnus aussitôt ma bien-aimée Zoé, pâle, les yeux baignés de larmes, les cheveux épars sur ses épaules, couvertes d'un sérapé. A ses côtés se tenait un jeune Indien, monté sur un coursier de toute beauté, et portant une sorte de costume semblable à celui des hussards mexicains.

Je vis la mère de ma fiancée parmi les captives qui venaient ensuite.

Le troupeau de bestiaux avait disparu quand la troupe des malheureuses arriva en face de l'endroit où nous nous tenions. On les laissa sur la prairie, et les Peaux-Rouges accoururent se placer près de leurs frères d'armes, qui nous examinaient, de l'autre côté de la Barranca. Le brouillard s'était dissipé, et les deux troupes ennemies s'observaient mutuellement d'un côté à l'autre du précipice.

XXVI.

UN NOUVEAU MALHEUR. — LE DRAPEAU DE LA TRÊVE.

C'était une rencontre étrange que celle de ces deux troupes ennemies, acharnées l'une contre l'autre, entraînant avec elles leur bétail et leurs prisonniers.

Je ne saurais raconter ici les sentiments qui m'agitèrent en ce moment suprême.

Une pensée me vint, et je me hâtai de la communiquer à mon ami Séguin, qui commençait à relever la tête. Nos compagnons avaient appris la cause de son accablement insolite ; ils l'entouraient, et certains d'entre eux lui adressaient des paroles de consolation.

Lorsque ces hommes, dépourvus en apparence de tout sentiment généreux, apprirent que la femme et la seconde fille de Séguin se trouvaient au pouvoir des sauvages, des cris sympathiques se firent entendre, et tous jurèrent de mourir ou de délivrer les prisonnières.

Séguin remercia chaleureusement ses amis de l'aide qu'ils lui proposaient.

— Nous pouvons livrer bataille, capitaine, dit Garcy, même corps à corps : ils sont tout au plus deux cents. Notre courage est le double de celui de ces maudits.

— Je ne suis pas d'avis de les attaquer sur la prairie. Nous allons les suivre jusqu'à ce qu'ils parviennent à leurs montagnes, et nous leur livrerons bataille dans les rochers.

— Bien dit, car je ne pense pas qu'ils puissent courir avec tous ces troupeaux qu'ils emmènent.

— Je ne crois pas que leur intention soit de fuir : ils veulent plutôt en venir aux mains.

— Allons donc là-bas et commençons le feu, dès que nous aurons atteint un endroit propice.

Tout en parlant ainsi, le trappeur désignait la base des Mimbres, située à dix mètres environ.

— Qui sait si ces Peaux-Rouges n'attendent pas du renfort?

— Dites-moi, ami Rubé, où pensez-vous que peuvent être les autres? Mes yeux voient jusqu'à la mine, et il n'y a pas un seul Indien sur la plaine.

— Je ne pense pas qu'il y en ait de ce côté, et je crois que le reste de la troupe ennemie a suivi un autre chemin. Laissez-moi prendre un parti. Je vais songer à vous répondre.

— C'est bien! nous attendrons votre avis, camarade. En attendant, mes amis, visitez vos armes et voyez si elles sont en bon état.

Pendant cette conversation qui avait duré un certain temps, l'ennemi, sur l'autre bord du gouffre, paraissait occupé de la même façon que nous. Les Peaux-Rouges entouraient leur chef et le consultaient.

En apercevant dans nos mains les enfants de leurs principaux chefs, ils étaient terrifiés; car ils comprenaient que nous avions envahi leur ville, pillé et incendié leurs maisons, mis à mort leurs femmes.

— Capitaine, fit Rubé, si nous devons nous battre contre ces Indiens, il faut que la rencontre ait lieu dans les montagnes ou dans les bois. Une rencontre au milieu de la prairie nous serait fatale, c'est certain. Nous avons donc deux partis à prendre : s'ils viennent nous attaquer, nous devons les attendre là-bas vers le contrefort des Mimbres; dans le cas où il nous faudra les suivre, nous aurons toutes les facilités possibles, et ils ne nous échapperont point.

— Mais où trouverons-nous des provisions?

— Oh! cela m'inquiète moins que de tomber dans la bande de Dacoma, qui reviendra sans doute à la rescousse. Et maintenant, capitaine, après vous avoir dit ce que je craignais, dans le cas où nous serions exposés à nous battre, je vais vous parler de l'idée qui me passe par la tête de délivrer vos prisonnières de là-bas sans brûler une amorce.

— Expliquez-vous.

— Voyez-vous ces Indiens qui sont là-bas, de l'autre côté de la crevasse?

— Oui! eh bien? fit Séguin.

— Ils éprouvent pour nos prisonniers les mêmes sensations que vous pour ceux qui sont entre leurs mains. Nous allons hisser un drapeau blanc et nous offrirons un échange de captifs. Nous avons Dacoma et la jeune reine; les Peaux-Rouges seront désolés de voir ces deux personnages entre nos mains. Vous pouvez, vous, monsieur Séguin, livrer le chef en échange et traiter ensuite pour la reine du mieux que vous pourrez.

— Il n'y a pas à hésiter, fit Séguin, en donnant des ordres afin qu'on arborât le signe de paix convenu.

— Il serait bon, avant toutes choses, capitaine, de leur montrer nos prisonniers. Les Indiens n'ont encore vu ni Dacoma ni la reine.

— C'est vrai! Camarades, amenez les captifs jusque sur le bord de la *Barranca*. Le chef navajoe d'abord, ensuite.... ma fille.

Les Peaux-Rouges les reconnurent aussitôt.

Un cri terrible, cri d'angoisse et de terreur, s'échappa de la gorge des Navajoes, preuve irrécusable de leur abattement; ils brandirent leurs lances et les fichèrent dans le sol, par un mouvement d'indignation impuissante. Quelques-uns détachèrent de leur ceinture les *scalps* qui y étaient appendus, les placèrent sur la pointe de leurs lances et les firent voltiger à nos yeux au-dessus de l'abîme. Ils s'imaginaient que la troupe de Dacoma avait été exterminée avec les femmes et les enfants, et ils nous menaçaient d'un sort semblable, en poussant des exclamations furibondes.

Pendant que ceci se passait, nous comprîmes que les chefs tenaient conseil. Quand ils eurent fini, certains d'entre eux se dirigèrent en galopant du côté des femmes captives, qui étaient restées en arrière.

— Juste ciel! m'écriai-je, ils se disposent à les massacrer. Vite! montrons-leur le drapeau de paix.

Bien avant que ce mouvement pût être exécuté, nous vîmes les femmes mexicaines descendre de cheval, et s'acheminer, sans *rebosos*, vers la levée du précipice. Les Indiens voulaient également montrer leurs prisonniers, et prendre leur revanche en exposant la femme et la fille de notre chef Séguin, qu'ils placèrent en évidence sur le devant, de façon à ce que notre capitaine pût les reconnaître.

Les yeux de Zoé se portèrent de mon côté ; elle tressaillit et voulut se jeter en avant. Elle étendit les bras et tomba évanouie sur le rocher.

Au même instant Mme Séguin reconnaissait son mari et l'appelait par son nom. Celui-ci lui répondit aussitôt, en lui recommandant de rester calme et de ne plus parler.

Un certain nombre d'autres femmes, toutes jeunes et jolies, avaient aussi reconnu leurs frères ou leurs fiancés, et une scène déchirante se passa sous nos yeux.

Je ne perdais pas Zoé de vue : dès qu'elle eut repris ses sens, le sauvage costumé en hussard mit pied à terre et la prit dans ses bras, pour l'entraîner vers la prairie.

Je les suivis l'un et l'autre d'un regard impuissant ; mais quelques instants après j'aperçus Zoé qui s'arrachait à l'étreinte du Navajoe et se mettait à courir dans la direction de la Barranca.

J'entendis mon nom prononcé et je lui renvoyai le sien.

A cet instant même, la mère et la fille, entourées par leurs gardiens, furent entraînées en arrière.

Pendant que ceci se passait, nous avions préparé le drapeau blanc. Séguin s'en empara, et le porta sur le bord du gouffre. Nous gardions le silence et nous attendions avec une vive impatience la réponse des Navajoes.

Tout à coup un homme de haute taille et de belle tournure s'avança, en tenant dans sa main un objet blanc, une peau de faon tannée. Il la hissa sur le fer d'une lance, qu'il portait ferme et élevée. C'était la réponse à notre signal pacifique.

— Silence, mes amis! s'écria Séguin, en s'adressant aux chasseurs de chevelures.

Et tout aussitôt il parla aux Navajoes dans leur langue :

— Vous savez qui nous sommes. Nous venons de traverser votre pays et de visiter votre ville principale, dans le but unique de retrouver nos filles, nos amies, que nous savions être prisonnières chez vous. Nous en avons ramené quelques-unes; mais nous n'avons pas pu retrouver les autres. Celles-là, vous nous les rendrez; c'est dans ce but que nous avons emmené des otages. Nous n'avons pas brûlé votre ville; nous avons respecté vos femmes, vos filles et vos enfants.

Nous voyons que vous revenez de notre pays, puisque vous ramenez des captives, comme nous l'avons fait nous-mêmes. Vous, Peaux-Rouges, vous pouvez éprouver pour vos enfants les mêmes sentiments affectueux que nous pour les nôtres. C'est pour cela que nous avons arboré le drapeau de trêve, avec le désir de faire un échange mutuel. Cette transaction plaira au Grand-Esprit et nous sera également agréable.

A peine Séguin avait-il achevé, que tous les Indiens se réunirent autour de leur chef. Il nous parut évident qu'il y avait dissentiment entre eux; mais ce débat prit bientôt fin. Le grand chef s'avança alors vers celui qui portait le drapeau et lui donna quelques instructions.

Cet homme répondit alors d'une voix forte au discours de Séguin :

— Chef blanc, tu as bien parlé. Tu ne demandes rien qui ne soit équitable et bon pour les deux partis. Nous croyons aussi qu'en nous satisfaisant, l'échange de nos prisonniers sera agréable au Grand-Esprit. Tu déclares que tu n'as point brûlé notre ville, que nos femmes et nos enfants n'ont point été violentés par tes guerriers. Qui nous assure cela ?

Séguin avait prévu ces objections ; aussi avait-il ordonné à l'un des captifs, — garçon très-intelligent, — de s'avancer près de lui.

— Questionnez cet enfant, s'écria-t-il.

— Pourquoi n'interrogerions-nous pas notre frère, le chef Dacoma ? L'enfant qui est près de toi est jeune et ne nous comprendrait peut-être point, tandis que le chef....

— Dacoma n'était point présent au moment où nous nous sommes emparés de la ville. Il ignore donc ce qui s'est passé.

— Que Dacoma nous le dise, alors.

— Frères, répliqua Séguin, vous êtes trop soupçonneux et méfiants. Mais je cède à ce désir. Dacoma va vous répondre.

En même temps il s'adressa au chef prisonnier, qui était assis près de lui, sur un rocher.

L'Indien envoyé vers les chasseurs de chevelures parla aussitôt à Dacoma. L'orgueilleux guerrier, humilié de la position dans laquelle il se trouvait, expliqua que le chef blanc avait dit vrai.

— Vous voyez, frère, que j'ai parlé le langage de la vérité : vous pouvez questionner cet enfant.

Le jeune Indien confirma les assertions de Dacoma.

— Mon frère est-il satisfait ? demanda Séguin.

Un laps de temps assez long s'écoula avant que les Navajoes répondissent à ces propositions. Nous devinâmes qu'il y avait parmi eux des guerriers qui s'opposaient à la paix.

A la fin, les avis des plus vieux guerriers prévalurent, et l'orateur reprit en ces termes son discours :

— Les guerriers Navajoes ont pesé ce que tu viens de leur expliquer, et ils consentent à échanger leurs captifs. Afin que tout se passe convenablement, vingt guerriers seront choisis de chaque côté ; ils laisseront leurs armes dans la prairie, en vue de tous, et ils conduiront les prisonniers à l'endroit où la gorge se croise avec la mine. Une fois là, ils débattront les conditions de l'échange. Tous les autres guerriers blancs et rouges resteront au lieu où ils se trouvent actuellement, jusqu'au retour des négociateurs ramenant les captifs échangés. Les drapeaux seront alors abattus et les deux compagnies deviendront libres de leurs actions.

Séguin réfléchit avant de répondre à ces paroles. Il y avait à craindre que nos ennemis indiens ne voulussent reprendre leurs prisonniers de force, si nous ne pouvions tenir ces vingt hommes de notre côté de la Barranca.

Il était également rationnel que ce fussent des hommes sans armes qui conduisissent les prisonniers ; mais Séguin avait compris ce que voulait dire le mot désarmé ; aussi conseilla-t-il à voix basse à ses camarades de se retirer derrière les buissons et de cacher sous leurs blouses leurs coutelas et leurs revolvers. Il nous sembla que les Indiens désignés pour l'échange faisaient de même sur l'autre bord du précipice béant.

Séguin se hâta d'accepter.

Dès que les Navajoes apprirent ce consentement, une vingtaine de guerriers s'avancèrent au milieu de la prairie et plantèrent ostensiblement leurs lances, leurs carquois, leurs arcs et leurs boucliers dans le sol. Nous ne vîmes pas leurs casse-têtes ; donc ils avaient gardé cette arme sur eux. Rien ne leur était plus facile, car la plupart étaient revêtus de costumes civilisés, enlevés dans le pillage des fermes par lesquelles ils avaient passé. Nous remarquâmes que ces Indiens étaient tous d'une force de géants, et nous conclûmes qu'ils appartenaient au corps du chef Navajoe.

Nous choisîmes nos hommes en conséquence. Nous avions, dans le nombre, El Sol, Garcy, Rubé, le toréador Sanchez, Séguin, et enfin moi-même. Les trappeurs et quelques Indiens Delawares complétèrent les vingt hommes convenus. Ceux-ci s'avancèrent dans la prairie et déposèrent ostensiblement leurs carabines, à la vue de nos ennemis.

Nous fîmes alors monter nos prisonniers sur des chevaux et les disposâmes à partir. La reine et les jeunes filles du Mexique furent réunies aux autres otages.

Lorsque tout fut prêt dans les deux camps, au signal donné, les détachements se dirigèrent parallèlement des deux côtés de la *Barranca*, vers la mine abandonnée. Pendant ce temps-là, les corps principaux demeurèrent en observation à leur place.

Les drapeaux de la trêve flottaient encore, attachés aux hampes enfoncées dans le sol; mais, du côté des Indiens, comme du nôtre, on se tenait prêt à se mettre en selle au moindre mouvement hostile.

Parvenus à l'endroit désigné, les deux détachements firent halte, en échangeant des signaux à travers le ravin. Il fut promptement convenu que les Navajoes et les blancs laisseraient leurs prisonniers et leurs montures sur la cime de l'escarpement, à la garde de deux hommes. Les dix-huit autres, de chaque escouade, descendraient vers le fond de la Barranca, pour se réunir devant la maison en ruine. Une fois là, on fumerait le calumet de paix et on déterminerait les conditions de l'échange.

Ni Séguin ni moi n'étions satisfaits de cet arrangement, car il était évident qu'en cas de rupture des négociations, en admettant même que nous en vinssions aux mains et que nous fussions victorieux, la position des prisonniers des Navajoes serait perplexe. Ceux qui les gardaient les entraîneraient aussitôt et, peut-être, — ce qui nous faisait frémir — les égorgeraient sur place.

La cérémonie du calumet était une pure plaisanterie, bonne tout au plus à nous faire perdre du temps, et nous étions sur les épines au moment où la bande de Dacoma arriva près de nous.

Nous mîmes enfin pied à terre, et, laissant nos montures aux mains de nos deux camarades, nous descendîmes vers le fond du ravin. Il y avait là dix-huit hommes choisis, de haute taille, dont le visage avait une expression de sauvagerie, de ruse et de férocité.

Lorsque la reconnaissance mutuelle fut terminée, nous procédâmes à notre affaire. Comme il n'y avait aucun endroit dépouillé de pierres et de buissons assez large pour nous permettre de tenir assemblée, Séguin proposa d'entrer dans une maison encore bien conservée où l'on trouverait une vaste salle, qui avait servi autrefois de fonderie, et au milieu de laquelle se trouvait un brasero rempli de cendres et de scories éteintes.

Deux hommes se chargèrent d'allumer le feu dans ce récipient mal entretenu ; les autres Indiens prirent place sur les débris de murailles et de morceaux de quartz amoncelés dans la salle.

Enfin nous nous trouvâmes tous assemblés en deux groupes, de chaque côté du brasero flamboyant.

Le feu brilla bientôt ; et le calumet ayant été rempli de l'herbe *kinikinik*, on l'alluma et on le fit circuler de bouche en bouche, au milieu d'un profond silence.

Les Navajoes, contrairement à leur habitude, au lieu d'aspirer une ou deux bouffées, fumaient lentement et longuement, avec l'intention évidente de traîner en longueur la cérémonie préliminaire. Séguin et moi nous étions ennuyés de ces retards ; aussi le calumet passa rapidement dans nos rangs, et l'on procéda à la négociation.

Dès les premières paroles échangées, je compris qu'il y allait avoir une difficulté.

Il s'agit d'abord du nombre des prisonniers : il y en avait dix-neuf chez les Peaux-Rouges, tandis que nous en avions vingt et un. Les Navajoes prétendirent que, comme ils avaient des femmes, tandis que nous avions plus d'enfants que de personnes adultes, nous donnerions deux de nos prisonniers pour un des leurs. Séguin refusa et déclara que son intention était de donner ceux qui étaient entre ses mains contre tous ceux qui se trouvaient dans celles des Indiens.

— Mais vous avez vingt-sept prisonniers, dirent les Indiens.

— Vous oubliez que six parmi ceux dont il s'agit sont des nôtres : des blanches, des Mexicaines.

— Il n'y en a que cinq, répondit un sauvage : où donc prenez-vous le sixième ? Notre reine, peut-être ? Comme elle est blanche de teint, vous la considérez comme un visage pâle.

— Ah ! ah ! ah ! notre reine ! une blanche ! s'écrièrent les Peaux-Rouges en ricanant.

— Celle que vous appelez votre reine, répliqua Séguin d'un ton sévère, c'est ma fille.

— Sa fille ! ah ! ah ! ah ! hurlèrent les sauvages d'un ton méprisant.

— Oui, continua Séguin, sans s'émouvoir, c'est ma fille.

Séguin eut beau protester, chercher à prouver que la prétendue reine était son enfant, enlevée par les Indiens eux-mêmes, les guerriers s'obstinèrent à la réclamer.

Séguin s'adressa alors au vieux chef dont la fille était au pouvoir des chasseurs de chevelures, comme Zoé à celui des Navajoes ; mais celui-ci, en eût-il eu la volonté, ne pouvait conjurer la tempête. Il était facile de voir que les Navajoes tenaient à recouvrer leur reine.

Tout ce colloque devait se terminer par une bataille. Nous attendions que Séguin en donnât le signal ; mais il se tourna vers nous, comme pour nous recommander la patience, et il s'abandonna à de profondes réflexions.

— Frères, dit-il enfin, vous vous obstinez à croire que celle que vous appelez votre reine n'est point ma fille; mais vous savez que deux de vos prisonnières sont ma femme et ma fille. Je vous fais la proposition d'amener ici ces deux captives, et nous ferons venir la jeune reine. Si elle ne reconnaît pas les siens, je me tairai, et vous pourrez remmener la pauvre enfant avec vous.

Les chasseurs de chevelures entendirent avec surprise cette proposition. Ils savaient que Séguin avait inutilement cherché à réveiller les souvenirs d'enfance de sa fille. Reconnaîtrait-elle mieux sa mère et sa sœur? D'autre part, si la négociation ne réussissait pas, qu'allait-il advenir? Une bataille, à la faveur de laquelle peut-être nous pourrions arracher ma fiancée, sa mère, et la fille aînée de Séguin, aux mains de ces infâmes Navajoes.

Quelques mots murmurés à voix basse à mes compagnons nous instruisirent de cette détermination.

Dès que les Indiens eurent appris ce que désirait Séguin, ils se levèrent et allèrent délibérer dans un coin de la vallée. A l'expression de leurs visages, à leurs gestes, nous vîmes qu'ils étaient prêts à accepter. Ils avaient communiqué par gestes avec leur reine et Dacoma, d'un côté de la Barranca à l'autre, sans que nous eussions pu empêcher cela, et ils savaient par eux que les guerriers ne devaient pas tarder à arriver.

Après s'être concertés pendant une heure, les Indiens reprirent leur place et déclarèrent qu'ils consentaient à notre proposition.

On envoya donc deux hommes de chaque côté, pour ramener les trois captives, et nous attendîmes en silence leur arrivée. Dès qu'elles pénétrèrent dans la vallée en ruines, une scène déchirante se produisit entre Séguin, sa femme et sa fille. Je serrai en pleurant ma fiancée sur mon cœur, tandis que Mme Séguin, reconnaissant dans la reine des Navajoes sa fille depuis si longtemps perdue, cherchait à raviver les souvenirs de la pauvre enfant.

Hélas! ce fut inutile : les Indiens triomphaient, et nos camarades éprouvaient un sentiment mêlé de pitié et de fureur.

Ce qui se passa à ce moment suprême ne sortira jamais de ma mémoire ; mais ma plume est impuissante à en retracer le tableau.

Un moment après cette entrevue pénible, les captives furent ramenées hors de la masure, et laissées à la garde de deux hommes de chaque troupe. Nous reprîmes aussitôt la négociation.

XXVII.

LA MASURE ET LA GROTTE. — PRISONNIERS DES PEAUX-ROUGES. — LA FUITE.

Ni les Navajoes, ni les chasseurs — particulièrement ceux-ci — n'avaient des dispositions plus amicales, à la suite de ce qui s'était passé. Les Indiens ne cédaient rien de leurs prétentions absurdes. Ils revinrent donc à leurs offres, qui étaient d'échanger tête par tête les prisonniers du même âge, et deux enfants contre un adulte. En conséquence, nous ne pouvions délivrer que douze femmes. Séguin consentit cependant à cet arrangement, mais à la condition que nous choisirions, parmi les prisonnières, celles que nous voudrions arracher aux douleurs de la captivité.

— Pour quelle raison le chef au visage pâle a-t-il un si grand désir de faire son choix parmi nos captives? s'écria un chef navajoie. Son intention est-elle de reprendre la fille aux cheveux d'or?

Il fit une pause, comme pour attendre la réponse de Séguin; celui-ci n'ouvrit pas la bouche.

— Pourquoi, si le chef pâle est convaincu que notre reine est sa fille, ne laisserait-il pas la sœur de celle-ci venir avec nous au pays?

Séguin observait toujours le silence.

— La fille aux cheveux d'or resterait dans notre ville et deviendrait ma compagne.

Je jetai les yeux du côté de Séguin ; cette ignoble insulte l'exaspéra.

— Mais, ajouta le sauvage, je ne m'abaisserai pas davantage à prier. J'aime cette jeune fille, elle m'appartiendra, et ce soir même....

Il ne put achever son discours infâme. La balle du revolver de Séguin le frappa au milieu du front. Le sauvage tomba la face contre terre.

Nous nous étions levés d'un seul bond, et les Navajoes avaient imité notre exemple. Nous nous précipitâmes les uns sur les autres. La mêlée fut terrible, sanglante.

Dès le commencement de cette bataille, j'avais tiré mon revolver sur l'ennemi qui se trouvait en face de moi ; mes six coups éclatèrent ainsi, portant chacun sur un Indien. Le bruit du chien s'abattant en vain sur des capsules vidées m'avertit que cette arme m'était désormais inutile ; je la replaçai à ma ceinture et je cherchai à retrouver la porte ; elle s'était fermée. Je me retournai pour retrouver un adversaire. A la lueur d'un coup de feu tiré par un de ses camarades, je vis un Indien qui levait sa hache sur ma tête.

Je me précipitai en avant, sans avoir le temps de tirer mon coutelas de sa gaîne ; mais je pus frapper cet ennemi, dont le tomahawk m'avait légèrement atteint à l'épaule. Nous luttâmes corps à corps ; enfin, il me fut possible de brandir mon *bowie-knife*, et j'allais m'en servir lorsque, tout à coup, mon adversaire tomba mort devant moi. L'Indien s'était enferré lui-même.

Je pensai alors à ma fiancée et je me redressai aussitôt.

J'aperçus des vêtements flottants, et je ne tardai pas à découvrir Mme Séguin et ses deux filles, qui, pourchassées par deux sauvages, remontaient du côté du camp indien.

Je songeai tout d'abord à courir à leur secours, mais, à ce moment même, je vis une cinquantaine de cavaliers se ruant en avant dans notre direction.

Je me dis que suivre les prisonnières serait chose

insensée; je me dirigeai vers l'endroit où nous avions laissé nos capsules et nos montures. Pendant que je traversais le fond de la ravine, deux coups de feu retentirent à mes oreilles. Je vis les chasseurs lancés au galop, poursuivis par une troupe de sauvages à cheval. C'étaient les guerriers de Dacoma qui arrivaient.

Je me jetai au milieu d'un bouquet de cactus; mais je ne tardai pas à comprendre que cet asile serait promptement découvert par les yeux perçants des sauvages; aussi, rampant sur les genoux et les mains, je me dirigeai vers la pente de la ravine et je me trouvai bientôt à l'entrée d'une grotte qui devait avoir servi de galerie à la mine.

Je me jetai dans ce trou béant, et je me blottis derrière un monceau de décombres.

Je m'enfonçai dans ce boyau jusqu'au moment où je me trouvai dans l'obscurité. Alors, en tâtonnant, je rencontrai une sorte de trou dans lequel je me hâtai de me glisser.

A peine étais-je installé dans ce recoin, que mon attention fut vivement excitée. Deux hommes, rampant sur les mains et les genoux, se glissaient derrière les cactus, vers l'entrée de la grotte, et, derrière eux, une demi-douzaine de sauvages à cheval parcouraient le chapparal sans les apercevoir. Je n'eus pas la moindre peine à reconnaître Godé et le docteur.

Les sauvages, les apercevant, se ruèrent sur eux et les clouèrent sur le sol à coups de lance.

De cruelles appréhensions m'étreignaient le cœur. Je me voyais environné d'ennemis; je songeais que Séguin était peut-être prisonnier ou mort, et je me disais que j'étais à la veille de subir le même sort.

Et ma fiancée, où était-elle? Hélas! que m'importait la vie, si j'avais perdu ceux que j'aimais! Toutefois, l'espérance me revint; je me décidai à vivre et je songeai que je pouvais organiser une troupe nombreuse, à l'aide de laquelle j'irais sauver ma chère Zoé.

Je ne m'étonnais plus que Séguin fût devenu un

chasseur de chevelures. Je me disais qu'il avait fait un vœu sacré, en devenant l'ennemi mortel des Indiens, contre lesquels moi-même j'éprouvais une haine implacable.

Toutes ces réflexions rapidement faites en moi-même, je cherchai à percer l'ombre qui m'environnait et j'aperçus, à ma grande stupeur, deux points brillants, que je reconnus pour deux yeux jetant une lueur verdâtre. Était-ce une panthère ou un ours grizzly?

Je portai la main à la poignée de mon coutelas, et, le tirant de sa gaîne, je me mis en garde, sans avoir un seul instant perdu de vue ces yeux ardents.

Ni l'animal ni moi ne bougions, et pour cette raison je ne pouvais distinguer la forme de son corps. Les yeux seuls brillaient toujours. Je supposai que la bête féroce était couchée dans sa tanière et qu'elle ne bondirait sur moi que lorsqu'elle serait dérangée ou que lorsqu'elle n'entendrait plus les clameurs des Peaux-Rouges.

Ce que j'avais de mieux à faire, c'était de recharger mon pistolet. Dès que j'eus terminé, j'armai mon revolver, et au craquement du chien je vis remuer les deux points brillants.

Je me dis que l'attaque allait être immédiate et je me tins prêt à presser la détente; mais, au même moment, une voix dont l'accent m'était familier prononça ces paroles :

— Attention! Pourquoi diantre n'avez-vous pas dit que vous étiez un blanc? Je vous ai pris pour un Peau-Rouge. Hélas! si je me suis caché, c'est que je n'avais plus ni mon fusil, ni ma jument. Je suis désarmé et démonté! Vous êtes l'ami de Séguin, n'est-ce pas?

— Oui, fis-je, et je vous avais pris, vous, pour un ours grizzly.

— Ah! ah! ah! hi! hi! c'est drôle! Le vieux Rubé pris pour une bête féroce! quelle plaisanterie!

Le vieux trappeur s'abandonna à un fou rire.

— Savez-vous ce qu'est devenu Séguin? demandai-je.

— Il était dans la maison au moment où elle s'est

écroulée, répondit Rubé. Je me suis glissé du côté de la porte, au moment où le capitaine luttait avec un Peau-Rouge. Séguin lui a cassé la tête, et le misérable est tombé.

— Mais avez-vous revu notre ami depuis lors?

— Non! Mais il a dû prendre un chemin qu'il connaît, au milieu de la bagarre. Pendant que je me baissais pour cueillir un « scalp » négligé par lui, il s'est éclipsé.

— Ah! tant mieux!

— C'est à cet instant que j'ai vu l'Indien El Sol.

— Ah! est-il tué, lui?

— Non, certes. Il est sorti sain et sauf de la maison incendiée. Deux sauvages le poursuivaient; j'en ai tué un d'un coup de couteau dans les reins, et il a expédié l'autre de la belle façon. C'est à ce moment-là que j'ai vu les Indiens arrivant des deux côtés de la ravine; et, comme j'avais perdu mon cheval et ma carabine, j'ai cru prudent de jouer des jambes et de me cacher.

Nous avions causé à voix basse, Rubé et moi, car les Indiens stationnaient toujours devant la grotte. Le trappeur se glissa près de moi, et nous pûmes échanger nos impressions sans craindre d'être entendus.

J'éprouvais toujours la crainte de voir les sauvages pénétrer dans la grotte.

— Je ne crois pas qu'ils se risquent ici, murmura Rubé à mon oreille. Il y a trop de cavités semblables à celle-ci dans la mine; d'ailleurs nos amis se sont sauvés de l'autre côté; donc, les Indiens, qui ne les ont pas perdus de vue, vont aller les chercher là-bas. Qu'est-ce que c'est que cela? Votre chien, qui vient par ici.

Comme Rubé, je venais d'apercevoir Alp, qui, le nez contre le sol, cherchait à suivre ma piste.

Les allures étranges du bon animal avaient attiré l'attention des Peaux-Rouges, qui se mirent à l'observer.

Mon compagnon et moi nous commencions à espérer

que le brave chien n'avait pas retrouvé nos traces, quand, à notre grand désespoir, il s'élança dans la grotte.

Les cris poussés par les Indiens nous apprirent que nous étions perdus. Ils se ruèrent à l'entrée de la grotte, en poussant des cris sauvages.

— Le moment est venu de jouer de votre revolver, mon camarade, me dit Rubé, tous les tubes sont-ils chargés?

— Non; mais j'aurai peut-être le temps d'y glisser des cartouches.

— Ne craignez pas d'être interrompu. Je vais aller à la masure chercher du feu. Dépêchez-vous, afin d'en abattre un par coup.

Sans plus attendre, je chargeai mes armes; et j'avais à peine achevé, qu'un Indien se montra devant l'entrée, apportant une torche et se disposant à la jeter au milieu des broussailles.

— Allons! feu! s'écria Rubé, et ne manquez pas ce bandit.

Je pressai la détente, et le sauvage, laissant échapper sa torche, tomba mort sur ce brandon enflammé.

Un cri horrible se fit entendre, et les Indiens s'éloignèrent.

— Que vont-ils faire, à cette heure? demandai-je à Rubé.

— Je ne saurais le dire, hélas! Nous avons tout à redouter de ces maudits.

Pendant que nous causions de la sorte, les Indiens n'avaient pas reparu, mais nous les entendions passer hors de la grotte. Ils discutaient un plan d'attaque. Quelle décision allaient-ils prendre? Voulaient-ils nous affamer?

— Cela se pourrait bien, me dit Rubé. Mais non! je ne me trompe pas, ces misérables veulent nous enfumer. Regardez, l'ami.

Je jetai les yeux vers l'orifice de la grotte et je vis les Indiens qui apportaient des brassées de fagots.

— Mais nous pourrons supporter la fumée.

— Erreur! Je connais ces coquins maudits. Ils sont allés cueillir des herbes dont l'odeur infecte ferait sortir un skunk de son trou. Mais j'ai mon plan, que je vais vous communiquer. Dès que la fumée s'élèvera et qu'il leur sera impossible de nous voir, nous prendrons notre élan, vous le premier, avec votre revolver; moi derrière, le coutelas à la main. Vous vous jetterez au milieu d'eux et vous pousserez en avant vers les grottes de l'autre côté, lesquelles communiquent entre elles. Une fois là, nous pourrons les déjouer.

Les Indiens avaient amoncelé des fagots de la plante dont Rubé avait parlé. Bientôt le feu prit, et une vapeur nauséabonde vint nous suffoquer l'un et l'autre.

Il m'eût été impossible de supporter longtemps ce malaise; Rubé me cria alors:

— Debout! camarade, en avant et tapez dur!

En proie à une rage sans pareille, je me ruai en avant, le revolver au poing, à travers les herbes en feu. J'entendis un cri terrible, étourdissant. Je me vis au milieu de nos ennemis qui brandissaient des tomahawks et des hachettes au-dessus de ma tête.... et....

Lorsque je rouvris les yeux, je me retrouvai couché sur le sol; mon chien, cause innocente de ma capture, me léchait le visage.

Mon évanouissement n'avait pas été de longue durée; car les sauvages qui m'entouraient gesticulaient avec violence. Un d'eux les repoussa, c'était Dacoma.

Il prononça quelques paroles qui parurent apaiser ses auditeurs. Je me disais qu'il avait pris ma défense, en souvenir de quelques bons égards que j'avais pu avoir pour lui, quand il était dans nos mains. Je me trompais sur ses intentions.

Ce qu'il y a de certain, c'est que j'éprouvais une pénible sensation à la tête, et je me demandais si j'avais été scalpé sans le savoir. Lorsque je portai ma main droite sur mon chef, je retrouvai mes cheveux; mais je m'aperçus que j'avais été frappé d'un coup de tomahawk, sans avoir pu me servir de mon revolver. La masse m'avait atteint derrière la nuque.

Qu'était devenu Rubé?

Etait-il parvenu à fuir? Cela n'était pas probable. Donc, le rusé compère était resté dans la grotte, et il attendait pour sortir que les sauvages eussent déguerpi.

Je n'eus pas, du reste, grand temps de réfléchir. Deux Indiens me prirent sous les aisselles et m'emportèrent vers la masure en feu.

Les barbares me lièrent les pieds et les mains. Pendant cette opération, j'aperçus, garrottés solidement, Sanchez le toréador, l'Irlandais aux cheveux rouges, et trois autres de notre troupe.

Tous les six nous fûmes placés dans un espace ouvert, devant la masure incendiée, de manière à voir tout ce qui s'y passait.

Le spectacle qui s'offrait à nos regards était épouvantable. Il y avait là une douzaine de corps rôtis, calcinés.

Les sauvages n'avaient pas de scalp à recueillir: les flammes avaient dévoré les chevelures.

Cette déconvenue leur fut pénible, et dans leur colère ils rejetèrent dans le brasier les restes fumants de nos malheureux camarades. Ils ramassèrent les pistolets, les coutelas, les tomahawks, gisant au milieu des cendres; ils transportèrent leurs morts loin de la masure, et les accotèrent sous un rocher, qu'ils entourèrent en entonnant l'hymne de la vengeance.

Pendant ce temps, nous restâmes à la garde d'une douzaine de sauvages, à l'endroit où l'on nous avait jetés. Nos cœurs étaient agités des plus tristes appréhensions. Le foyer brûlait toujours, dévorant les cadavres de nos infortunés compagnons, et nous nous attendions à subir un sort pareil.

Nous ne tardâmes pas à apprendre qu'on nous réservait à d'autres projets. Les Navajoes amenèrent six mulets, sur lesquels on nous hissa d'une façon bizarre. On nous plaça le visage tourné vers la queue de ces animaux sans selle; puis on nous lia les pieds autour du cou des mulets, de façon à ne pouvoir remuer. Nous étions ainsi allongés, le menton appuyé sur la croupe, et nos mains furent ficelées sous le ventre des bêtes de somme.

Nos ravisseurs se divisèrent alors en deux bandes, qui remontèrent la ravine. Les uns emmenèrent les prisonnières mexicaines, avec les filles et les enfants de la tribu. Le parti le plus considérable, commandé par Dacoma, — devenu le chef principal, puisque l'autre avait péri dans la bataille, — se chargea de nous garder.

On nous conduisit vers l'endroit où la source sortait du rocher, et où l'on devait faire halte pour la nuit. Nous fûmes détachés de dessus les mulets, enchaînés avec soin les uns aux autres, et gardés scrupuleusement jusqu'au matin. On nous *empaqueta* alors, comme nous l'avions été la veille, et nous prîmes la route de l'ouest à travers le désert.

Notre voyage dura quatre jours, — quatre jours de tortures, dont le souvenir est encore inénarrable — et nous rentrâmes enfin dans la ville des Navajoes. Les autres captifs, entraînés par le premier détachement, qui transportait tout le butin, étaient arrivés bien avant nous.

On nous promena le long des rues, et nous sortîmes enfin de la cité. A cent mètres environ des maisons indiennes, nos gardes firent halte.

J'avais promené mes regards de tous les côtés, à mesure que j'avançais avec mes camarades prisonniers, sans apercevoir Zoé, que je cherchais partout, ni les autres captives. Où pouvaient être ceux que j'aimais ?

Nos ennemis nous délièrent et nous firent descendre de nos mulets. Ce fut un grand soulagement pour tous. Nous nous félicitâmes mutuellement de la fin de ce supplice, mais cette joie ne fut pas de longue durée. Nous avions été précipités de la poêle à frire dans le feu lui-même. On nous fit coucher sur le dos et étendre sur le gazon, les uns à côté des autres. On nous attacha ensuite les quatre membres, étirés à des piquets, par les poignets et les rotules.

Nos bourreaux nous placèrent sur deux rangs, bout à bout, de telle manière que les têtes des premiers se trouvaient entre les jambes de leurs camarades, couchés en arrière. Il nous était impossible de faire le moindre mouvement dans cette position.

Les Indiens qui nous gardaient nous abandonnèrent après nous avoir dépouillés de tous nos vêtements.

Nous ignorions le sort qui nous était destiné ; mais nous pouvions nous attendre à être cruellement traités.

Sanchez, qui baragouinait quelque peu la langue navajoe, avait ouï dire qu'on allait nous tuer à petit feu.

— Demain, nous dit-il, les Navajoes vont danser la Mamanchic en l'honneur de Montézuma ; c'est la fête des femmes et des enfants. Le jour suivant, aura lieu un grand tournoi, pendant lequel les guerriers montreront leur adresse à l'arc, à l'équitation et à la lutte corps à corps. Le troisième jour, on nous fera rôtir.

Le matin venu, nous remarquâmes que les Indiens s'habillaient et se peignaient le corps. Bientôt la danse *Mamanchic* commença.

Cette cérémonie eut lieu sur la prairie, à quelque distance du temple, devant l'entrée principale.

Avant le commencement des jeux, on nous traîna vers le lieu destiné à la fête.

Nous étions toujours garrottés, mais on nous laissa la faculté de nous tenir debout. Ce qui nous plut dans ce spectacle, ce fut la liberté de rester sur nos jambes.

Je serais en peine de décrire cette danse, en admettant que je l'eusse vue à loisir. Comme Sanchez nous l'avait annoncé, ce furent seulement les femmes de la tribu qui l'exécutèrent.

Des processions de jeunes filles revêtues de costumes gais et fantastiques, portant des fleurs, tournant en farandoles et dessinant des figures bizarres ; un guerrier et une squaw hissés sur un pavois et représentant

Montézuma et sa reine, des Indiens chantant et dansant, telle fut la cérémonie, qui se termina par un agenouillement général, en demi-cercle, devant le trône sur lequel Dacoma et Adèle étaient assis. La reine des Navajoes me parut triste.

— Pauvre Séguin ! me disais-je, sa fille n'a plus personne pour la protéger à cette heure, puisque le chef de médecine indien, son prétendu père, qui eût pu la défendre, a disparu....

J'en étais là de mes réflexions, quand mes yeux se portèrent du côté du temple, où étaient placées les femmes blanches prisonnières. Dans le nombre se trouvait sans doute ma fiancée.

Un Indien se tenait au milieu d'elles. Qui pouvait-il être ?

Dacoma, recouvert d'un manteau mirifique, avait paradé à cheval devant le temple, avant la cérémonie, et Rubé m'ayant affirmé que ce guerrier, brave et courageux, était aussi brutal et licencieux, mon cœur était oppressé quand on nous ramena à l'endroit où nous avions été mis aux entraves.

La nuit se passa en bombance dans la ville indienne.

Le lendemain dès le matin, la fête recommença.

On nous ramena encore sur le terrain, afin de nous montrer les jeux de ces sauvages, mais en nous tenant dans un certain éloignement.

J'apercevais sur la terrasse du temple les vêtements blancs des prisonnières.

Sanchez m'avait appris que ces jeunes filles devaient rester dans le temple jusqu'au cinquième jour, qui serait précédé de notre sacrifice. Le chef aurait alors choisi une des captives pour lui, et les guerriers tireraient les autres au sort.

Quelles heures cruelles furent celles qui s'écoulèrent pendant ces fêtes des Navajoes !

Je souhaitais parfois *la* voir avant de mourir, et la réflexion me disait que mieux vaudrait pour nous ne pas nous trouver ensemble.

Je suivais des yeux le tournoi des sauvages, qui se composait de passes d'armes et d'exercices à cheval. Mais rien ne m'intéressait ; je n'étais pas à la fête !

Mes yeux ne quittaient point Sanchez, qui se plaisait à examiner ces ébats. A un moment donné, il me parut agité. Je compris qu'une pensée soudaine, une rapide résolution s'était emparée de lui.

— Dites à vos guerriers, fit-il tout à coup, en s'adressant à un de nos gardiens, qu'ils ne savent pas manier un cheval aussi bien que moi. Je peux leur donner des leçons.

Le sauvage alla raconter à qui de droit ce que Sanchez venait de lui dire ; et quelques instants après, je vis un certain nombre de Navajoes s'avancer et apostropher notre camarade.

— Toi, un pauvre esclave blanc, tu voudrais lutter avec des guerriers Navajoes? Ah ! ah ! ah !

— Lequel d'entre vous peut aller à cheval sur la tête, quand le cheval est au galop ?

— Tu te vantes ; tu ne sais pas plus que nous faire cela ; car nous sommes les cavaliers les plus adroits de tout le pays.

— C'est possible ; mais moi je sais accomplir ce tour d'adresse. Amenez-moi mon cheval, et je vous montrerai le tour.

— Soit ! quel est ton cheval ?

— Il n'est pas du nombre de ceux que je vois ici. N'importe ; donnez-moi pour monture ce mustang pur sang, gris pommelé, qui paît là-bas, et accordez-moi un champ de cent fois sa longueur ; je vous montrerai comment cela se joue.

Les Indiens, après s'être consultés, accédèrent à la demande du torero.

D'un coup de lasso, ils s'emparèrent du cheval désigné ; on l'amena pendant qu'on débarrassait le torero de ses liens.

Sanchez ne fut pas long à terminer ses préparatifs. Il noua solidement une robe de bison sur la croupe de son cheval; puis il prit la bête par la bride et lui fit décrire plusieurs tours sur la piste, comme il l'eût fait dans un manége.

A un moment donné, il lâcha la bride, en faisant entendre un son particulier, et le cheval se lança au galop dans l'arène. Lorsqu'il eut franchi trois ou quatre fois le cercle, Sanchez fit une cabriole, qui le plaça la tête sur la selle et les pieds en l'air.

Les Navajoes furent émerveillés de ce tour d'adresse. Ils prièrent le torero de recommencer. Mais Sanchez voulut donner à ses ennemis le spectacle complet de son savoir-faire, et il parvint à les étonner au plus haut point.

Lorsque le carrousel fut terminé et qu'on nous eût reconduits à l'endroit désigné pour notre détention, le torero ne revint pas avec nous. Heureux Sanchez! Il avait racheté sa vie et il devenait le professeur d'équitation de la nation des Navajoes.

Le lendemain était désigné pour notre entrée en scène. Nous vîmes nos ennemis faire leurs préparatifs.

On nous conduisit alors devant le temple. Quand nous y fûmes arrivés, je jetai les yeux vers les terrasses. Ma fiancée se trouvait au-dessus de ma tête; je la reconnus aussitôt. Zoé aussi me reconnut.

Poignantes émotions de son côté, comme du mien! Je l'entendis pousser des cris désespérés; je la vis se précipiter du côté du parapet, comme si elle voulait le franchir pour arriver près de moi. Ses compagnes cherchaient à la retenir. Tout à coup elle perdit l'usage de ses sens; on l'entraîna, et je ne la vis plus.

J'avais les pieds et les poignets enchaînés; cependant, deux fois pendant la scène dont je viens de parler, j'avais eu la force de me relever, mais pour retomber bientôt.

. . . .

Une demi-heure s'écoula, pendant laquelle je ne me rendis pas compte de ce qui se passait autour de moi.

Enfin, je revins de cette stupeur, et je vis les sauvages,

qui avaient achevé tous leurs préparatifs pour le jeu cruel dont ils allaient se donner le plaisir.

Les maudits Indiens s'étaient placés sur deux rangs, au milieu de la plaine, et occupaient ainsi un espace de plusieurs centaines de mètres. Armés de tomahawks, ils se tenaient à une distance de quatre pas les uns des autres. Il nous fallait courir entre ces Peaux-Rouges, et recevoir leurs coups au passage. Celui qui parviendrait à l'extrémité de cette double ligne sans être atteint, devait, d'après les conventions, avoir la vie sauve.

— Cela est-il vrai ? demandai-je au torero qui était près de moi.

— En aucune façon, répliqua-t-il. C'est une ruse, afin que nous courions mieux et que nous leur procurions un plus grand plaisir. Nous devons mourir, quoi qu'il en soit.

— Sanchez, dis-je au torero, vous êtes l'ami de Séguin ; vous me le prouverez en faisant tout ce que vous pourrez pour sa fille.

— Comptez sur moi, répondit-il d'une voix émue.

— Vous direz à cette chère âme que j'ai bien souffert pour elle. Mais non, ne lui parlez pas de cela. Tâchez de me fournir une arme, un couteau, quand on me déliera.

— A quoi bon ? vous ne pouvez échapper à ces coquins, eussiez-vous cinquante armes à votre disposition.

— N'importe ! je tenterai l'aventure. Si je dois mourir, que ce soit en me défendant !

— Je vous comprends. Mais si l'on me voit, je pourrai bien payer de ma.... Baste ! regardez derrière vous ; il y a un tomahawk assez mal gardé, dont vous pourrez facilement vous emparer.

Dacoma se trouvait à quelques pas, surveillant le départ du coureur.

L'arme indiquée pendait à sa ceinture ; il était facile de la lui arracher, et je voulais vivre, si c'était possible.

Dans mes jeunes années, j'étais un excellent coureur

et un sauteur émérite. Or, depuis que j'étais prisonnier, je ruminais aux moyens à prendre pour m'échapper.

Durant la nuit qui venait de s'écouler, j'avais conçu un plan de fuite qui m'avait été suggéré par les exercices sportifs de Sanchez. Pour exécuter ce plan, il me fallait une arme, et je n'avais eu ni le temps ni l'occasion de m'ouvrir au torero, au sujet de mon projet. Du reste, avec ou sans armes, j'avais résolu de tenter l'aventure.

Quand mon tour de courir fut venu, on me délivra de mes entraves.

Je me levai aussitôt et j'employai quelques minutes de repos à m'étirer les membres et à me recommander à la Providence.

Un des chefs donna aux Indiens le signal pour qu'ils se tinssent prêts. Je les vis s'aligner et brandir leurs massues menaçantes, avec l'impatience de me voir prendre mon élan.

Dacoma se trouvait placé derrière moi. J'avais jeté un coup d'œil rapide de son côté, et je me mis devant lui, comme pour me jeter en avant. Au moment où il s'y attendait le moins, avec l'agilité d'un chat sauvage, je lui arrachai le tomahawk pendu à sa ceinture.

Je voulus le frapper, mais je m'étais trop hâté ; je le manquai.

Ne pouvant plus recommencer ce jeu, je me retournai et je pris mon élan. Le chef indien avait été tellement surpris, qu'avant qu'il eût pu me frapper, je me vis hors de son atteinte.

Je courais, non au milieu de cette rangée humaine, mais vers le groupe des vieillards et des spectateurs. Tous avaient saisi leurs armes et se pressaient autour de moi. Je bondis alors par-dessus leurs têtes, et je me trouvai dans la plaine, poursuivi par tout le village.

J'avais bien combiné mon plan de fuite ; je courus vers les chevaux.

J'avais une grande avance, même sur les jeunes gens de la tribu des Navajoes ; mais quelle ne fut pas ma surprise, lorsque je vis des hommes à cheval se lancer après moi ! Ils étaient encore très-éloignés, mais je devais infailliblement être pris.

Je songeai alors à appeler mon cheval.

Tout à coup un mouvement se fit au milieu des chevaux; l'un d'entre eux se détacha de la manade et accourut au galop de mon côté. Je le reconnus aussitôt; c'était *Moro*....

Les autres animaux le suivaient; mais, avant qu'ils fussent tombés sur moi, je vis ma bonne bête se presser à mes côtés, je la saisis par la crinière et je m'élançai sur son dos.

Je n'avais pas de bride, mais *Moro* était habitué à obéir à ma voix, à la pression de mes genoux, à la direction de ma main.

Il me fut donc facile de me jeter en avant, à travers la troupe des chevaux, vers l'ouverture occidentale de la vallée. J'entendais les vociférations de mes ennemis; et quand je me retournai, il y avait environ vingt cavaliers lancés sur ma piste, au grandissime galop.

Mais je ne les craignais plus à cette heure. Je connaissais mon brave *Moro*. Lorsque j'eus franchi les douze milles de la vallée et que je me trouvai sur la pente de la montagne, je vis bien loin les Indiens qui me poursuivaient.

Ma bonne monture, parfaitement reposée depuis plusieurs jours, avait retrouvé toute son énergie; elle gravissait les rochers d'un pas rapide. Je me sentais moi-même ranimé, excité par ces efforts généreux, et je recouvrais peu à peu mes forces. C'était heureux pour moi, car bientôt j'allais être forcé de recourir à ma vaillance. J'avais encore à franchir l'endroit où la garde indienne était postée.

En m'échappant de la ville des Navajoes, je n'avais pas songé à ce dernier danger. Il était là : il fallait le vaincre.

Je me demandais contre quel nombre d'hommes j'allais avoir à me défendre. Sanchez m'avait affirmé qu'il n'y avait là que deux sentinelles. C'était déjà trop pour moi, faible encore, n'ayant pour toute arme qu'une massue, dont je n'avais pas l'habitude de me servir.

Je me rappelais très-bien la route que je devais suivre : c'était celle par laquelle nous étions venus et où nous avions fait halte, pendant que notre guide allait en avant pour reconnaître le pays.

Il y avait une plate-forme accolée à une sorte de falaise. Séguin et moi l'avions gravie, afin de voir au loin. Du sommet du rocher on dominait l'espace et l'on voyait toute la contrée, au midi et à l'ouest. C'était là, sans doute, que se tenaient les sentinelles.

Mais où les rencontrerais-je? Je me rappelai que la route se rétrécissait au point de n'avoir que deux pieds de largeur, tout au plus; qu'elle était bordée d'un côté par un rocher à pic, et de l'autre par un précipice au fond du défilé. Je redoutais pour mon cheval, nouvellement referré, le glissage possible sur des pierres polies comme du verre.

J'approchais toujours, pendant que ces pensées me trottaient à travers l'esprit. Le danger que j'affrontais était immense; mais il n'y avait pas à hésiter. Je m'avançais, sondant l'horizon devant moi, à travers un bois de pins rabougris et de cèdres aux branches touffues. Le sentier devenait une sorte de zigzag sur le penchant de la montagne. Près de la cime, il tournait abruptement vers la gauche et pénétrait dans le défilé.

C'était près du tournant que je devais rencontrer les sentinelles.

Il n'y avait qu'un seul homme : un Peau-Rouge, qui, debout sur le rocher, se détachait sur l'azur du ciel. Il se tenait à trois cents mètres de moi et ne m'avait pas aperçu.

Je fis halte pendant quelques instants, afin de mûrir mon plan d'attaque.

Cet homme me tournait le dos. Il avait laissé sa lance près de la roche qui lui servait de siége; son bouclier et son arc reposaient contre la paroi de la pierre. J'apercevais aussi le miroitement de son coutelas et de son tomahawk, passés à sa ceinture.

Il n'y avait pas un moment à perdre. Il fallait atteindre le défilé avant que l'Indien pût m'en empêcher. Je pressai donc doucement les flancs de ma monture, avec le double dessein d'empêcher mon cheval favori de glisser sur les pierres et d'éviter d'être entendu par la sentinelle. Cela était possible, le bruit de la cascade du torrent couvrant celui des pas de *Moro*.

J'avançai encore doucement; mais lorsque j'eus franchi une vingtaine de pas sur la plate-forme, je vis un groupe qui me fit tressaillir. Je saisis la crinière de mon cheval, qui s'arrêta tout à coup.

Deux chevaux — des mustangs — se tenaient là, et un Indien était près d'eux. Les animaux étaient sellés et bridés; l'un d'eux avait un lasso enroulé autour de son harnachement et retenu par le Peau-Rouge. Ce dernier était accroupi et s'appuyait le dos contre le pavé de la roche : il dormait. A ses côtés, son carquois et son arc, sa lance et son bouclier reposaient par terre.

Je me trouvais dans une position perplexe; car je savais très-bien qu'il me serait impossible de passer près de ce sauvage sans en être entendu. Cependant, il fallait continuer ma route.

En admettant que je n'eusse pas été poursuivi, je devais aller de l'avant, le passage étroit ne permettant pas qu'on reculât à cheval.

Je me dis qu'il fallait descendre de ma monture, avancer à pas de loup, et d'un coup de tomahawk....

Le moyen était hardi, mais l'instinct de la conservation me poussait à y recourir.

Il était écrit que je ne pourrais pas user de ce moyen. *Moro*, dans son impatience, hennit et frappa le sol de son sabot.

Les chevaux des Peaux-Rouges répondirent aussitôt à cet appel, et les sauvages furent à l'instant même sur pied. Ils poussèrent un cri simultané : ils m'avaient vu.

La sentinelle, placée sur la roche élevée, prit sa lance

et se précipita pour descendre près de moi; mais ce qui m'occupait le plus, à cet instant suprême, c'était le Peau-Rouge le plus rapproché de moi.

Celui-ci avait sorti son arc, et, sautant sur son cheval, s'était jeté à ma rencontre, le long des flancs de la montagne.

Une flèche siffla à mes oreilles sans m'atteindre.

Les têtes de nos chevaux se rencontrèrent; ils demeurèrent poitrail contre poitrail, naseau contre naseau, hennissant, renaclant. On eût dit qu'ils savaient que leurs maîtres se battaient entre eux. Mais en même temps ils avaient l'instinct du danger qui les menaçait. Ils se tenaient à l'endroit le plus étroit de la roche, et ni l'un ni l'autre ne pouvaient rebrousser chemin; celui-ci ou celui-là devait être précipité au fond du gouffre, profond de mille pieds, et rempli par les eaux écumantes d'un torrent.

Je fis halte, avec un profond sentiment de désespoir. L'arme que je portais ne pouvait pas me servir à frapper de loin mon ennemi, tandis que lui avait un arc. Je le vis épauler une seconde flèche sur la corde, et, à ce moment solennel, je songeai à pousser *Moro*, afin de l'aider à précipiter l'autre cheval. Par malheur, je n'avais ni bride ni éperon. J'aurais pu lancer mon tomahawk à la figure de mon ennemi, mais alors j'eusse été désarmé. Je mis pied à terre, afin d'attaquer la monture du sauvage; mais une flèche frôla ma joue. J'avais été préservé, grâce à la rapidité de mon mouvement.

Je rampai le long des flancs de *Moro*; et quand l'Indien se préparait à me lancer une troisième flèche, je levai mon tomahawk, qui retomba brusquement sur le crâne de ce malheureux. Aussitôt il roula par terre, entraînant l'animal dans l'abîme.

Je n'eus ni la volonté ni le temps de regarder le dénoûment de ce drame. L'autre Peau-Rouge Navajoe arrivait sur la plate-forme; sans s'arrêter, il se rua sur moi, la lance en avant. J'allais être transpercé; mais je parvins à parer le coup. La pointe rencontra le tomahawk, et nous roulâmes tous les deux sur le bord de l'abîme.

Je repris bientôt mon équilibre et je me mis à attaquer le sauvage avec ruse et précaution, afin de l'empêcher de se servir de sa lance. Il comprit ma tactique et saisit également sa massue.

Nous nous battions sans mot dire. On entendait le bruit de nos respirations, celui de nos armes, le hennissement de nos chevaux.

Nous nous étions fait plusieurs blessures ; mais aucun de nous deux n'était hors de combat. Enfin je parvins à ramener à reculons mon adversaire sur la plate-forme. La bataille continua plus terrible, et, à un moment donné, nos tomahawks se heurtèrent avec tant de force, que les armes s'échappèrent de nos mains. Nous nous jetâmes l'un sur l'autre, luttant corps à corps. Je m'assurai qu'il n'avait pas de coutelas ; mais il était bien plus vigoureux que moi, et, de ses bras nerveux, je le sentis me serrer la poitrine à me briser les côtes, en me poussant vers le gouffre.

Ses doigts me prirent à la gorge ; je râlai, je sentis mes forces m'abandonner ; je mourais....

Mon évanouissement ne fut pas de longue durée. Quand je repris l'usage de mes sens, quand je rouvris les yeux, je me retrouvai couvert de blessures et couché sur la plate-forme ; mais j'étais seul : mon adversaire avait disparu. Mon cheval et celui de l'Indien continuaient à se battre, et des aboiements terribles se faisaient entendre non loin de là.

Je me relevai et m'avançai jusqu'au bord d'une crevasse profonde d'où ce bruit semblait provenir.

Quel horrible spectacle ! Au fond de cette ravine profonde d'environ dix mètres, parmi les buissons de cactus, un chien — mon bon Alp — déchiquetait le sauvage, mon dernier adversaire, qui criait et se démenait sans espoir.

L'animal enfonça enfin ses crocs dans la gorge du Navajoe, qui criait comme un damné.

Je me relevai aussitôt, entendant des voix derrière moi. C'étaient celles des sauvages lancés à ma poursuite; ils atteignaient le défilé et pressaient leurs montures.

Je mis à peine quelques instants pour me lancer sur mon brave *Moro*, le diriger vers l'issue du passage, et descendre rapidement les déclivités de la montagne. Lorsque je parvins en bas, j'entrevis quelque chose qui se mouvait au milieu du chapparal. C'était mon chien, qui hurlait de joie et remuait la queue.

Comment avait-il pu échapper aux coups de l'Indien? Tout me portait à croire qu'il en avait mis au moins un hors de combat, afin de recouvrer sa liberté; car il était couvert de sang.

Lorsque j'atteignis la plaine, je regardai en arrière et je vis ceux qui me poursuivaient, descendant sur la rampe de la sierra. Mais j'avais un mille d'avance, et, prenant pour guide la cime couverte de neige, je me jetai en pleine prairie.

XXVIII.

UNE RENCONTRE INATTENDUE. — LA DÉLIVRANCE. —
LE RETOUR. — LA CORDE DE LA MÉMOIRE.

Je devais avoir une trentaine de milles à franchir pour arriver à la base du pic. De l'endroit où j'étais à celui-là, il n'y avait pas d'autre végétation que quelques buissons épais et de l'herbe artemisia.

Si j'y parvenais avant le coucher du soleil, je comptais suivre notre ancienne route qui aboutissait à la mine, et de là je me dirigerais vers le Del Norte, en traversant un bras de la Paloma, ou de tout autre courant d'eau.

Je ne me dissimulais point que mes ennemis me poursuivraient jusqu'aux portes d'El Paso. Il suffit, pour m'en convaincre, de retourner la tête : les Navajoes arrivaient aux confins de la plaine et s'élançaient sur mes traces.

Ce n'était donc plus qu'une question de vitesse. Je savais que mon cheval était plus vif que les leurs ; j'avais de l'avance, et, sans trop me presser, je pouvais conserver la distance voulue. Cette rapidité continuerait-elle ? De temps à autre je me jetais par terre, et je courais à côté de ma bonne bête, afin de la soulager un peu.

Mon chien me suivait.

Toute la journée se passa ainsi. J'avais toujours les sauvages à mes trousses.

Lorsque j'approchai de la montagne couverte de neige, je me rappelai qu'il y avait une source à l'endroit où nous avions campé, et je pressai *Moro*, pour avoir le temps de le faire boire et de me désaltérer moi-même. Mon intention était de prendre quelques instants de repos et de permettre à mon noble cheval de brouter quelque peu.

Le soleil allait descendre vers l'horizon, lorsque je parvins au défilé. Avant de m'engager au milieu des rochers, je regardai en arrière et je vis que, pendant l'heure qui venait de s'écouler, j'avais gagné du terrain. Mes ennemis se trouvaient au moins à trois milles derrière moi, et leurs montures paraissaient harassées de fatigue.

En continuant ma course sur cette route connue, je sentis mon courage se raviver, mes espérances renaître. Désormais mon énergie, ma fortune, ma vie n'auraient plus qu'un seul but, et je l'accomplirais avec une troupe plus nombreuse que celle dont Séguin avait eu le commandement. J'engagerais des chasseurs et des trappeurs du désert américain; je recruterais partout de bons compagnons, amoureux des aventures et peu soucieux du danger; je réclamerais l'appui du gouvernement, qui sans doute m'accorderait des subsides et des troupes. J'en appellerais même, s'il le fallait, aux habitants d'El Paso, de Chihuahua, de Durango....

— Jésus et Josaphat! voilà un homme qui galope sans selle et sans bride! entendis-je tout à coup crier à mes oreilles.

Cinq ou six hommes, armés de carabines, s'étaient montrés au détour du chemin et m'avaient entouré à la fois.

— Que les Indiens me mangent tout vivant, si ce n'est pas le camarade qui a cru que j'étais un ours grizzly.

Eh! Billy, regarde donc! C'est bien lui, te dis-je. Ah! que je suis content!....

— Rubé! Garcy! m'écriai-je.

— C'est mon ami Haller! Ne me reconnaissez-vous point?

— Séverin!....

— Lui-même! Ah! je vous aurais difficilement reconnu, si le vieux trappeur ne m'avait pas raconté ce qui vous est arrivé. Voyons! dites-nous comment vous avez pu vous tirer des mains des Philistins.

— Je vous le dirai; mais, avant tout, expliquez-moi comment il se fait que je vous trouve en ces lieux.

— Nous sommes ici dans un poste d'avant-garde. Notre petite armée est plus loin.

— Votre armée!

— Mon Dieu, oui! c'est ainsi que nous l'avons qualifiée. Il y a six cents hommes, ce qui constitue plus qu'un régiment pour ce pays-ci.

— Et quels sont ces hommes?

— Ma foi! des gens de toutes couleurs, de toutes nations, des gens de Chihuahua, de El Paso, des nègres, des chasseurs, des trappeurs, des charretiers. C'est moi qui suis à la tête de ces derniers. N'oublions pas non plus la bande de notre ami Séguin.

— Séguin, dites-vous?

— Lui-même. C'est notre général en chef. Maintenant, suivez-moi. Notre campement est placé près de la source. Nous allons nous y rendre. Mais vous me semblez affamé. J'ai dans mes poches une provision de Tajo, et vous allez en manger.

— Un moment. Je suis poursuivi.

— Poursuivi! s'écrièrent les chasseurs, qui, par un mouvement unanime, mirent leurs carabines à l'épaule, en se tournant du côté du défilé. Combien y a-t-il d'hommes à votre poursuite?

— Une vingtaine.

— Sont-ils près d'ici?

— Non. Je les crois à une distance de trois milles : leurs chevaux sont exténués.

— Bien! nous avons une demi-heure devant nous. Nous avons le temps de tout préparer, afin de leur offrir une réception à laquelle ils ne s'attendent pas. Rubé, restez là avec les autres ; nous serons de retour ici avant que les Indiens y soient parvenus. Venez, Haller, venez !

Je suivis mon fidèle et courageux ami vers la source, et j'y trouvai l'armée campée. On y comptait près de deux cents hommes en uniforme : les volontaires de la garde de Chihuahua et de El Paso.

La dernière incursion des Navajoes ayant exaspéré les habitants, ils avaient immédiatement préparé cet armement inaccoutumé. Séguin, avec le reste de sa troupe, avait rencontré tout ce monde-là réuni à El Paso et s'était chargé de conduire l'armée sur la route des Navajoes. Séverin avait appris par lui la nouvelle de ma capture, et c'était avec l'espérance de me tirer des mains des sauvages qu'il s'était joint à cette troupe armée, en compagnie d'une cinquantaine des employés de la caravane.

La plupart des hommes de Séguin avaient échappé au combat de la Barranca, et je me réjouis d'apprendre que El Sol et la Luna étaient de ce nombre. Ils étaient réunis dans la tente de Séguin.

Cet excellent ami me fit la plus cordiale réception. N'étais-je pas porteur de bonnes nouvelles ? *Elles* étaient encore en vie.

Nous n'avions pas un instant à perdre : une centaine d'hommes montèrent à cheval et se dirigèrent vers la ravine. Une fois là, ils mirent pied à terre, attachèrent leurs bêtes à des piquets et allèrent se placer en embuscade derrière les rochers. L'ordre était donné de s'emparer ou de mettre à mort tous les Indiens qui me poursuivaient. Il s'agissait de laisser passer l'ennemi, afin qu'il s'engageât dans l'embuscade, de le cerner par derrière et de l'emmener ainsi en vue du corps d'armée, de façon à envelopper les Navajoes et de les placer entre deux feux.

Au-dessus de la source, la ravine était sèche, et les chevaux ne laissaient aucune trace sur le sol pierreux. Il était évident que les Indiens lancés à ma poursuite ne s'arrêteraient pas pour examiner le passage ; et du moment qu'ils seraient entrés dans le défilé, nul d'entre eux n'en pourrait sortir.

Lorsque les cent hommes dont j'ai déjà parlé se furent éloignés, une autre troupe, du même nombre, monta également à cheval et alla se mettre en embuscade au débouché de la passe.

L'attente ne fut pas longue. A peine tout le monde était-il à son poste, qu'un Indien tourna l'angle de la première roche, à deux cents mètres de la source. C'était le plus avancé de ceux qui me poursuivaient. Il dépassa l'embuscade, et les autres en firent autant, sans que personne eût bougé. Dès que l'Indien aperçut le corps d'armée, il s'arrêta brusquement, fit volte-face, et poussa un cri, en rebroussant chemin vers ses camarades. Ceux-ci, agissant de la même façon, voulurent fuir à leur tour, mais ils furent cernés par les hommes de la première embuscade, qui s'étaient élancés derrière eux.

Les Navajoes, se voyant hors d'état de prendre la fuite, jetèrent leurs lances et demandèrent merci.

Quelques instants suffirent pour nous emparer d'eux ; et quand tous ces sauvages furent garrottés, nous retournâmes au campement de la source.

Nous entourâmes Séguin, afin de combiner avec lui un plan de campagne pour attaquer la ville indienne. Fallait-il partir cette nuit-là même? On me demanda mon avis, et je répondis affirmativement. Mieux valait agir avec diligence, pour la sûreté des captives et de ceux de nos amis qui pouvaient encore avoir échappé à la mort. Nous pouvions ainsi arriver à temps et les sauver.

On discuta ensuite sur la manière dont on aborderait la vallée. Tout nous faisait croire que les Navajoes ne cesseraient pas de placer des sentinelles aux deux chemins par lesquels on pénétrait dans leur pays ; et qu'alors ils apprendraient bien vite qu'un corps d'armée s'approchait pour les combattre. C'était là une grosse difficulté à surmonter.

— Nous allons nous diviser, dit un des hommes de la bande de Séguin. Chaque corps d'armée ira passer par un des défilés ; nous les prendrons ainsi par devant et par derrière.

— Bah! répondit un autre chasseur, cela ne se peut pas. Nous aurions à traverser dix milles de forêts ; et si nous nous montrons à ces chiens maudits, ils s'enfuiront dans des refuges inaccessibles, avec leurs femmes et leurs filles.

Cet individu avait raison. Il eût été imprudent d'attaquer ouvertement les Indiens : mieux valait user de ruse.

On appela alors Rubé, dont la haute expérience devait nous éclairer.

— Capitaine, dit-il, il ne faut pas nous montrer avant de nous être rendus maîtres de l'entrée du défilé.

— Oui, mais comment y parviendrons-nous?

— Très-facilement. Il s'agit de dévêtir cette vingtaine de mal blanchis, répondit le trappeur en désignant les sauvages. Un nombre égal d'entre nous endossera ces guenilles, et nous partirons, en emmenant ce jeune homme qui m'a pris pour un ours grizzly. Nous serons censés avoir rattrapé ce fugitif et le ramener prisonnier. Comprenez-vous, capitaine?

— Très-bien! Ces vingt hommes déguisés s'avanceront vers la ville, se rendront maîtres du poste et attendront le corps d'armée. Une excellente idée, Rubé! Nous allons la mettre à exécution.

Séguin donna immédiatement l'ordre de déshabiller les Navajoes. Les vêtements de ces sauvages se composaient seulement d'habits pillés dans les villes mexicaines : il y en avait de toutes les coupes et de toutes les couleurs.

— Croyez-moi, capitaine, choisissez les Delawares pour faire partie de cette expédition. Ces Navajoes de l'enfer sont de rusés coquins : il est difficile de les tromper. Ils découvriraient des visages pâles, même au clair de lune. Ceux d'entre nous qui accompagneront nos alliés Peaux-Rouges devront se peindre la figure ; sans cela, ils seraient reconnus.

Séguin suivit exactement ce conseil : il fit un choix de Delawares et de Shawanos, qui tous revêtirent le costume des Navajoes. Notre chef, Rubé et Garcy, voulurent compléter le nombre voulu ; quant à moi, je devais les suivre et jouer le rôle de prisonnier repris par eux.

Tous les blancs se hâtèrent de procéder à leur déguisement et se peignirent le visage à l'indienne.

Rubé n'avait pas grand'chose à faire pour être méconnaissable, son teint étant suffisamment hâlé. Il passa les habits d'un sauvage par-dessus les siens, et, peu d'instants après, il reparut couvert de *calzoneros*, boutonnés avec des ornements d'or, et d'une jaquette serrée à la taille. Sur son chef il avait placé un chapeau élégant qui le faisait ressembler à un dandy. Nous éclatâmes de rire lorsqu'il se montra ainsi accoutré et métamorphosé. Le vieux Rubé lui-même souriait d'aise en se voyant ainsi reçu par ses camarades.

Avant le coucher du soleil, tout fut prêt, et cette avant-garde se mit en route. Le corps d'armée, commandé par Séverin, devait aussi nous suivre une heure après. Quelques hommes restèrent près de la source, afin d'y garder les Navajoes prisonniers.

Nous nous avançâmes en droite ligne à travers la plaine, nous dirigeant vers la passe qui donnait accès dans la vallée, et nous arrivâmes vers le défilé deux heures avant le lever du soleil. Tout se passa comme nous l'avions prévu. Il y avait, vers l'orifice du défilé, un poste de cinq Indiens, qui furent faits immédiatement prisonniers.

Le corps d'armée se présenta bientôt après, et nous franchîmes le défilé, les cinq hommes déguisés en avant, comme c'était dit. Lorsque nous parvînmes à la lisière des bois situés près de la ville, nous fîmes halte et nous nous cachâmes au milieu des arbres.

La lune éclairait la ville et le plus profond silence régnait dans toute la vallée. Sauf trois personnes, que l'on voyait près de la rivière, — celles qui gardaient nos camarades encore vivants, — le pays semblait désert.

Quel bonheur! Nos amis étaient encore de ce monde. Les mêmes raisons qui nous avaient fait agir la première fois nous conseillaient d'attendre le coucher du soleil pour commencer l'attaque. Toutefois la perspective n'était pas la même; car la ville était maintenant défendue par six cents guerriers, et un combat à mort allait s'engager. Qui sait si ces sauvages infernaux ne profiteraient pas de la bataille pour se venger et mettre à mort les prisonniers en leur pouvoir?

Tout cela pouvait arriver; aussi fallait-il prendre de grandes précautions pour empêcher ce massacre.

Nous étions convaincus de la détention des femmes dans les murs du temple. La reine résidait aussi dans ces bâtiments.

Il fut convenu que les trappeurs déguisés prendraient les devants, en me conduisant au milieu d'eux, comme prisonnier, dès que le jour poindrait. Ils iraient se placer devant les abords du temple, et ce hardi coup de main mettrait les captives en sûreté. Au signal donné, toute l'armée se précipiterait au galop.

C'était là un plan dicté par la sagesse : chacun se mit en mesure d'en assurer l'exécution.

L'aube parut enfin : la clarté de la lune pâlit devant les lueurs brillantes de l'aurore; nous sortîmes de notre abri et nous avançâmes dans la plaine. J'étais, en apparence, lié sur mon cheval et gardé par deux Delawares.

Lorsque nous fûmes près de la ville, nous aperçûmes quelques hommes sur le toit de leurs habitations. Ils se mirent à courir pour avertir leurs voisins, et tous montèrent sur les terrasses, en poussant des cris de joie, comme pour nous féliciter d'avoir réussi.

Nous évitâmes de passer par les rues, et nous nous dirigeâmes, au trot de nos chevaux, vers les marches du temple. Là, nous fîmes halte, et, mettant pied à terre, nous gravîmes les échelles.

Nous trouvâmes un grand nombre de femmes sur les terrasses du monument. Parmi elles, Séguin reconnut sa fille, la reine des Navajoes, qui fut mise en lieu sûr dans l'intérieur du temple. Quelques instants après, je pressais ma fiancée dans mes bras et je serrais les mains de sa mère. Les autres prisonnières étaient aussi là. Nous les enfermâmes dans des chambres dont nous gardâmes les portes, le revolver au poing.

Tout cela s'était passé en peu de minutes; mais bientôt un cri sauvage nous apprit que notre ruse était découverte. Les guerriers sortaient de leurs demeures et accouraient vers le temple.

Les flèches commençaient à siffler tout autour de nous, quand la trompette avertit nos camarades qu'il était temps d'agir.

Nous les vîmes aussitôt s'élancer au galop hors du bois et se diriger vers la ville.

A deux cents pas des maisons, les cavaliers se divisèrent en deux colonnes.

Les Indiens se portèrent à la défense des abords; ils lancèrent sur les arrivants une grêle de flèches qui en blessèrent plusieurs et qui transpercèrent un certain nombre de chevaux; cependant nos amis pénétrèrent dans les rues, et, mettant pied à terre, combattirent corps à corps dans l'enceinte de la ville.

Une forte troupe, commandée par El Sol et Séverin,

s'était lancée dans la direction du temple. Quand ils apprirent que nous nous étions emparés des captives, ils se ruèrent sur ce côté de la ville. Ils pénétrèrent dans les maisons et massacrèrent les guerriers qui s'y défendaient.

La bataille devint générale. L'air retentissait de cris de rage et de lamentations. Les femmes couraient éperdues le long des terrasses ou à travers la plaine, dans l'intention de se réfugier au milieu des bois. Les chevaux terrifiés hennissaient et se lançaient à travers les rues ou dans la prairie. C'était une scène terrible.

Au milieu de tout ce fracas, j'étais resté spectateur impassible. Je gardais la porte du temple dans lequel étaient enfermés nos amis les plus chers. De la position élevée que j'occupais, je voyais toute la ville et je suivais les péripéties de la bataille. Mes camarades et nos ennemis combattaient désespérément. Je n'avais pas la moindre appréhension sur le résultat, car les blancs se rappelaient les injures qu'ils avaient à laver dans le sang des Navajoes, et ces souvenirs cruels doublaient encore leur ardeur.

J'examinais toujours les terrasses supérieures des maisons, quand tout à coup une scène terrible fixa mon attention. Sur un toit élevé, deux hommes combattaient avec acharnement. C'était Dacoma et le chef maricopa El Sol.

Le Navajoe se battait avec une lance, et son adversaire tenait en main sa carabine déchargée, de la crosse de laquelle il se servait en guise de tomahawk. Dacoma évita le coup que lui portait El Sol et se rua sur lui. El Sol me parut atteint, et tomba lourdement sur les dalles du toit. Je poussai un cri d'épouvante, car je m'attendais à voir El Sol massacré; mais soudain le Maricopa se releva, d'un coup de crosse il abattit le Navajoe et retomba sur lui.

Il se dégagea, en relevant le fer de la lance qui l'avait atteint au côté, et se pencha sur le bord du parapet, en criant :

— Viens ici, Luna ! notre mère est vengée !

J'aperçus bientôt la jeune fille sautant de marche en marche, pour atteindre la place où son frère venait de s'évanouir. Elle était suivie de Garcy, qui s'empressa de l'aider à soulever le valeureux guerrier.

Rubé, Séverin, et quelques autres trappeurs, s'élancèrent vers la terrasse et examinèrent la plaie du Maricopa. Je surveillais tous leurs mouvements ; car cet homme blessé, cet El Sol plein de courage m'avait inspiré une véritable sympathie. Bientôt Séverin vint me rejoindre, et j'appris de sa bouche que la blessure du Maricopa n'était pas mortelle.

La bataille était maintenant terminée, et les guerriers échappés au massacre avaient fui dans les bois. On entendait pourtant par intervalles quelques coups de feu que les nôtres tiraient sur les sauvages qu'ils surprenaient cachés ou se traînant le long des murailles.

Un grand nombre de femmes captives avaient été découvertes dans la ville ; on les amena devant le péristyle du temple, gardé par un poste de Mexicains. Les squaws indiennes avaient fui, en profitant des incidents de la bataille. La fumée et le feu sortaient d'un grand nombre de maisons, et la ville entière ne fut bientôt plus qu'un monceau de ruines.

Nous demeurâmes toute la journée sur le champ de bataille, près de la ville incendiée, afin de réunir nos animaux et d'activer nos préparatifs de retour à travers la prairie. On abattit quelques têtes de bétail, pour la nourriture de l'armée ; le reste fut confié aux vaqueros pour être ramené et rendu à ses propriétaires.

Les chevaux pris aux Indiens, à l'aide du lasso, servirent de monture aux captives délivrées ou furent joints à notre cavalcade.

La prudence nous engageait à ne pas séjourner plus longtemps dans la vallée, car il y avait, dans le nord, d'autres tribus indiennes qui auraient pu se jeter sur nous pour venger leurs alliés.

Le but de notre expédition était atteint, puisque nous

avions délivré beaucoup de prisonnières que leurs parents croyaient perdues.

Le lendemain matin, au soleil levant, nous avions traversé le défilé, et nous nous acheminions vers la montagne couverte de neige.

Je ne décrirai pas notre retour à travers les plaines désertes ni les incidents qui signalèrent notre voyage.

Malgré les fatigues et les difficultés, j'étais heureux au plus haut degré. N'avais-je pas la joie de veiller sur ma fiancée, dont les sourires récompensaient mes efforts? Cependant un nuage assombrissait mon bonheur, quand je songeais à la reine des Navajoes, à Adèle.

Tant que dura le voyage, son père et sa mère veillèrent sur elle avec une continuelle sollicitude; mais, en échange de leurs tendres regards et de leurs paroles affectueuses, ils ne recevaient pas même un sourire, et c'était pour eux une grande souffrance.

Cinq jours nous suffirent pour atteindre la Barranca del Oro, et nous traversâmes la vieille mine où avait eu lieu le terrible combat dont j'ai fait la description.

Lorsque nous quittâmes la Barranca del Oro, nous eûmes à traverser les eaux du Rio Mimbres; puis, en suivant les rives de ce courant, nous parvînmes à celui du Del Norte.

Un jour après, nous partions pour le pueblo de El Paso.

Notre arrivée donna lieu à des scènes d'un poignant intérêt. Au moment où nous allions franchir la porte de la ville, nous vîmes arriver toute la population. Les uns étaient guidés par la curiosité; les autres venaient nous féliciter de notre triomphe.

Parmi les habitants nous apercevions des mères et des fiancés, à la recherche de celles qu'ils avaient perdues, et des maris qui n'avaient plus à pleurer leurs femmes. On entendait des cris de joie et des gémissements qui n'avaient rien de triste; mais, hélas! on entendait aussi des hurlements de vengeance; car un grand nombre ne retrouvaient pas celles qu'ils pleuraient encore.

Le retour de l'expédition contre les Navajoes fut cependant célébré par une fête publique.

Le lendemain matin, Séguin, accompagné de sa femme et de ses deux filles, se prépara à retourner vers la vieille hacienda, où il avait fixé sa résidence. La maison était encore debout, au dire de quelques gens du pays. Les Navajoes, quand ils y avaient pénétré, avaient été attaqués par une troupe de *pasenos*, et n'avaient eu que le temps de fuir, en entraînant leurs prisonnières, sans pouvoir la piller et la mettre à sac.

Séverin et moi nous devions accompagner les familles.

Le chef avait des plans pour l'avenir, dans lesquels mon ami et moi nous étions compris, et nous devions les examiner ensemble.

Ma spéculation commerciale avait été plus heureuse que je ne l'avais espéré. Les 10,000 fr. que j'avais confiés à mon associé m'avaient rapporté trois fois leur valeur. Séverin avait aussi fait une magnifique affaire et acquis une fortune. Il nous fut donc facile de récompenser largement ceux de nos camarades qui nous avaient aidés dans notre dernière entreprise.

Déjà la plupart d'entre eux avaient reçu un salaire provenant d'une autre source. Au moment où nous partions du pueblo de El Paso, nous aperçûmes une guirlande d'objets noirs appendus contre la porte.

Il n'y avait pas à s'y méprendre : c'étaient des chevelures de sauvages.

Le second soir après notre arrivée à l'hacienda de Séguin, nous étions assis sur l'*arotea*, Séguin, Séverin et moi. Sans nous dire pourquoi, notre hôte nous avait conduits en cet endroit, et je me demandais si son intention était d'examiner, de là, les territoires sauvages qui avaient été le théâtre des nombreuses aventures de sa vie errante. Nos plans étaient faits, nous devions partir le lendemain, traverser la prairie et retourner vers les rives du Mississipi. Toute la famille nous accompagnait dans cet exil loin du désert.

La soirée était belle et l'atmosphère chaude, comme elle l'est en été dans ces parages. Son influence se manifestait sur toute la nature environnante : c'était une soirée consacrée au calme et aux tendres sentiments.

Les arrieros nous faisaient entendre leurs chansons joyeuses, en s'occupant des préparatifs de notre voyage.

J'éprouvais également des sentiments d'une satisfaction indicible; car depuis plusieurs jours le bonheur m'était échu en partage, et cette magnifique soirée ajoutait encore à la douceur de mes rêves d'avenir.

Séguin et Séverin ne partageaient pas ma joie.

Le premier était silencieux. Il se promenait les bras croisés, les yeux fixés sur le ciment rougeâtre de la toiture, le front soucieux, en proie aux plus poignantes pensées. Ce qui attristait notre ami, c'est que sa fille aînée ne l'avait pas encore reconnu.

Quant à Séverin, le spirituel, le brillant camarade de toutes nos fêtes, il éprouvait aussi un chagrin, et je me demandais quelle en était la cause. J'avais presque deviné.... Séverin aimait....

Nous entendions dans la cage de l'escalier des pas et le frôlement des robes de nos dames.

Mme Séguin, Zoé et Adèle parurent bientôt sur la dernière marche.

Je regardai la mère : une profonde douleur se lisait sur son visage et me causait une peine véritable. Elle non plus n'avait pas encore été reconnue par sa fille.

Je jetai les yeux sur cette cruelle enfant. L'expression de ses traits était réellement étrange : on l'eût prise pour un oiseau sauvage enfermé dans une cage, refusant toute caresse et toute nourriture.

Elle ne portait plus le costume des Indiens. On lui avait donné des robes à la mode du pays; elle les avait endossées avec répugnance et semblait avoir hâte de s'en débarrasser. Nous nous en apercevions aux déchirures faites au corsage, aux lés de sa jupe, et surtout à l'agitation de sa poitrine.

Elle suivait sa mère et sa sœur, mais non comme si elles eussent été ses compagnes. Elle ne regardait personne, et nulle affection ne la touchait.

L'excellente mère l'avait conduite par la main vers l'arotea. Dès qu'elle lui eut rendu la liberté, Adèle se laissa tomber par terre et changea plusieurs fois de place, en proie à des émotions diverses.

Ses yeux se portaient dans la direction des Mimbres, dont les cimes brillantes de sélénites lui rappelaient le pays où elle avait vécu.

Nous tous, qui étions derrière elle, nous observions ses actes et nous cherchions à deviner ses pensées. Séguin, sa femme et Zoé éprouvaient une tristesse indicible, et Séverin n'était pas moins anxieux peut-être....

Tout à coup la pauvre enfant tourna la tête; elle examina ceux qui l'entouraient, et ses yeux, après s'être portés de l'un à l'autre, s'attachèrent sur Séverin.

Sa physionomie changea aussitôt; elle se laissa tomber sur un banc placé près de la muraille et ne regarda plus le pays qu'elle avait quitté.

Les sons d'une mandoline rompirent le silence. Mme Séguin tenait l'instrument et l'accordait, avant d'en jouer. On n'avait pas fait de musique depuis notre retour à l'hacienda.

C'était par ordre de Séguin que l'instrument avait été apporté, dans l'intention de raviver, si faire se pouvait, les souvenirs de sa fille infortunée.

Nous nous étions tous rapprochés de cette pauvre mère; Séguin et Séverin se tenaient debout.

Adèle n'avait pas relevé la tête.

Les sons de l'instrument se firent entendre. Ils étaient joyeux; c'étaient ceux du fandango, ceux qui font mouvoir les petits pieds des Andalouses.

Séguin et Séverin, immobiles, examinaient la reine des Navajoes, et tous nous cherchions à deviner l'impression que cette musique avait faite sur elle.

Les premières notes firent tressaillir l'infortunée : ses yeux se portaient du visage de la bonne mère à ses mains, qui pinçaient les cordes de l'instrument, et ils exprimaient un étonnement sans bornes.

La musique continua. Adèle s'était levée par un mouvement machinal, et nous la vîmes s'avancer du côté du banc où sa mère était assise. Elle s'accroupit à ses pieds et plaça son oreille sur la guitare, afin de mieux entendre.

Je regardai Séguin, dont la physionomie prenait une expression étrange. Il dévorait sa fille du regard, et quoique ses lèvres fussent entr'ouvertes, on eût dit qu'il n'osait respirer. Ses bras retombaient le long de son corps, et il se penchait en avant, comme pour mieux lire les pensées prêtes à s'échapper de la bouche d'Adèle.

Il se releva bientôt, comme si une idée subite lui fût venue.

— Oh ! chère amie ! s'écria-t-il en s'adressant à sa femme, chante-lui cette mélodie si douce, cette romance que tu lui répétais souvent autrefois. Hâte-toi ! peut-être se souviendra-t-elle.

Mme Séguin avait compris. Avec l'habileté d'une artiste consommée, elle changea rapidement de ton, et nous reconnûmes tous l'air de la cantilène espagnole : *La madre à su hija* (La mère à son enfant).

Elle chanta aussitôt, en continuant à s'accompagner et en donnant à ces paroles naïves, à cette romance d'un sentiment exquis, toute l'expression que l'amour maternel peut inspirer.

Le chant fut interrompu par un cri dont rien ne peut rendre l'expression. Les premières paroles de la romance avaient fait tressaillir la jeune fille, mais quand Mme Séguin répéta d'une voix attendrie le doux refrain de la *Dormeuse*, Adèle se leva vivement sous l'empire d'une irrésistible émotion, elle courut vers sa mère et se jeta dans ses bras, en criant : Maman !... maman !...

Adèle se souvenait enfin. Non-seulement elle retrouvait sa mère, mais encore son père. Les cordes de sa mémoire avaient vibré, et la reportaient aux premiers jours de son enfance. Elle avait tout revu, comme si le voile obscur qui lui cachait le passé se fût déchiré d'un seul coup.

Je n'essaierai pas de décrire la scène qui se passa sous mes yeux. Je ne chercherai pas à peindre la joie de ceux qui en furent les témoins.

Les larmes coulèrent, mais c'étaient des larmes de bonheur.

Oui! nous étions tous ivres d'une joie indicible.

Quant à Séguin, comme il le disait entre deux sanglots, c'était l'heure la plus délicieuse de sa vie.

FIN.

TABLE.

		PAGES:
I.	Le désert du Far-West.	7
II.	Préparatifs de départ.	12
III.	La fièvre des prairies.	19
IV.	Sur le dos d'un bison.	24
V.	Une fâcheuse aventure.	35
VI.	A Santa-Fé.	43
VII.	Le fandango.	50
VIII.	Séguin, le chasseur de chevelures.	60
IX.	Le Del Norte.	72
X.	Linda Zoé.	82
XI.	Une histoire rétrospective.	96
XII.	A travers le Del Norte.	106
XIII.	Un cours de géographie et de géologie.	112
XIV.	Un tir d'habileté.	124
XV.	Le programme de l'expédition.	145
XVI.	Le sentier de la guerre.	158
XVII.	Trois jours de captivité.	170

	PAGES.
XVIII. — Dacoma.	185
XIX. — Le vieux trappeur.	198
XX. — La ruse du trappeur.	203
XXI. — Une chasse aux bisons.	215
XXII. — La ville fantôme. — La montagne d'or.	229
XXIII. — Navajoa. — Adèle.	241
XXIV. — Le scalp blanc.	253
XXV. — Le combat dans la passe. — La Barranca.	259
XXVI. — Un nouveau malheur. — Le drapeau de la trêve.	269
XXVII. — La masure et la grotte. — Prisonniers des Peaux-Rouges. — La fuite.	281
XXVIII. — Une rencontre inattendue. — La délivrance. — Le retour. — La corde de la mémoire.	302

FIN DE LA TABLE.

Rouen. — Imp. MÉGARD et Cⁱᵉ, rue Saint-Hilaire, 136.

ROUEN. — IMPRIMERIE MÉGARD ET Cie.

www.ingramcontent.com/pod-product-compliance
Lightning Source LLC
Chambersburg PA
CBHW060646170426
43199CB00012B/1689